中国保险业发展模式研究

薄滂沱 著

南开大学出版社
天 津

图书在版编目(CIP)数据

中国保险业发展模式研究 / 薄滂沱著. —天津：南开大学出版社，2015.11

ISBN 978-7-310-05016-1

Ⅰ.①中… Ⅱ.①薄… Ⅲ.①保险业—经济发展模式—研究—中国 Ⅳ.①F842

中国版本图书馆 CIP 数据核字(2015)第 280286 号

南开大学出版社出版发行

出版人:孙克强

地址:天津市南开区卫津路 94 号　　邮政编码:300071

营销部电话:(022)23508339　23500755

营销部传真:(022)23508542　　邮购部电话:(022)23502200

*

天津泰宇印务有限公司印刷

全国各地新华书店经销

*

2015 年 11 月第 1 版　　2015 年 11 月第 1 次印刷

230×160 毫米　16 开本　14.75 印张　2 插页　207 千字

定价:35.00 元

如遇图书印装质量问题,请与本社营销部联系调换,电话:(022)23507125

前　言

中国保险业的发展历史，可以追溯到清政府时期，但这些历史阶段保险业的发展不是建立在一个相对稳定和完善的社会经济环境下，甚至某些阶段没有独立的国家权力。对于我国保险业而言，真正的发展是从1978年改革开放为起点，至今也就是三十多年的发展历程，可以说我国保险业取得了巨大的成就：保费规模保持较高的增长速度；保险深度和保险密度不断的提高；为社会提供了大量的风险保障和长期可使用资金；在参与社会管理层面不断的深化和进步。这些成就的取得得益于一代又一代保险人的努力和探索，可以说我国保险业三十多年的发展历程是根据不断变化的国际和国内社会经济环境而逐渐调整、创新、进步的历程。当然保险行业在发展过程中也出现了诸多问题，正如20世纪90年代的利差损、一直存在的销售误导问题、产品结构的不合理问题、渠道费用控制不力的问题等。总体上来说，保险行业在金融行业中是发展最快和最有发展空间的行业，未来在金融业以及整个国民经济中会扮演越来越重要的角色。

基于此，十分有必要对保险业的发展进行深入的剖析，寻找最适合中国保险业的发展模式。当前国内学者对于保险业发展模式研究大多集中在各个分散的点，而且基本上是就事论事，行业整体发展的视角研究得较少，而且没有很好地将产业发展模式的理论应用到保险行业中来，也没有找到真正推动中国保险业发展的关键因素。

本书希望将产业发展理论应用到保险行业发展模式研究中来，发现中国保险业发展的根本驱动力和关键因素，以期对当前我国保险业转型和结构调整提供一些有价值的思路和建议。

第一章，对产业发展模式的一般性理论进行深入的剖析，主要是产业结构、产业组织、产业集群和产业生命周期理论，将其应用到我国保险业分析中：产业组织主要是SCP分析框架分析保险产业发展模式；保险产业发展的规律和趋势，在时间上产业发展的阶段性规律，体现为产业的生命周期；在空间上保险产业发展的集合性规律，体现为产业集群发展。在此基础上，进一步分析中国保险产业的发展模式和动力以及中国保险产业发展模式的具体政策和实践。

第二章研究中国保险业发展模式的演变历程，本章力求从历史的纵向维度和经济因素的横向角度详细剖析整个保险业的发展历程，将中国保险业历经的百年坎坷历程一一展现，以捕捉其内在发展动力和客观规律，为当下中国保险业的变革与发展提供参考。本章共分为两个部分，第一个部分将从历史的维度回顾中国保险业的发展阶段。回顾这段历史，我们可以看到在鸦片战争炮火中外资独宰的保险业，可以窥到在夹缝中顽强求生的民族保险萌芽，可以领略建国初期轰轰烈烈的国有改造中的国有独资保险，可以哀叹文革期间二十年保险业的消失，可以见证改革开放以来中国保险业的起步、发展与腾飞。中国保险业的坎坷发展，与国运息息相关。第二个部分在简要梳理了中国保险业市场发展的历史脉络之后，分别从市场规制建设、公司和市场规模、产品与销售渠道和资金运用四个角度，横向地进一步探讨中国保险业的演变过程。

第三章对于中国保险业发展模式选择的深入思考和剖析，更多地集中在理论层面的探讨。本章主要是从三个方面来展开，一是我国保险业的可持续发展情况如何，在可持续发展过程中面临哪些问题和困境；二是从保险业包容性增长的独特视角探究我国保险业的发展模式选择，并进行国际比较研究；三是探讨了我国保险业竞争力的现状以及如何提高我国保险企业的核心竞争力。

第四章主要是通过一些实证研究来支撑前面的论断。本章首先确定了样本选择的原则，按此对数据进行删选和整理，并分别对产寿险进行了发展模式的阶段划分。其次在此基础上，运用 DEA 的方法对每个阶段所代表的发展模式进行了效率分析，并适度地进行对比分析。

最后，从经济增长模型和功能视角两个层面对保险业促进经济发展进行了阐述。

第五章重点阐述了促进我国保险业实现未来发展模式转变的重要举措。第一节是保险业的市场化改革，包括费率市场化、保险资金运用和保险市场进入退出机制建设这三部分。费率市场化分别介绍了车辆保险及人身保险费率改革的内容及影响预期；保险资金运用市场化改革主要介绍了改革的主要思路、内容、达成效果及进一步提高资金运用效率，加强风险管控的建议；深化保险市场进入退出机制改革的必要性、计划措施等内容。第二节是“互联网＋”模式下的保险体制机制创新，重点阐述了云计算、大数据、移动互联网等技术的发展是如何引导保险公司与保险中介机构商业模式的创新，如何引发保险监管的创新与发展。第三节是政府购买服务，分别重点介绍了政府购买大病保险、巨灾保险相关内容，并对发展大病保险、巨灾的路径与方法进行了深层次的思考。

目　录

第一章　产业发展模式的理论 ………………………………………… 1
　第一节　产业发展模式的理论概述 ……………………………… 1
　第二节　保险产业发展模式与动力分析 ………………………… 12
　第三节　中国保险产业发展模式的选择 ………………………… 29
第二章　中国保险业发展模式演变历程 …………………………… 42
　第一节　中国保险业发展模式阶段综述 ………………………… 42
　第二节　中国保险市场发展模式历程分类解读 ………………… 52
第三章　中国保险业发展模式选择的思考 ………………………… 83
　第一节　中国保险业可持续发展的思考 ………………………… 83
　第二节　中国保险业包容性增长的思考 ………………………… 100
　第三节　中国保险业竞争力提高的思考 ………………………… 116
第四章　中国保险业发展模式的实证分析 ………………………… 131
　第一节　实证研究的目的和基本框架 …………………………… 131
　第二节　不同发展模式下保险业市场效率分析 ………………… 141
　第三节　不同视角下保险业促进经济发展效用分析 …………… 170
第五章　中国保险业未来发展模式转变的重要举措 ……………… 182
　第一节　保险市场化改革 ………………………………………… 182
　第二节　“互联网＋”模式下的保险体制机制 …………………… 194
　第三节　政府购买保险服务 ……………………………………… 202
参考文献 ……………………………………………………………… 219

第一章

产业发展模式的理论

第一节　产业发展模式的理论概述

一、产业结构理论

（一）配第—克拉克定理

在产业结构理论中，最著名的理论之一是英国经济学家科林·克拉克提出来的有关经济发展中就业人口在三次产业中的分布结构如何变化的理论。克拉克提出，随着经济的发展，第一次产业的就业人口比重将不断减少，而第二、第三产业的就业人口比重增加。这一发现被称为"配第—克拉克定理"（Petty-Clark's law）。

17世纪的英国经济学家威廉·配第。在其代表作《政治算术》中，配第指出：制造业比农业，进而商业比制造业能够得到更多的收入。配第举例说，英格兰的农民一周可赚到4个先令，而一个海员的工资加上伙食等其他形式的收入可以达到每周12个先令，因此一个海员的收入是农民收入的三倍。配第还指出，当时的荷兰由于大部分人口都从事制造业和商业，因此荷兰的人均收入要大大高于欧洲的其他国家。配第对各个产业收入不同的描述，揭示了产业间收入相对差异的规律性，被后人称为配第定理。

英国经济学家科林·克拉克对产业结构理论做了开拓性研究。受配第的启发，依据费希尔提出的三次产业分类法，在其1940年发表的《经济进步的诸条件》一书中，通过对40多个国家不同时期的三次产业的劳动投入和总产出资料的整理与比较，指出随着全社会人均国民收入水平的提高，劳动力首先由第一次产业向第二次产业转移；当人均国民收入水平进一步提高时，劳动力便向第三次产业转移。他将各国经济发展划分为三个阶段：第一个阶段是经济发展的初级阶段，在这一阶段，农业虽是人们收入的主要来源，但正如配第所说，农业的人均收入是相当低的，因此初级阶段的人均收入很低；随着经济的发展，迎来了第二个阶段，在这一阶段，制造业的比重有所提高，这是因为制造业的人均收入要高于农业，在此阶段，社会总体的人均收入也要高于初级阶段；第三个阶段是伴随着经济的进一步发展，第三次产业（特别是服务业）获得了很快的发展，这也是由于第三次产业的人均收入要大大高于农业和制造业的缘故，当然，作为社会总体来说，其人均收入也比前两个阶段有了较大的提高。克拉克的经济发展阶段学说揭示出的产业结构演变的基本趋势，不仅能从一个国家经济发展过程中得到证明，而且可以从不同发展水平的国家同一时点上的横断面比较中看到。

克拉克认为，这是由于经济发展中各产业之间的附加值出现收入的相对差异造成的。这一原因配第在《政治算术》一书中阐明，所以克拉克认为他所发现的规律不过是印证了配第的观点而已。因此，后来人们便把克拉克的发现称为“配第—克拉克定理”。“配第—克拉克定理”不仅可以从一个国家经济发展的时间序列分析中得到印证，而且还可以从处于不同发展水平的国家在同一时点上的横截面数据比较中得到类似的结论。也就是说，人均国民收入水平越高的国家，第一产业的劳动力比重相对较小，而第二、第三产业劳动力比重相对越大；人均国民收入水平越低的国家，第一产业劳动力比重相对越大，而第二、第三产业劳动力比重相对越小。

克拉克在研究劳动力在三种产业之间转移的变化规律时，有三个重要的前提：第一，克拉克对产业结构演变规律的探讨，是以若干国家在时间的推移中发生的变化为依据的，也就是时间序列。这种时间序列是与不断提高的人均国民收入水平相对应的。第二，克拉克在分析产业结构演变时首先使用了劳动力这一指标，考察了伴随着经济发展，劳动力在各产业中的分布状况所发生的变化。第三，将全部经济活动划分为第一产业、第二产业和第三产业的基本框架。

在上述前提的限定下，克拉克收集和整理了若干国家按照年代的推移劳动力在第一产业、第二产业和第三次产业之间转移的统计资料，得出如下结论：随着经济的发展和人均国民收入水平的提高，劳动力首先由第一产业向第二产业转移。与此同时，劳动力在产业间分布情况是，第一产业将减少，第二、三产业将增加。

（二）库兹涅兹产业结构理论

库兹涅兹产业结构论是指国民收入和劳动力在各产业间分布结构的演变趋势及其原因的学说，由美国经济学家西蒙·库兹涅兹在 1941 年的著作《国民收入及其构成》中就阐述了国民收入与产业结构间的重要联系。他通过对大量历史经济资料的研究得出重要结论而提出。库兹涅兹在继承克拉克研究成果的基础上，把第一次、第二次、第三次产业分别称为“农业部门”“工业部门”“服务部门”，根据十多个国家国民收入和劳动力在产业间分布结构的大量统计数据，从时间系列分析和横断面分析中得出如下结论：

一是农业部门实现的国民收入的相对比重和劳动力在全部劳动力中的相对比重都处在不断下降之中，并且农业的国民收入相对比重下降的程度超过劳动力相对比重下降的程度。农业部门的相对国民收入在大多数国家都低于工业部门和服务部门。因此，在大多数国家农业劳动力减少的趋势仍不会停止。

二是工业部门国民收入的相对比重呈上升趋势，而劳动力的相对比重则大体不变；从横断面分析看，国民收入相对比重上升是各国的普遍现象；虽然劳动力相对比重因不同国家工业化水平而有差异，但综合起来看没有大的变化。

三是服务部门的劳动力相对比重几乎在所有国家中都是上升的，而国民收入的相对比重大体不变，略有上升；从时间系列的分析中看，服务部门的相对国民收入（比较劳动生产率）一般呈下降趋势，在服务部门中，教育与科研及政府部门中的劳动力在总劳动力中的比重上升最快。

（三）钱纳里的标准结构模式

著名经济学家钱纳里和赛尔昆通过实证研究提出了“标准产业模型”理论，该理论指出：随着经济的持续增长，结合经济发展、社会进步、资源禀赋、贸易规模等因子的影响，产业结构的变动体现出了惊人的一致性，这个一致性的结构变化就是“标准产业模式”。

钱纳里与赛尔昆对101个国家1950—1970年的统计资料进行分析，构造出世界发展模型，由发展模型整理出经济发展机构模型，即经济发展不同阶段产业机构的标准数值。钱纳里认为，在经济发展的不同阶段，存在着不同的经济结构与之相对应，如果不对应，则说明该国结构存在偏差。这就为不同国家分析在经济发展过程中产业结构演变是否正常提供了依据。钱纳里根据1950—1970年的统计资料，又提出了大国产业结构模型。即在人均国民收入基本相同的条件下，大国工业产值在国民生产总值中所占比重比小国高，平均高出5～6个百分点。大国积累率也高于小国，净投资可高于15个百分点。在商贸方面，大国进口的比例相对要大些，净出口的比例不如小国高。

钱纳里和赛尔昆还发现，当人均收入处于低水平时，初级产业（农业）产出在国内生产总值中的比重大，随着人均收入的增加，初级产业产出份额持续下降，工业和服务业持续上升，当人均收入为100美元时，初级产业产出份额为45%，工业为15%；当人均收入为500美元时，初级产业产出份额降到20%，工业增加到28%。[①]

钱纳里理论指出，任何一个国家产业结构都会随着人均生产总值的增加而变化。当国民生产总值不断上升时，一个国家的物质基础和人力资本的投入也会不断提高，导致居民的消费结构发生巨大的变化。居民逐渐减少对农业部门产品的需求，开始消费工业产品和服务产品，并开始对教育、医疗等公共服务产生需求，促使了第三产业的长足发展。

① 唐晓华. 产业经济学教程[M]. 经济管理出版社，2007（8）：169-170.

二、产业组织理论

西方产业组织理论萌芽于 19 世纪，即从自由竞争资本主义向垄断资本主义的转变时期，以 1890 年马歇尔出版的《经济学原理》作为主要标志。也就是说，研究组织对于经济增长的特殊意义应当说是从马歇尔时代开始的。马歇尔最先提出应把组织作为生产要素之一，将其称之为第四要素。尽管马歇尔使用的组织概念并不确切，马歇尔还是被视为现代产业组织理论的先驱。

1959 年，经济学家贝恩出版的《产业组织》一书标志着现代产业组织理论体系的确立，并成为主流的或正统的产业组织理论派别，即哈佛学派的产业组织理论。该学派理论的主体框架是市场结构（market structure）、市场行为（market conduct）和市场绩效（market performance）之间的相互作用关系，即所谓的市场结构—市场行为—市场绩效或 SCP 框架。其中特定的市场环境决定市场结构，市场结构决定企业的市场行为，企业的市场行为又决定市场绩效。因此，贝恩等人十分强调市场结构在产业组织分析中的作用。这种因果关系可以为政府制定竞争政策、产业政策提供理论基础，也正因为如此，SCP 成为影响某一产业市场结构发展或阻止不利于公众利益的某种厂商行为和运行绩效的政策理论基础。而以此为基础制定的产业组织政策强调的是控制市场结构，坚决反对垄断，禁止可能导致垄断的市场结构和市场行为，如横向合并等。总之，SCP 分析范式可以根据 SCP 的因果假设，建立一种简化模式来分析 SCP 的关系并提供相应政策支持，这种分析范式可以研究单个产业，也可以研究多个产业间的关系。

自 20 世纪 70 年代以来，SCP 分析范式成为理论界和实业批判讨论的热点。许多经济学家指出，市场结构、市场行为和市场绩效之间的关系远不是如此简单和确定的，而是非常复杂的。市场绩效、市场行为也会影响市场结构。例如，企业的兼并行为会直接影响产业内企业的数量和规模。也就是说，人们在实践中很难发现那种稳定的、具有普遍意义的模型关系。此外，人们认为 SCP 分析范式缺少理论基础。

现代产业经济理论的发展，SCP 分析范式的主导地位逐渐丧失。现代产业经济理论的发展，使 SCP 单项静态的分析范式向双向动态分析范式转变。在现代产业组织理论的形成过程中，除了上述以结构—行为—绩效框架为核心的主流的或正统的产业组织理论派别以外，还有另外三支非主流的产业组织理论学派。一是芝加哥学派。其特点是：在理论基础上坚持新古典主义的经济理论，认为竞争理论仍然有效；认为厂商行为是厂商预期的函数，政府无需干预市场机制的作用。由于现实经济生活出现的微弱的垄断不过是竞争均衡实现之前的一种暂时现象，政府制定的各类激进的反托拉斯政策必将导致整个经济运行效率的下降和社会福利的损失。二是新奥地利学派。其特点是：以竞争为基本的分析前提，认为市场竞争是一个动态过程，不能用传统的静态方法来分析；强调企业家在寻求新的利润机会中起着非常关键的作用；认为政府所能做的就是建立制度体系，而最恰当的体系是最大的个人自由和最少的政府干预。三是新制度学派。是以厂商内部的产权结构、组织结构的变化来分析厂商行为，以及它们对市场绩效的影响。总之，现代产业组织理论的研究内容包括企业理论、规则、反垄断政策、合同理论及组织理论等。其理论包括价格理论、可竞争理论、交易费用理论和博弈论等。

关于产业组织理论概念，有一些学者认为产业组织理论就是产业经济学；有的学者认为产业经济学包括产业组织理论和产业结构理论两大领域，产业组织理论主要研究特定产业内企业之间的各种关系，而产业组织理论主要研究国民经济中各产业之间或大企业中各小产业之间的结构、比例关系。因此，不能把产业组织理论和产业经济学等同。

此外，从产业经济理论文献看，虽然产业经济理论将产业分成第一产业、第二产业和第三产业，但产业经济学所研究的产业对象几乎都限定在第一产业或第二产业。“一般认为，产业组织理论是以第二产业作为主要研究对象的，特别是以制造业为研究重点。”江生忠认为，第三产业虽与第一产业和第二产业不同，具有自身的特点，但也有与其他产业相同的特点，把第三产业排除在产业经济学的范围之外是不妥的。尤其第三产业中自然垄断产业（如保险产业）是产业经济学中的重要内容之一。所以，第三产业同样应是产业经济学的研究领域。

三、产业集群理论

（一）产业集群的理论基础

一般认为产业集群理论主要有三大来源：外部经济理论、集聚经济理论和新竞争优势理论。关于产业集群的研究最早可以追溯到马歇尔。马歇尔（A. Marshall，1920）解释了基于外部经济的企业在同一区位集中的现象。他发现了外部经济与产业集群的密切关系，指出产业集群是外部性导致的。马歇尔认为，外部经济包括三种类型：市场规模扩大带来的中间投入品的规模效应；劳动力市场规模效应；信息交换和技术扩散。前两者称为金钱性外部经济，即规模效应形成的外部经济；后者是技术性外部经济。

韦伯（A. Weber，1929）最早提出集聚经济的概念，他从工业区位理论的角度阐释了产业集群现象。他把区位因素分为区域因素和集聚因素。在高级集聚阶段，各个企业通过相互联系的组织而形成的地方工业化就是产业集群。克鲁格曼（P. Krugman，1991，1995）则通过其新贸易理论，发展了集聚经济观点，理论基础仍然是收益递增。他的工业集聚模型假设一个国家有两个区位，有两种生产活动（农业和制造业），在规模经济、低运输费用和高制造业投入的综合作用下，通过数学模型分析，证明了工业集聚将导致制造业中心区的形成。另外，他的垄断竞争模型在融合传统经济地理学理论的基础上，综合考虑多种影响因素：收益递增、自组织理论、向心力和离心力的作用，证明了低的运输成本、高制造业比例和规模有利于区域集聚的形成。

迈克尔·波特（M. E. Porter，1998）从经济竞争优势的角度出发研究了产业集群的经济现象，认为产业集群有利于区域和地区获得竞争优势，并强调产业集群在获取信息、供应商、员工、公共物品等方面的优势，提出了基于产业集群的产业政策设计思路。

此外，区域经济学家佩鲁（F. Perrous，1945）的增长极理论也对产业集群做出过较深入的研究。佩鲁认为，区域的经济增长源于区域的增长极，区域增长极是位于某些区域或地区的一组扩张中的、诱导其区域经济活动进一步发展的一组产业，并通过产业的集聚效应促进区域经济的增长。①

（二）产业集群理论的发展

产业集聚理论的逐渐成熟为产业集群理论的发展奠定了坚实的基础，成为后者的思想渊源，波特的竞争优势理论和克鲁格曼的产业集群理论的诞生，标志着产业集群理论的初步形成。

1. 波特的竞争优势理论

美国哈佛商学院的波特教授及其同事通过对丹麦、德国、意大利、日本、英国和美国等十个国家的考察，认为一个国家或地区产业的竞争力主要取决于四个方面的因素，即：生产要素条件，需要条件，相关及支撑产业，厂商结构、战略与竞争。国家竞争优势的四个方面相互联系，互相制约，构成一个“钻石”结构。企业在地理上的集中会使这四种因素的互动力增强，从而提高该地区或该企业的竞争力，国内市场竞争压力可以提高国内其他竞争者的创新能力。而地理集中将使这四个基本因素整合为一个整体，从而更容易相互作用和协调。波特认为，国家竞争优势的获得，关键在于产业的竞争，而产业的发展往往是在国内几个区域内形成有竞争力的产业集群。形成产业集群的区域往往从三个方面影响竞争：一是提高区域企业的生产率；二是指明创新方面和提高创新速率；三是促进新企业的建立，从而扩大和加强集群本身。波特还指出，产业集群一旦形成，就会触发自我强化的过程，而新的产业集群最好是从既有的集群中萌芽。波特的竞争优势理论也受到了一些学者的批评。Dunning（1993）认为，竞争优势理论过分强调国家和区域政府在产业国际竞争中的作用，并把负责的经济活动因素简单地构造出四个基本要素，忽视了跨国贸易活动对“钻石”结构的影响。但是，波特对产业集群的诞生、发展的动态探讨有着重要的借鉴意义。在产业集群萌芽或发展时期，政府可以强化或提供协助，但不应该试图创造一个全新的集群，新的产业集群最好是从既有的集群中

① 杨洪焦，钱颜文，孙林岩. 产业集群理论研究述评[J]. 经济问题探索，2006（3）：91-92.

萌芽。当然产业集群的发展，政府应该在专业化培训、基础设施和其他商业环境方面创造条件，从而吸引外商直接投资。在产业集群的成长，政府的角色是鼓励竞争，政府投资的中心应该放在改善产业集群内的环境上，鼓励那些影响产业集群的公共物品或准公共物品的发展。

2. 新地理经济学中的产业集群理论

20 世纪 90 年代以克拉格曼为代表的新经济地理学理论，为产业集群的产生也提供了很好的解释。克拉格曼（1991）认为，空间问题之所以没有引起主流经济学家的真正重视，是因为缺少精确模式分析报酬递增的假设。他把空间问题引入经济分析之中，是继马歇尔之后第一位把区位问题和规模经济、竞争、均衡这些经济学研究的问题结合在一起的主流经济学家。他以规模报酬递增、不完全竞争的市场结构为假设前提，在迪克西特—斯蒂格利茨（dixit-stiglitz）垄断竞争模型（简称 D-S 模型）的基础上，设计了一个中心—外围模型，得出的结论是产业集聚是由企业的规模报酬递增、运输成本和生产要素移动的相互作用而产生的。

中心—外围模型的基本假定为：一个国家，两种产品——农产品和制造品。农产品是同质的，其生产时规模报酬不变的，密集使用的生产要素是不可移动的土地，因此农产品的空间分布很大程度上由土地分布情况决定。制造品包括许多有差异的产品，其生产具有规模经济和收益递增的特征。由于规模经济的存在，每种制造品的生产将只在为数不多的地区进行。这些地方将是靠近较大需求的地方。生产与市场的近距离有利于减少运输成本。这些地方将逐渐成为制造业集中的中心，然后其他地方将成为向这些中心地区提供服务的外围。经过分析，克拉格曼认为有上下游联系的产业如果能集聚在一起，则能减少中间投入品的在途损耗、缩小运输成本，从而降低中间投入品的价格，因此厂商有内在动力集聚在一起共同分工协作。这种集聚力量称作为“价格效应”或“制造业前向联系”。一旦形成产业集聚，各专业化分工的工人也集聚在同一区域内；产品种类数增多、市场规模扩大；制造业产品从出厂到消费者手中，运输成本降低；工人的工资高于其他非集聚区，导致非集聚区的劳动力向集聚区迁移。这种集聚力量称为“市场规模效应”或“制造业前向联系”。

新经济地理学从理论上证明了制造业活动倾向于空间集聚的一般趋势。但由于外资环境的限制，如贸易保护、地理分割等原因，产业的空间格局可以是多样的。这位产业政策扶持提供了依据，产业政策有可能成为地方产业集聚的诞生和不断自我强化的促成因素。对不利于产业集聚的因素，新经济地理学也较为重视。这些因素包括集聚带来的本地市场的竞争加剧，不可贸易品价格的上涨以及地租上涨，此外劳动的不可流动性也是一个重要的因素。[①]

四、产业生命周期理论

（一）产业生命周期理论的发展

从产品生命周期到产业的生命周期。1966 年雷蒙德维农（Vernon）提出的产品生命周期理论。该理论认为，一种产品与有生命的物体一样，具有诞生、发展、衰亡的生命周期。侧重于从技术进步、技术创新和技术传播的角度分析国际贸易、国际分工的基础，产品生命周期理论经历了从技术差距说到理论完善的研究过程。与此同时，维农根据美国的实际情况，以美国为例提出了国际产品生命周期的四阶段模型，当四个阶段结束后，该产品的国际生产周期在仿制国家依然继续进行，此时可能处于第二或者第三阶段，此后别的国家又可能开始新的仿制过程，使得该产品在别国又开始了自己的生命周期。

按照这种产品周期的理论，产业生命周期也可以划分为导入期（形成期）、成长期、成熟期和衰退期。导入期是指某个产业产生以后，要素投入、产出规模和市场需求缓慢增长的时期；成长期是指某个产业的投入要素、产出规模和市场需求迅速增长的时期；成熟期是指某个产业的市场饱和，要素投入、产出规模进入相对稳定的时期；衰退期是指某个产业的要素开始趋于退出，产出规模和市场需求下降的时期。一般形态的产业生命周期都要依次经历这四个发展阶段，如下图 1-1 所示：

① 原毅军. 产业发展理论及应用[M]. 大连：大连理工大学出版社，2012：216-217.

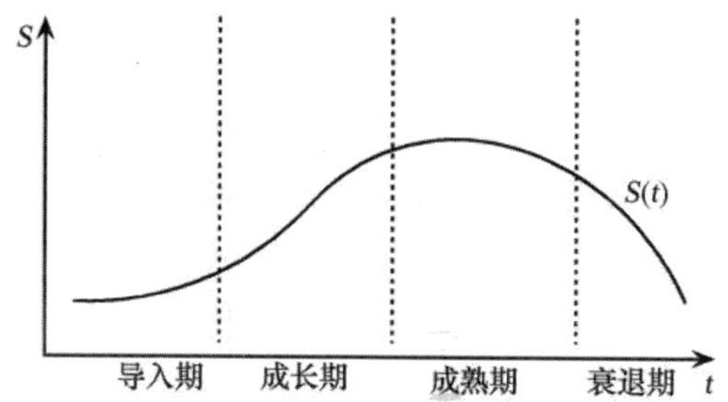

图 1-1　产业生命周期发展图

（二）经典产业生命周期理论

1. Gort、Kleppe（G-K）产业生命周期理论

较早提出这一概念的是 Gort 和 Klepper，他们在对 46 个产品的每种产品的整个或部分生命的销售、价格和产量时间序列数据进行分析的基础上，按产业中的厂商数目（净进入数）对产品生命周期进行划分，得到引入、大量进入、稳定、大量退出（淘汰）和成熟等 5 个阶段。因此建立了产业经济学意义上的第一个产业生命周期模型。

2. Klepper、Gradd 产业生命周期理论

在实证分析的方向上，Klepper 和 Graddy 对 G-K 模型进行了技术内生化的发展，把产业生命周期重新划分为成长、淘汰和稳定 3 个阶段。然后为解释数据在淘汰阶段产业产出仍有较大的增长这一现象，他们提出了新的产业生命周期解说。表明整个产业发展过程会呈现进入越来越少，而成本竞争导致的退出会越来越多的实证特征，需求增长停滞不再成为淘汰发生的必要条件。与前面的理论相比，这一理论更强调过程创新所产生的成本竞争效应，是一个自由竞争随机过程模型。该随机过程容纳了潜在进入者容量序列、产品创新的扩散速度、以及在位厂商过程创新成功率等决定产业进化状况的重要变量，专门化地研究了技术因素对产业进化的影响。

3. Agarwal、Gort 产业生命周期理论

Agarwal 和 Gort 沿着另一条路径对 G-K 模型进行了发展。基于同一数据库中 25 个产品更长时间的序列数据，他们对产业生命周期进行了更为细致的划分，这种划分在形态与特征描述上与 G-K 模型非常相

似。通过危险率的引入，结果表明，危险率与厂商“年龄”成反比，早期进入者的危险率在淘汰发生时开始上升，而所有厂商在淘汰阶段的危险率水平均较高，在最后阶段所有厂商的危险均上升。与以前理论不同，该理论着重强调了产业特性和厂商特性对厂商存活的影响，而上述不同阶段进入厂商群的当期存活情况组合，就构成了厂商分布。并且这是一条深入市场结构内部的现代产业组织研究思路，沿着这一路径，还有多项成果产生。

4. Klepper 寡头进化理论

在 Klepper 的基础上，秉承 Klepper 和 Graddy 自由竞争的思想，结合 Agarwal 和 Gort 存活和分布分析的方法，Klepper 通过对 4 个产业发展重点案例的研究，提出了技术效率存活的寡头进化理论。Klepper 的寡头进化理论在思想上仍强调技术的市场内生性，在方法上回复到早期的案例研究，但运用了最新的厂商分布和厂商存活分析技术，并将对象锁定为寡头市场的形成，更具有了现实性和实用性。它代表了实证产业组织学研究的新视角，即对创新型式理论的技术外生性弱点进行质疑和批判的自由竞争化倾向，以及市场结构研究手段从集中度到进入、退出率，再到厂商分布的细化、深化过程。类似的研究还有 Klepper 和 Simons 等。①

第二节　保险产业发展模式与动力分析

一、保险产业发展模式分析

（一）保险产业结构发展

第三产业尤其是新型服务业中的金融业的发展是经济发展的必然。产业结构演进理论中的配第—克拉克定理指出：随着经济的发展，

① 刘婷，平瑛. 产业生命周期理论研究进展》[J]. 湖南农业科学，2009（8）：94-95.

劳动力将首先从第一产业向第二产业转移，随着国民收入水平的进一步提高，再逐步向第三产业转移；库兹涅茨产业结构理论的第三个结论指出：服务部分的劳动力相对比重几乎在所有国家中都是上升的，值得注意的是20世纪70年代前后西方主要发达国家第三产业是三个产业中规模最大的一个，无论是劳动力的相对比重还是国民收入的相对比重都占一半以上；钱纳里结构转换模型则认为，基于马斯洛关于人类心理欲望层次的理论分析，随着收入水平的不断提高，有什么样的市场需求，有什么样的消费结构，就有什么样的产业结构，即经济发展必然导致第三产业尤其是包含保险业在内的新型服务业的发展。

随着中国经济的发展和人民生活水平的改善，第三产业的发展提到了重要的议事日程，尤其是作为新型服务业中的金融保险业，在国际金融一体化的开放市场经济条件下，其重要性和发展的急迫性不言自明。尽管产业结构的演进是一个有序的过程，我们不能违背它，但是可以在给定的经济条件下加快产业结构演进的步伐。①

（二）保险产业组织发展

按哈佛学派的产业组织理论主体框架是市场结构、市场行为和市场绩效之间的相互作用关系，即所谓的市场结构—市场行为—市场绩效或SCP框架。

1. 保险产业的市场结构

产业的市场结构是指企业市场关系的特征和形式。从根本上说，市场结构是反映市场竞争与垄断关系的概念。影响市场结构的主要因素有市场集中度、产品的差异化程度、市场的进入和退出壁垒以及规模经济和范围经济。

（1）中国保险市场集中度分析

市场集中度指标是判别产业组织垄断、竞争程度的指示器。衡量市场集中度的方法主要有绝对法和相对法两类，前者包括行业集中度指数CRn（Coneentration Ratio），后者包括洛伦茨曲线法（Lrenz Figure）和基尼系数法（Gini Coefficient）。

① 魏华林，李开斌. 论我国保险业发展的产业政策[J]. 保险研究·论坛，2001（7）：6.

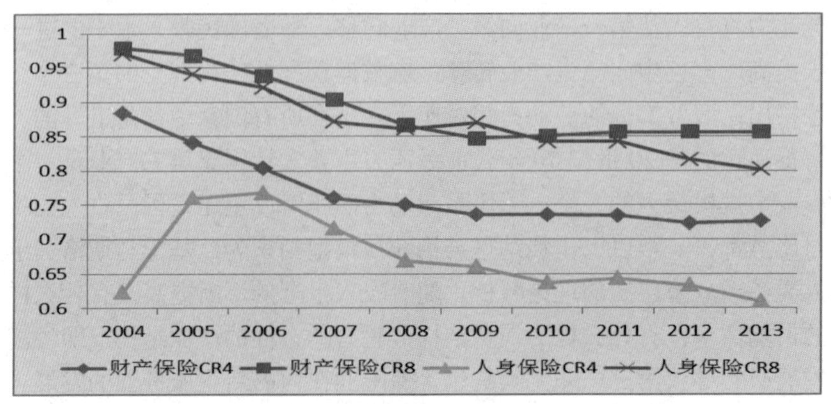

图 1-2　2004—2013 年保险市场集中度指数 CRn[①]

从上图 1-2 可以看出，2004 年，中国保险产业的市场集中度相当高，前 8 家财产保险公司和人身保险公司的市场集中度就已经达到了 95%以上；2013 年，这一比例降低了 80%左右。按美国学者贝恩的绝对集中度指标为依据的市场结构分类方法，中国保险市场应属于寡占Ⅱ型，即寡头垄断市场结构。保险市场具体相关数据如下：

①产险公司市场集中度情况

2013 年，产险公司共实现原保险保费收入 6481.16 亿元（包括产险公司经营的意外险和短期健康险保费收入 268.9 亿元），占保险市场原保险保费收入的 37.63%。在各财产保险公司中，人保股份、太保财险、平保财险原保险保费收入合计占产险公司原保险保费收入的比例为 64.8%，较 2012 年同期减少 0.55 个百分点。中华联合、大地财险、国寿财产原保险保费收入合计占产险公司原保险保费收入的比例为 13%，同比上升 0.62 个百分点。

① 尚玉娇. 中国保险业市场集中度的现状和对策[J]. 中国市场，2014（42）.

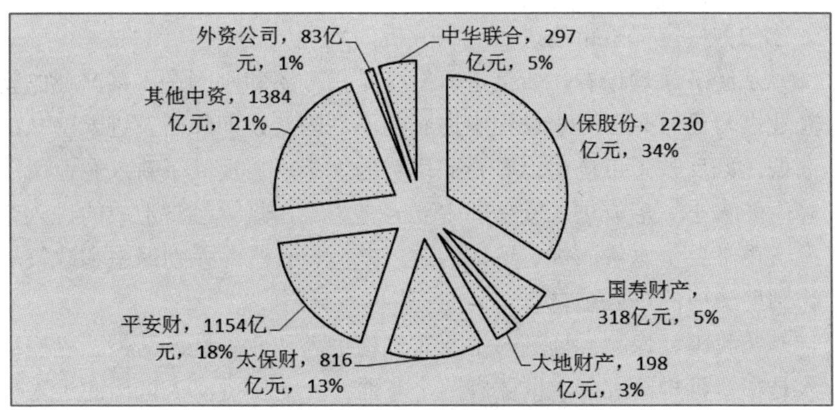

图 1-3　2013 年财产保险公司市场份额图（单位：亿元）

数据来源：2014 年中国保险年鉴。

②寿险公司市场集中度情况

2013 年，寿险公司共实现原保险保费收入 10740.93 亿元，占保险市场原保险保费总收入的 62.37%。在各寿险公司中，国寿股份、太保寿、平安寿原保险保费收入合计的市场份额为 53%，较上年同期减少 1.85 个百分点。

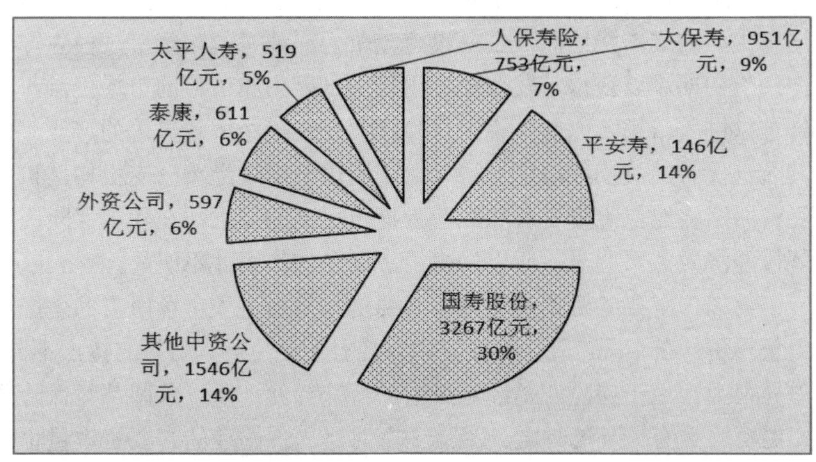

图 1-4　2013 年人寿保险公司市场份额图（单位：亿元）

数据来源：2014 年中国保险年鉴。

（2）中国保险市场进入现状分析

从经济学理论看，所谓进入壁垒是指准备和刚刚进入某产业的新企业在与已有企业竞争过程中遇到的不利因素，即障碍。进入壁垒的高低，既反映了市场内已有企业优势的大小，也反映了新入企业所遇障碍的大小。形成进入壁垒的主要因素为：由规模经济造成的进入壁垒、由必要资本量的规定造成的进入壁垒、有产品差别壁垒和政策法律制度造成的进入壁垒。

在我国，保险市场进入主要有机构进入和业务进入两类。机构进入是指新机构的进入，主要有两个方面：一是中资法人机构的进入，包括中资分支公司的进入；二是外资保险公司的进入。由于保险业是社会的“稳定器”，是国家的一种重要的保障制度，关系着社会生产和社会生活的持续和稳定，我国实行国家垄断式经营模式，严格限制其他企业进入保险市场。

随着我国加入 WTO，逐步降低了外资保险公司的进入壁垒，并对我国保险市场结构带来重要影响。保险市场进入壁垒主要有以下几种：

第一，规模经济壁垒。在规模经济显著的产业，企业一般都按经济规模生产。这时新企业会遇到一个两难问题：或者进行小规模生产，这样生产的成本费用高，企业没有竞争力；或者就按经济规模生产，但由于初期难以获得与发挥经济规模生产能力相适应的市场份额，同样难以进入市场。如前所说，保险产业是规模经济较显著的产业，尤其人身保险的规模经济更加显著。不断由于增设经营分支机构，扩大经营网络将对保险投资者和经营者提出更高的要求。在我国保险产业规模经济效益不明显，所以规模经济壁垒的作用并不明显。

第二，必要的资本量壁垒。必要资本是指进入市场所需的生产和销售投资。在不同产业，必要资本量随技术、生产、销售的特点不同，差异很大。由于保险业是经营风险的特殊行业，所以各国都对保险公司的资本量有较高的规定。《保险法》对进入保险业的必要资本量也做了明确规定：“建立保险公司，其注册资本的最低限额为人民币二亿元”（《保险法》第七十二条）。

第三，市场饱和状态壁垒。现有企业在产品销售上已占据有利的地位。消费者对原有的产品已形成了一定程度的偏好，新企业进入后要把原有的消费者吸引过来，必须花费很长的时间建立自己的销售系统，还要花费大量的资金进行广告宣传，这无疑会形成一定的进入障碍。在我国，虽然经济的不断发展，扩大了保险潜在需求，增加市场的容量，但一方面，由于社会保险意识不强，所以，保险的实际需求并不大。另一方面，由于历史和传统的原因人们一直对国有保险公司的产品有特殊的偏好，从这个意义上说，形成了一定程度的壁垒。

第四，产品差别壁垒。产品差别是形成市场壁垒的重要因素之一。因为在产品差别显著的产业，如果新企业没有独特的新技术，没有较完善的销售服务系统和促销手段，则其进入必然会遇到产品差别的壁垒。现阶段中国的保险产业，产品差别不大，新技术应用不多，促销手段如代理人制度已经很容易就能建立起来，因此产品差别壁垒在我国保险市场上不十分明显。

第五，政策法律制度造成的壁垒。比如某些行业的企业开业须获得许可证、关税、非关税壁垒等，资金的筹措也要受到政策制度的制约等，这些壁垒是难以用降低成本、广告宣传等办法来克服的。在我国保险市场上，政策法律制度造成的壁垒在各种形成进入壁垒的因素中是最明显也是最主要的。不过，随着经济全球化趋势，保监会每年批准建立的保险公司的数量在逐渐增加，由政策法律制度造成的保险产业进入壁垒有降低趋向。

从理论上说，进入壁垒对市场机构的影响是直观的，一般低壁垒产业的市场集中度较低，反之亦然。进入壁垒排斥了垄断企业之外的其他企业进入该市场，抑制了企业之间的竞争，使这些产业内部组织结构在一定程度上保持了稳定性。但是从资源配置的角度来看，由于生产效率低下和浪费现象的大量存在，很难达到提高社会资源配置效率的目的。

（3）中国保险市场退出分析

保险具有经济保障、资金融通、社会管理的功能，是经济的“助推器”和社会的“稳定器”。保险业与各行业和各社会经济主体存在着千丝万缕的联系，保险企业退出市场会产生连锁的负面效应，甚至威胁整个国家的金融安全、经济发展和社会稳定。保险市场退出壁垒主要有以下几种：

第一，固定费用壁垒。保险企业退出市场时，需要解雇员工，存在解雇费用壁垒。但保险企业属于资金密集型和技术密集型产业，企业资金实力比较雄厚，员工较劳动密集型企业少；而且保险专业人才尚属于稀缺资源，市场需求量大，人员流动性高，因此，解雇费用壁垒较低。

第二，生产链壁垒。一家保险企业退出市场时，保险市场中尚存在其他保险企业，因此，一般不存在生产链壁垒。

第三，政策性市场退出壁垒。保险业是建立在信用基础上的，如果保险企业可以轻易地退出市场，可能引起投保人对整个保险行业信用和财务状况的怀疑，从而给整个保险体系带来“多米诺骨牌效应”式的退保现象，影响金融体系的稳定。这正是保险业负外部效应的表现。法律和政策壁垒是政府为了减少保险公司市场退出的负外部性而制定的保护和限制保险公司从市场上退出的法律和政策。许多国家对保险业的市场退出制定了远远高于其他产业的政策法律壁垒。因此，由政府制定的政策法规壁垒才是现代经济生活中保险企业市场退出的最主要壁垒。

综上所述，保险业具有“低经济性退出壁垒，高政策性退出壁垒”的特征；其中，“高政策性壁垒的特征”是由保险业的外部性决定的。[①]

（4）我国保险产品和服务差异分析

产品差异是指企业在所提供的产品上，造成足以引起买者偏好的特殊性，使买者将它与其他企业提供的同类产品相区别，已达到在市场竞争中占据有利地位的目的。产品差异化是一种有效的非价格竞争手段。我国保险产业的产品差异现状主要体现在险种创新和险种结构两个方面。

随着我国科学技术进步和经济体制的改革，社会生产和生活所面

① 何佳. 我国保险市场退出的经济学分析——基于产业组织的视角[D]. 天津：南开大学. 博士学位论文，2012：30-31.

临的风险的种类逐步增多、风险程度也不断增加，然而，与这一现实相比，从总体上看我国保险产业所提供的险种还是十分有限的，尤其是现有许多保险公司的经营都集中在数量非常有限的一些险种上。在财产保险市场，各保险公司在市场定位中，纷纷把业务重心集中在几个收益快、业务熟悉、操作相对容易的传统险种上，并且把企财险、机车险等视为重中之重。而责任险、保证险、信用险等无形利益险种则处于较低的经营水平上。在寿险市场，由于监管部门管制的原因，加之我国寿险市场处于起步阶段，各保险公司在经营策略上纷纷通过推出新型业务抢占市场份额，各寿险公司已经推出的险种趋于雷同，公司的业务结构极为相似。

保险公司的经营者从形式上看是销售保险产品，以满足消费者的保障和投资需求，但实质上保险公司销售的是一种对未来偿付和回报的承诺。因此，保险服务水平的高低对保险公司的市场竞争具有重要的意义。

随着保险市场竞争的加剧，现阶段我国保险业的服务意识与以前相比虽有很大的提高，但从总体上看，由于保险公司经营机制的改革还没有到位，保险公司的经营管理的水平还不高，一些保险公司具有明显的急功近利的倾向，只注重保费收入，而忽视保险服务，所以无论在保险服务的内容、形式、还是方式方法等方面都存在一定问题。具体而言，服务的内容少、服务质量不高、服务的品牌意识缺乏。

2. 保险产业的市场行为

市场行为是指企业在市场上为了赢得更大利润和更高的市场占有率所采取的战略性行为，通常包括价格行为和非价格行为，非价格行为又主要包括产品差异化行为、保险市场的创新行为以及并购行为等。企业所采取的市场行为是由市场结构的状况和特征制约的。同时，市场行为又反作用于市场结构，影响市场结构的状况和特征。通过前面的分析，我们得出了中国保险市场属于典型的寡头垄断市场结构的结论。那么，寡头垄断市场结构下的中国保险产业市场行为又有何种表现呢？

保险产品的价格即保险费率，通常由纯费率和附加费率构成。附加费率包括保险公司的各项费用支出和预定利润，其确定的原则和方式与一般产品价格中的对应部分并无区别。但是，纯费率的确定却与一般产品成本的确定迥然不同。人身保险中的纯费率是保险公司按照采用的经验生命表中规定的死亡率和预定的利息率计算得出的；财产保险的纯费率是根据以往年份统计的保险金额损失率或保险财产的平均损失率计算得出的。保险产品成本的不确定性使得保险公司面临较大的定价风险，定价过高，抑制市场需求，影响产品竞争力；定价过低，影响保险公司准备金积累水平，长此以往甚至会威胁到其偿付能力。

从竞争手段看，保险竞争不外乎价格竞争和非价格竞争两种。其中，“价格战”是保险竞争最有效也是最基本的手段。价格竞争，尤其是“高返还、高手续费、提高保障范围”的“三高”手段的恶性竞争，导致保险公司经营成本的上升和经营风险的加大，最终损害了消费者的利益，也扰乱了保险市场秩序。

较低的宏观经济发展水平是中国保险业产品差异化程度落后于保险业发达国家的根本原因。但近年来中国经济发展水平快速提高，保险业一直保持强劲的增长势头，保险市场竞争程度逐步加强以及保险费率市场化改革步伐的加快都为中国保险产品差异化提升创造了有利条件。因此，实施保险产品差异化战略，打造中国保险业的核心竞争力，不仅是必要的，也具备了一定的可行性。

产品创新的周期长、质量低、速度慢。欧美等一些发达国家的保险公司，基本上是投保人有需求，公司就能开发出所需要的产品。受保险市场结构的影响，我国保险企业的新产品开发能力很弱，技术创新总体上还停留在一个较低的层次上。险种创新数量少、质量低、速度慢、周期长，许多险种都是几十年一贯制，很多潜在的市场得不到应有的开发。以家财险为例，目前各公司的产品基本与20世纪80年代的条款费率相差无几，老保单、老条款费率显然满足不了投保人的需求。即使所谓的创新产品，多数也存在“伪创新”之嫌，因为大多数保险产品创新仍然处于模仿阶段，真正原创意义的产品创新并不多见，特别是适宜中国保险市场需求的原始创新更是凤毛麟角。

3. 保险产业的市场绩效

（1）财产保险行业市场绩效

2013 年，财产保险公司承担风险金额 674.13 万亿元，是同期名义 GDP 总量的 11.85 倍，同比增长 60.66%。2013 年，我国保险深度（保费收入占 GDP 比重）为 2.93%，保险密度（人均保费收入）为 1317.49 元，保险服务的覆盖面和对经济社会的渗透力逐步提高。

2013 年，财险行业资本管理意识进一步提高，资本约束与效益约束成为促进行业理性经营、稳健经营的重要力量，一些公司尤其是部分大公司加强了偿付能力管理，通过控制发展速度、大额分出保费、增资等多种手段确保偿付能力与核心资本充足。所有财产保险公司自 2006 年以来首次实现自留保费规模与资本金和公积金总和倍数低于 4 倍的监管要求。

财产保险公司积极采取措施拓宽车险保障范围与水平，推动客户多险种投保、提高保额，交强险保费占比同比下降 1.15 个百分点，盈利性较好的商业三者险保费占比上升 1.01 个百分点。公司不断压缩管理成本，业务及管理费增速明显放缓；加强现金流管理，可运用资金余额大幅提高，为提升资金运用收益创造良好条件；提高效率与产能，人均保费收入 161.72 万元、同比提高 15.9%，人均净利润 6.52 万元、同比提高 1.02%。

2013 年，中资保险公司原保险保费收入为 16542.37 亿元，占市场份额为 96.05%；外资保险公司原保险保费收入 679.87 亿元，占市场份额为 3.95%，比去年同期增加 0.44 个百分点。

在财产险公司原保险保费收入中，中资财产险公司原保险保费收入为 6398.15 亿元，市场份额为 98.72%；外资财产险公司原保险保费收入为 83.01 亿元，市场份额为 1.28%。

（2）人身保险行业市场绩效

2013 年人身险市场扭转了连续三年的下行走势，总体企稳回升，实现了规模、效益和质量的协同发展。规模保费较快增长。2013 年人身险市场扭转了连续两年“总保费增速低于同期 GDP 增速，新单保费负增长”的颓势，增长动力由续期拉动转为新业务驱动。全年人身险公司规模保费累计 1.07 万亿元，同比增长 7.86%，增速高于 GDP 同期增速。

在人寿保险公司原保险保费收入中，中资寿险公司原保险保费收入为 10144.07 亿元，市场份额为 94.44%；外资寿险公司原保险保费收入为 596.85 亿元，市场份额为 5.56%。

（三）保险产业集聚分析

产业集聚竞争力的本质，就是关联性强的企业或产业通过专业化分工共同促进、共同发展所形成的一种外部经济性或范围经济的集中表现。

第一，专业化分工产生了基于市场需求—成本联系的金融外部性和基于技术扩散的技术外部性。所谓金融外部性，指的是由劳动力市场共享、本地市场需求和产业关联所产生的外部性，它通过价格机制作用于企业成本的降低；而技术外部性，是基于企业间的技术交流和服务溢出所产生的外部性，通过直接影响企业的生产函数来实现。保险企业集聚正是为了获取这两种外部经济，并实现报酬递增的专业化分工收益。保险产业集群中产品创新人员的劳动力共享、企业间的前后相关联、面对面的接触与学习便利性和技术溢出，给集群中的企业带来集群外企业无法复制与模仿的竞争优势。同一地域内的保险企业通常具有类似的文化氛围，相似的地理条件，竞争激烈程度远超过分散各地的单个保险公司之间的竞争，优胜劣汰的自然选择机制在集聚区域内充分展现，所以保险企业必然设法通过持续不断的创新来获得竞争优势。而竞争是保险业发展的重要动力。因而有竞争力的产业集群，有可能使产业后起的国家超越原先在该产业上有优势的国家，形成较强的国际竞争能力。

第二，产业集群有利于创新活动。对于需要提高产品和服务创新的保险产业，更关注最新资讯和知识的沟通和传递，有创造力的人力资源成为保险企业最重要的资产，要求在产品创造的企业间，具有不同背景知识和技术能力的创意企业和人员充分互动、协同创新，提高保险产业集群整体创新水平。由于创新产品生命周期缩短、需求追求个性化等，单个企业难以在产业链的各个环节保证创新的成功率，而产业集聚可以使企业拥有获取专门资讯和知识外溢的便利条件。聚群积累了大量的信息，利于企业的相互获取，集聚区域内企业通过相互合作、相互学习，通过交互式作用过程，创新的基础和条件要优越于单个孤立的企业，形成一种不断创新的路径依赖。产业集聚不仅提供更多的学习和创新机会，也为企业提供了迅速采取行动和快速反应的能力。保险中介等相关产业之间在创新过程中的紧密合作，能够确保更好地满足和响应消费者的需求。

第三，产业集群可以提高区域内所有保险企业的生产率。地域集中促进保险产业在区域内的分工，因而能够形成很高的产业效率。在集聚区，无论是保险产品的设计开发，还是相关产业的配套服务，都有严格而精细的分工，从而降低了因转换经营环节而必须付出的成本，从而提高劳动生产率，使得保险业产业价值链上的各环节从产品设计、营销渠道、核保核赔等各组成部分比较容易获得配套的产品和服务，并以较低的价格从政府以及其他公共机构获得公共物品或服务。产业集群还带动上下游产品研发和销售产业的集聚，带动相关服务业的发展，使得生产和销售成本进一步降低，售后服务增强，带来更多的顾客和利润，从而奠定产品价格竞争的基础。由此，产业集群可以提高整个产业在国内外的知名度。因为企业与产业集聚在开放条件下可以实现更好的资源配置，达到更高的产业效率。从国际产业实践看，往往集聚程度较高的产业，其国际竞争力较强。因而保险企业有必要提高服务和质量、加强产品的差异化，增强企业竞争力，获得高于产业平均水平的利润率。

第四，集聚有利于减少保险业交易成本。在产业集聚区域，保险企业的地理临近，交易距离的缩短，尤其是在长期合作和交易基础上所形成的社会资本和信任，可以增加交易对象的数量、减少交易对象及环境的不确定性、降低交易双方间信息不对称的程度、从而可以约束交易双方的机会主义行为，减少交易风险，增强了集群的集聚性租金，并促进企业根据比较优势进一步提高企业的分工水平，从而促进保险产业集群的成长和发展。基于长期协作所形成的社会资本和声誉机制也能够明显降低信息不对称所产生的内生交易成本。与纯市场组织相比，产业集群不仅可以使集群内的成员获得集聚性收益，而且降低了市场交易费用和交易风险，是一种有效率的组织形式。

第五，保险产业集聚可以树立区位品牌。“区位品牌”与单个企业品牌相比，更形象、直接，是众多企业品牌精华的浓缩和提炼。更具有广泛的、持续的品牌效应，而且相对于产业集群，单个企业的生命周期相对短暂，品牌效应难以持续，而区位品牌效应更易持久，是一种珍贵的无形资产。产业聚群形成“区位品牌”后，可以利用这个巨大的品牌价值，不仅可以通过批发商零售，而且可以专卖的形式垄断销售，获取纵向一体化利润。[①]

（四）保险产业生命周期分析

目前，国内保险理论一般将我国保险产业发展阶段称之为初级阶段。这一观点的合理性在于通过与发达国家和地区保险产业相比较，强调我国保险产业整体水平较低。江生忠认为现阶段我国保险产业处于发展时期，这是基于产业发展周期理论。

根据产业生命周期理论，产业生命周期一般可分为四个阶段：即形成期、发展期、成熟期和衰退期。在产业形成阶段的特点是，该产业的产品由于各种原因，原来的潜在需求逐渐被市场所认可，转化为现实需求。处于该阶段的产业，有时发展很快，有时发展很慢。当该产业的产出在整个产业系统中的比重迅速增加时，并且在产业结构中的作用也明显增加时，就可认为该产业度过了形成期而进入了成长期。

根据现阶段我国保险产业的发展，江生忠认为现阶段我国保险产业已经从形成期跨入生长期，即发展时期。

一是从市场结构看，现阶段保险产业结构已基本形成并呈寡头垄断型。目前的市场结构虽然存在一定的问题，市场集中度过高，但是保险产业已从市场主体的建立转向竞争机制的形成保险费率市场化已在部分地区和险种开始实施；保险、银行、证券和信托的分业经营和分业管理体制的建立，为现阶段我国保险产业的发展开辟道路，在现阶段有利于保险业稳健发展；保险监管制度比较成熟，成为保证保险

① 程肖芬. 保险产业集聚效应及其竞争力探源[J]. 现代财经，2007（11）：25-26.

业健康发展的重要条件。这些说明我国保险产业已从形成期过渡到生长期。

二是从保险产业增长看，自从 1980 年恢复保险以来，保险业经过 35 年的发展，虽然仍然粗放，但保险业务的发展速度相比其他行业已经快很多，与 1980 年相比，我国的原保险保费收入年平均增长率约为 30%。

三是从保险市场主体看，从 1992 年美国友邦保险公司进入中国保险市场，我国保险市场开放的历史已有 20 多年之久，我国保险产业多元化的中外保险经营主体已经形成。截至 2013 年年末，全国共有保险集团公司 10 家，保险公司 143 家，保险资产管理公司 18 家，其他公司 3 家。从保险公司资本结构属性看，中资保险公司共有 89 家，外资保险公司共有 54 家。其中，中资产险公司 43 家，中资寿险公司 43 家，中资再保险公司 3 家，外资产险公司 21 家，外资寿险公司 28 家，外资再保险公司 5 家。全国共有省级（一级）分公司 1700 家，中支和中支以下营业性机构 73819 家。截至 2013 年年末，保险从业人员 377.42 万人。其中，个人代理人 290.07 万人。

四是从产业关联看，随着中国保监会的成立，金融业的分业经营分业管理的体制的确立，保险产业在金融体系结构中的作用明显突出。

二、保险产业发展的动力研究

以弗里曼（Freeman）、纳尔逊（Nelson）等人为代表的现代演进经济学理论，认为自然界和经济界情况类似，企业在市场上不断竞争，赢利企业将会不断增进发展，没有赢利企业慢慢衰败甚至被淘汰。因此，保险产业发展的驱动机制就包括利益和供求机制、竞争与协调机制。而保险企业要长久地处于不败之地就必须不断创新来扩大自己的市场份额和优势。所以保险产业经济发展的内在动力因素就是创新。但是保险企业要生存与发展，也必须有一定的外部驱动因素，比如说投资与制度等因素。

（一）保险产业发展的作用机制

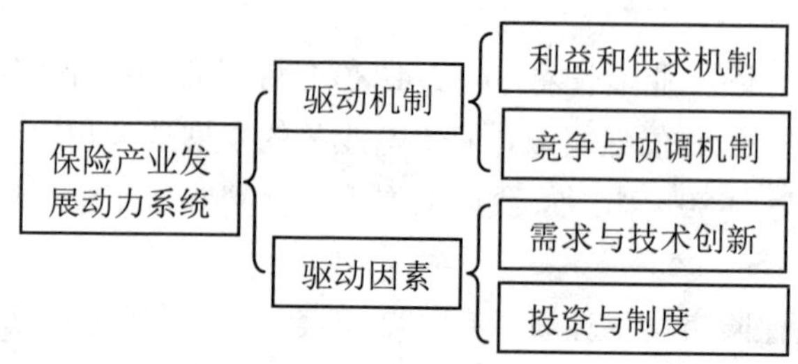

图 1-5　保险产业发展动力系统示意图

1. 保险产业发展的内部驱动机制

第一，保险产业发展的内部动力机制是利益。无论是中国的古代名言：天下熙熙，皆为利来；天下攘攘，皆为利往；还是西方的经济思想：传统的经济学认为，人都是自利的，从事任何经济活动的目的都是为了使自己的利益最大化，这些思想都表明经济活动的直接动力是一定的利益或者利益需求。保险产业的诞生也是因为利益的影响，然后遵循产业生命周期理论，经历从导入期到衰退期的过程。

第二，保险产业发展的内部动力机制是供求机制。保险需求的存在是保险供给实现的前提，而保险供给又是保险需求得以实现的基本条件。我国市场上对保险有巨大的潜在需求，但是保险业的供给能力较为薄弱。具体表现是保险服务主体数量偏少，市场竞争不充分，资产规模较小，偿付能力不足。虽然我国保险市场承保金额总量在不断增加，但是与世界金融发达国家相比还存在一定差距。而且我国保险市场保险费率与国际市场相比也是相对偏高的。所以我国目前的保险服务供求不平衡，仍然需要不断完善来适应我国经济和社会发展的需要。

2. 保险产业发展的外部机制

第一，迈克尔·波特认为，产业国际竞争优势的形成要经历投资驱动阶段、创新驱动阶段、财富驱动阶段和要素推动阶段四个阶段。产业发展环境中的一些关键因素即“钻石体系”决定了产业竞争优势。能够影响一个产业或者产业环节的成功就是“钻石体系”。“钻石体系”主要包括了需求条件，生产要素一系列行业发展，企业结构、同业竞争、企业战略这四个方面，还有产业发展机会与政府角色两个重要影响因素，这六方面的因素决定了一个产业的竞争优势。其事实证明了垄断和保护不利于产业的长期发展。[①]波特的产业竞争理论揭示产业的兴衰是从竞争力的强弱来的，产业竞争力从衰弱到强盛再到衰弱，很明显是一个产业的形成到强再到弱的过程。保险产业也不可避免地经历这样的过程。

第二，政府的决策与协调对产业发展和演进同样起作用。其作用过程主要体现为：在战略层面上，社会经济发展战略选择则针对国家政府来说，包括对战略途径、战略目标、选择结果将会以间接或者直接的方式对产业发展演进有影响。比如由于农业发展战略需要对农业保险实施补贴政策，这在很大程度上促进了农业保险市场份额逐渐增大，从而促进保险产业发展。在战术层面上，国家政府对具体支持的产业选择的产业政策将对产业发展演进产生直接影响。例如农业保险扶持政策是财政直接补贴或是采取税收优惠等方式都能直接影响农业保险的发展。经济发展战略一方面间接地通过产业政策等战术层面对产业发展演进产生影响，另一方面则产业发展演进直接创造氛围，它们全是政府行为的结果。政府主要是通过货币和财政政策、价格税收政策投资政策等的手段来实现对产业发展演进的协调与决策的。[②]

（二）保险产业发展的动力因素

1. 保险产业发展的内部驱动因素

第一，需求是产业发展基本的主要动力源和驱动因素。需求的变化为其他因素的变化提供了动力和目标，为细化的分工供给了市场容量。要想考察需求对保险产业发展的作用，先要考察需求变化有什么规律。随着社会的发展，人们的生活水平和收入总量在不断提高，人们期望对现有的经济条件提供一种风险保障，对保险的需求也在不断增加。一旦人们的生命和财产遭受损失，保险公司能够给予及时的补偿，这样人们至少能够在保持经济稳定方面，实现可持续性。

① 迈克尔·波特. 国家竞争优势[M]. 北京：华夏出版杜，2002：67-69.

② 温茜茜. 中国产业发展模式研究——以汽车零部件产业为例[D]. 复旦大学博士学位论文，2013：81.

第二，技术创新是保险企业发展壮大的有效途径。技术创新有两方面的优势：一是保险企业通过技术创新，提高资金的利用效率，使企业在市场上具有较大的成本优势；二是保险企业通过技术创新，开发新产品和提高服务质量，形成在全产业范围内具有独特优势的产品与服务，从而具有竞争优势。

2. 保险产业发展的外部驱动因素

第一，投资是保险产业发展的物质基础，没有投入足够的资本，产业就不会形成和发展。保险产业投入资金越多，容纳的劳动力也就越多，生产增长速度也就更快。保险产业要想快速增长，那么资产投资就应保持同步或更快增加，才能使该产业更进一步进行产品创新和服务升级，从而提高资本的边际效率，增速产业的发展。投资的边际效率越高，越是能吸引资本的进入，在技术进步推动下，产业发展向高技术化、高资本密集化和高附加值化的方向发展。如图 1-6 所示，从 2002—2014 这十几年间，中国保险业资本投资与资产总额总体都是上升趋势，说明资本的投资收益增长促进了资产总额的增加，保险产业正朝着资金密集型和高附加值方向发展。

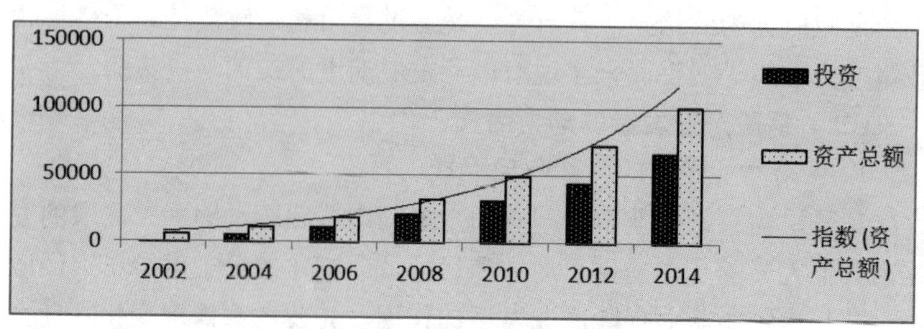

图 1-6　2002—2014 年保险业投资和资产总额（单位：亿元）

第二，制度也是保险产业发展的重要因素。一方面，合理性的制度安排能够促进产业的发展，促进产业专业化的分工还能形成合理性的激励机制，从而促进资源的优化配置。另一方面，制度因素也会演化为产业发展进程中的限制因素，不合理的制度因素会妨碍产业的发展。就我国保险业而言，由于市场机制不完善，使得保险业某些方面需要政府制定相关政策，来领导市场机制发挥作用。比如说，农业保险需要政府通过安排和政策引导等方式进行扶持与培育，然后与市场化运作相结合，使农业保险获得阶段性发展。总体上来说，制度和保险产业发展的关系是正相关的。

第三节　中国保险产业发展模式的选择

一、中国保险产业发展的背景

当前特殊的发展背景以及我国“强”政府、“弱”市场的微观主体特征决定了“政府主导”成为当前中国经济的发展特点之一。这一制度结构在中国经济发展过程中起到了重要作用——弥补市场失灵、实现经济起飞、推进跨越式发展。

产业发展是由内生变量和外生变量共同决定的。其中，企业间关系、产业间关系、市场供求、价格等是产业体系内部可以引起产业调整发展变化的因素，可以作为产业发展的内生变量；而其他一些因素如政府政策、技术创新、制度变革是从产业体系外部影响产业发展的因素，因此是产业发展的外生变量。内生变量是决定事物发展变化的根本原因，外生变通过内生变量起作用。

在政府主导型发展方式中，政府对产业发展的影响主要表现在以下四种形式：一是作为重要的制度供给方，根据发展需要进行制度创新；二是通过制定经济战略和经济政策引导企业和市场行为；三是通过基础设施建设投资、基础资源和金融资源的国有经营等实现对经济资源的调整和配置；四是通过控制国有企业影响市场环境和市场绩效，以及其他待定的社会目标等。以我国为例，自 1978 年改革开放以后，政府参与经济活动的主要方式从直接的政府干预向间接的政府调控转变，在这一过程中，政府扶持产业发展的形式也逐渐发生变化。从纵向的时间上看，由以行政指令的直接干预为主转变为以产业政策的间接调控为主；从横向的参与方式上看，政府主导产业发展的表现形式日渐丰富，不仅形成了包括规划、引导、保护、调整和限制等多维参与方式，还形成了涵盖产业全局规划和局部政策在内的产业政策体系。[①]

二、中国保险产业发展模式的政策理论

所谓产业政策是国家规划、干预和诱导产业形成和发展的一种政策,其目的在于引导社会资源在产业部门之间及产业内部的优化配置,建立高效的均衡产业结构，促进经济持续、稳定、协调发展。按照产业政策的一般理论，保险产业政策虽可分为保险产业结构政策、保险产业组织政策、保险产业发展政策等。这些政策往往是相互交叉、相互联系的，它们之间只有大致的分类，没有明确的界限。不同的国家有不同的保险产业政策，同一个国家在不同的发展时期，保险产业政策中所强调的政策重点也往往有明显不同。

（一）保险产业结构政策的基本内容

保险产业结构政策的宗旨是以技术进步来不断促进保险产业机构的优化。尽管保险产业结构政策的形式多种多样，但大致可以归纳为保险产业调整政策和保险产业援助政策两种基本类型。前者的目标是保险产业结构合理化，后者的目标是保险产业结构高度化。产业结构合理化是产业结构高度化的基础，而产业结构高度化又是产业结构合理化的高级表现形式。

各国保险产业发展的经营表明，科技创新是保险产业结构优化的最佳选择。无论保险产业合理化还是高度化，都离不开科技创新的支持。没有持续的科技创新，产业结构的合理化和高度化就会失去动力和物质基础。因此，保险产业结构政策的核心和焦点无疑应当是推动产品和服务创新。从具体内容来看，保险产业结构政策应该以市场为导向，使保险资源合理配置。一方面，调整保险中介产业结构，按照产业化、企业化、职业化的道路发展保险中介产业；另一方面，优化保险险种，加大保险产品的研发与创新，满足市场发展的需求。

---

① 俞晓晶. 产业发展的中国经验：理论与实证[M]. 上海：上海社会科学出版社，2014：19-29.

（二）保险产业组织政策的基本内容

保险产业的技术经济虽与其他产业不同，但作为一个特定的产业，同样由政府制定本国保险产业发展的产业政策。这在保险产业历史悠久、市场经济发达的国家已是很明显的。当然，在保险业的长期发展过程中，许多国家形成了具有不同特点的保险产业政策。由于保险产业的特殊性，保险产业组织政策与一般产业组织政策相比，具有自身的特点：

第一，由于保险产业的特殊性，保险产业受到政府的监管程度要甚于一般经济行业。因此，在保险产业与政府的关系中，政府监管具有特别重要的意义。虽然欧美各国的经济政策经历了自由放任到政府干预，而后又回到弱化政府职能，推崇自由竞争的过程，但是，作为国家产业组织政策一部分的保险产业组织政策却从未沿着这一轨道发展。也就是说，从总体看各主要国家保险产业组织政策始终强调政府的监管作用。所以，人们有时自觉或不自觉地把保险产业政策和保险监管等同起来。保险产业组织政策视为保险监管的内容。事实上，保险监管与保险产业政策在理论上和实践上既有差别，又有相同之处。从各国保险监管实践来看，保险监管中的某些内容和指导思想确又能体现产业政策，如对保险公司进入的规定、对保险费率、条款批准的规定等内容，都能体现鼓励竞争、反垄断、政府管制、提高竞争力等不同的产业政策。所以，有的学者认为，保险产业政策雏形，最早可追溯到 1851 年美国新罕布尔州建立的保险监管制度。1870 年英国也建立保险监管制度，并形成自己的保险产业政策。

第二，从内容和政策手段来看，保险产业组织政策基本分为两个方面：一是保险市场结构控制政策，及保险监管政策，对保险产业的市场结构改变实行监测、控制和协调，通过适当调整保险市场集中度，降低保险公司进入壁垒等方式，以维护合理的保险市场结构；二是保险市场行为调整政策，即对保险市场主体——保险公司的市场行为进行监督、控制和协调，使保险公司进行合理的合并重组。但保险产业组织政策的最主要内容是保险市场结构政策。

第三，保险产业组织政策具有倾向于追求规模经济的特点。如前所述，保险产业是特殊的自然垄断产业。保险产业一方面具有规模经济和范围经济的效应，过分竞争不仅可能损害被保险人的利益，而且可能扰乱金融秩序。所以，在一些外国的反垄断法中，保险产业属于被豁免或部门豁免的行业。也就是说，既鼓励保险产业像其他产业一样实行公平、正当竞争，同时又允许部分垄断。所谓反垄断法的豁免，就是指保险产业豁免适用反垄断法的情况。

（三）保险产业发展政策的基本内容

尽管我国保险业发展在改革开放38年中取得了巨大成绩，但与世界保险业发展情况相比以及对国内经济社会发展需求的满足程度看，我国保险业还存在明显差距，因此，需要产业发展政策来支持我国保险产业的发展。

首先，利用税收杠杆工具，刺激相对落后的保险业加快发展。发达国家或地区，一般通过法律的形式，对个人购买商业养老保险、健康保险产品实行税收优惠。从实际效果来看，税收优惠政策，正确引导了企业和个人通过自我财务安排来化解风险，有力地刺激了保险消费，提升保险产品在相关金融产品的竞争力，促进保险业发展。

其次，完善监管制度，加大保险企业偿付能力风险监管。我国应当尽快改变长期以来将有限的监管过多地投入到具体的市场行为监管上，将监管重点从市场行为合规性监管转变为偿付能力风险性监管，加快推进第二代偿付能力制度的建立，守住风险底线。同时发达国家普遍树立了依法保险监管理念，我国应当不断完善法律法规体系，及时根据市场新情况出台监管制度。重视立体监管体系的建设，发挥行业自律、社会监督、保险公司治理结构的作用。加强金融监管协调，国际金融混业经营已越来越普遍，在分业监管没有改变之前，应当建立完善一行三会定期联席会议制度，避免混业经营下出现监管真空。①

最后，鼓励发展模式创新，发挥保险对经济结构调整和产业升级的支持作用。我国保险业在深化市场改革时，应当大力鼓励自主经营、产品创新，提升服务质量等方式来支持和保障关系国计民生的产业结

① 涂东阳. 我国区域保险业关系及其发展研究[D]. 武汉：武汉大学博士学位论文，2014：107.

构调整、完善中小企业的保险服务、为大型企业“走出去”保驾护航。

三、中国保险产业发展的具体实践

我国的保险业发展的推动力，更多的应该是表现在政策方面，重大政策带动了保险业的发展和转变。比如，资金运用放开、个人代理人制度和农险补贴等政策，下面分别就这三种政策做简要介绍。

（一）资金运用放开

目前，中国保险资金投资渠道已基本全面开放，保险资金运用比例监管政策与国际监管惯例初步接轨。随之而来，中国保险资金运用与管理的空间更广阔，保险公司这一机构投资者也成为金融行业中投资领域最为广阔的金融机构之一。然而，中国保险资金运用体系市场化的历程并非一蹴而就，而是经过多年的政策试点和调整，一步步实践与探索才形成了今天的保险资金投资渠道基本市场化的局面。主要分两个部分：一是中国保险资金运用放开政策历程；二是中国保险资金运用规范。

1. 中国保险资金运用放开政策历程

总体而言，从 2006 年的《保险资金间接投资基础设施项目试点管理办法》实施以来，保险资金投资的范围和比例是逐年放宽，如表 1-1 所示。在这过程中又出现了两个小高峰，一是 2010 年在债权投资计划基础上进一步放开股权和不动产投资领域，标志着保险资金运用体系市场化已不再作为试点，而是正式“开闸”。二是 2012 年新一轮投资新政密集出台，在防范保险公司资产错配风险的同时，进一步放宽了保险资金投资股权和不动产的品种、范围和比例，为保险资金投资提供多元化选择。同时打破目前保险资产管理公司独家代理集团内保险资金运用的局面，引入竞争机制，允许保险公司委托符合条件的资产管理机构进行投资。随着监管机构逐步增加高收益投资品种和提高风险投资比重，保险资产配置能力和长期投资收益能力能够可持续发展。

表 1-1 资金运用放开政策历程

日期	法规名称	主要内容与影响
2006 年 3 月	《保险资金间接投资基础设施项目试点管理办法》	投资范围主要包括交通、通信、能源、市政、环境保护等国家级重点基础设施项目。投资计划可以采取债权、股权、物权及其他可行方式投资基础设施项目。这是目前国内第一部基础设施项目投资的管理规章，对规范基础设施投资的运作，探索多样化直接融资方式，优化保险资产结构具有重要的现实意义
2007 年 7 月	《保险资金境外投资管理暂行办法》	放宽投资比例：允许保险公司运用总资产 15%的资金投资境外，并将境外投资范围从固定收益类拓宽到股票、股权等权益类产品，支持保险机构自主配置、提高收益，抵御人民币升值风险。标志保险资产管理步入新的发展阶段
2009 年 2 月	新《保险法》	进一步扩大了保险资金运用的范围，以法律形式明确保险资金可投资于不动产等领域
2010 年 8 月	《关于调整保险资金投资政策有关问题的通知》	从投资市场、品种和比例等方面，对现行保险资金运用政策，进行了系统性调整。扩大了保险机构自主配置空间和弹性，在当前金融市场条件和低利率环境下，有利于保险机构优化资产配置，促进收益稳定
2010 年 9 月	《保险资金投资股权暂行办法》和《保险资金投资不动产暂行办法》	允许保险资金投资未上市企业股权和不动产，这将对改善保险资产负债匹配、优化资产配置、缓解投资压力、分散投资风险、保障资产安全、维护投保人切身利益，产生积极和重要的影响。两个办法进一步拓宽了保险资金投资领域，同时对保险公司投资能力和风控能力提出了更高要求
2012 年 10 月	《关于保险资金投资有关金融产品的通知》《基础设施债权投资计划管理暂行规定》《保险资金境外投资管理暂行办法实施细则》《关于保险资产管理公司有关事项的通知》	保监会同时推出一批有关保险资金运用的新政，对保险资金境外投资、金融产品投资、基础设施债权计划投资等方面做出规定，整体趋势是进一步放开保险资金可投资领域和条件。以基础设施债权投资计划为例，新规中明确了免于增信的条件，取消了仅能投资于国家级重点项目的限制等。总体来看，新政出台拓宽了保险资金运用渠道，有利于提高保险资金投资收益率。其中，拓宽金融产品投资和基础设施的投资通道，使得保险公司在短期资金配置灵活度以及较高收益长期资产配置方面得到重要支持。新政的出台打开了保险资金投资渠道和产品创新的空间
2014 年 2 月	《关于加强和改进保险资金运用比例监管的通知》	进一步推进保险资金运用体制的市场化改革，加强和改进保险资金运用比例监管，保险资金投资领域进一步放宽，比例进一步加大。不再限定基础设施投资领域，凡是国家不禁止的行业保险公司均可投资。鼓励股权投资创新，如类优先股、股债结合模式
2015 年 7 月	《关于提高保险资金投资蓝筹股票监管比例有关事项的通知》	对符合条件的保险公司，将投资单一蓝筹股票的比例上限由占上季度末总资产的 5%调整为 10%；投资权益类资产达到 30%比例上限的，可进一步增持蓝筹股票，增持后权益类资产余额不高于上季度末总资产的 40%。既有利于拓展保险资金配置空间，增强资金运用灵活性，又有利于发挥保险资金长期投资优势，支持资本市场和实体经济发展

资料来源：保监会网站，作者整理。

表 1-2　保险业 2002—2014 年资金运用情况（单位：亿元）

年份	投资	投资增长	资产总额	总资产增长
2002	2504.06		6494.07	
2004	5711.94	128%	11853.55	83%
2006	11796.29	107%	19731.32	66%
2008	22465.21	90%	33418.44	69%
2010	32136.65	43%	50481.61	51%
2012	45096.58	40%	73545.73	46%
2014	66997.41	49%	101591.47	38%

资料来源：保监会网站，作者整理。

以上表 1-2 表明，总体而言，我国保险公司的资产总量和资产运用总额都在不断增加，两者呈正相关。我国保险行业的总资产从 2002 年的 6494.07 亿元增至 2014 年的 101591.47 亿元，平均年增长率为 29.5%，同时资产投资总额也不断增长，平均年增长率达到了 38%。这组数据包含两个方面的潜在原因：一方面是保险市场竞争日趋激烈，直接承保业务的利润不断降低，保险公司需要通过资金运用实现整体盈利目标；另一方面是通过《保险法》的修订，逐步放松了保险资金运用的管制，拓宽了资金运用的渠道，进而保险资产投资取得良好的经济效益。

2. 中国保险资金运用规范

2014 年 2 月 19 日，中国保监会发布实施《关于加强和改进保险资金运用比例监管的通知》，实行保险资产大类别分类监管，以保险资产分类为基础，以资产风险监测为主线，多层次比例监管为手段，动态调整机制为保障，规定了不同大类资产的投资总量及监管比例上限。具体运用规范见表 1-3。

表 1-3　中国保险资金运用规范

保险投资大类资产	具体形式	保险投资比例
流动性资产	境内品种主要包括现金、货币市场基金、银行活期存款、银行通知存款、货币市场类保险资产管理产品和剩余期限不超过 1 年的政府债券、准政府债券、逆回购协议 境外品种主要包括银行活期存款、货币市场基金、隔夜拆出和剩余期限不超过 1 年的商业票据、银行票据、大额可转让存单、逆回购协议、短期政府债券、政府支持性债券、国际金融组织债券、公司债券、可转换债券，以及其他经中国保监会认定属于此类的工具或产品	无

续表

保险投资大类资产	具体形式	保险投资比例
固定收益类资产	境内品种主要包括银行定期存款、银行协议存款、债券型基金、固定收益类保险资产管理产品、金融企业（公司）债券、非金融企业（公司）债券和剩余期限在1年以上的政府债券、准政府债券 境外品种主要包括银行定期存款、具有银行保本承诺的结构性存款、固定收益类证券投资基金和剩余期限在1年以上的政府债券、政府支持性债券、国际金融组织债券、公司债券、可转换债券，以及其他经中国保监会认定属于此类的工具或产品	无
权益类资产	境内上市权益类资产品种主要包括股票、股票型基金、混合型基金、权益类保险资产管理产品，境外上市权益类资产品种主要包括普通股、优先股、全球存托凭证、美国存托凭证和权益类证券投资基金，以及其他经中国保监会认定属于此类的工具或产品 境内、境外未上市权益类资产品种主要包括未上市企业股权、股权投资基金等相关金融产品，以及其他经中国保监会认定属于此类的工具或产品	账面余额合计不高于本公司上季末总资产的30%，且重大股权投资的账面余额，不高于本公司上季末净资产。账面余额不包括保险公司以自有资金投资的保险类企业股权
不动产类资产	境内品种主要包括不动产、基础设施投资计划、不动产投资计划、不动产类保险资产管理产品及其他不动产相关金融产品等 境外品种主要包括商业不动产、办公不动产和房地产信托投资基金（REITs），以及其他经中国保监会认定属于此类的工具或产品	账面余额合计不高于本公司上季末总资产的30%。账面余额不包括保险公司以自有资金投资的保险类企业股权，而且不高于本公司上季末净资产的50%
其他金融资产	境内品种主要包括商业银行理财产品、银行业金融机构信贷资产支持证券、信托公司集合资金信托计划、证券公司专项资产管理计划、保险资产管理公司项目资产支持计划、其他保险资产管理产品 境外品种主要包括不具有银行保本承诺的结构性存款，以及其他经中国保监会认定属于此类的工具或产品	账面余额合计不高于本公司上季末总资产的25%。境外投资余额，合计不高于本公司上季末总资产的15%

资料来源：保监会2014年2月《关于加强和改进保险资金运用比例监管的通知》。

（二）个人代理人制度

保险中介是保险交易活动的重要桥梁和纽带，经过多年发展，我国保险中介市场已经成为保险市场重要组成部分，在销售保险产品、改进保险服务、提高市场效率、普及保险知识等方面发挥了重要作用，促进了保险市场的健康快速发展。2013年，寿险公司通过个人代理人所实现的保费占总保费的比例已达到51.15%，占据半壁江山。因此，在业务不断增长的同时，我们也认识到推进营销体制改革的难度。从集中度来看，中国人寿、平安人寿、太平洋寿险、新华人寿、泰康人寿五家保险公司的个人代理人实现保费4547.30亿元，占所有寿险公司个人代理人渠道所实现总保费的82.74%，集中度非常高。

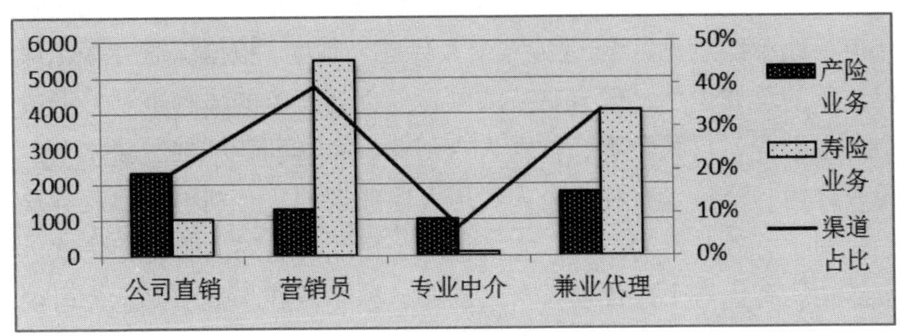

数据来源：保险统计年鉴2014。

图1-7　2013年全国保险公司各渠道保费收入（单位：亿元）

但总体看，保险中介市场尚处于发展的初级阶段，特别是个人代理人的粗放式发展，与加快发展现代保险服务业的要求和广大保险消费者的期待相比，还存在一定差距。首先，个人代理人的法律地位模糊，导致代理人缺乏归属感。从代理合同来看，保险代理人与保险公司之间是平等的独立主体之间的关系，没有高低之分，但由于保险公司的经营具有风险性和社会性等特点，所以保险公司必须对保险代理人从事的保险代理活动进行严格管理。这种既是代理关系又是隶属关系的双重身份，导致他们的职业忠诚度不高，整体的服务水平和质量就难以得到保证。其次，个人代理人整体素质参差不齐，诚信缺失严重。个人代理人尤其是寿险代理人存在为求业绩的增加而不惜采用各种违规乃至违法销售方法的行为，如无证展业、挪用保费、侵吞款项、恶性竞争、违规、误导乃至欺诈现象十分常见，侵害了投保人和被保险人的权益，损害了保险业的形象。最后，个人代理人缺少基本的社会保障，不利于保险业稳定发展。因为个人代理人与寿险公司签订的是代理合同而非劳动合同，不能享受劳动法规定的劳动福利和社会保障，保险公司基于运营成本的考虑，不会为个人代理人支付社会保险以及其他员工应该享受的福利。因此，个人代理人一般流动性大、离职率比较高。当客户购买保单后需要相关服务的时候，联系保险代理人却发现他已经离开公司，如果公司的后续服务做得不到位的话会使客户的满意度急剧下降。

2015 年 9 月 23 日，中国保监会发布《中国保监会关于深化保险中介市场改革的意见》，推进独立个人代理人制度。根据保监会深化保险业改革的总体思想，健全支持鼓励行业创新变革的体制机制，形成一个自主创业、自我负责、体现大众创业、万众创新精神的独立个人代理人群体。坚持以有利于个人代理人职业规划、有利于保险业务发展、有利于有效监管为原则，支持保险公司和保监局大胆先行先试，探索鼓励现有优秀个人代理人自主创业、独立发展。鼓励保险公司积极改革现行个人代理人模式，缩减管理团队层级，完善以业务品质为导向的佣金制度和考核机制，促进保险中介更好地发挥对保险业的支持支撑作用，服务保险业又好又快发展.

（三）农业保险财政补贴

2007 年中央实施农业保险保费补贴政策以来，我国农业保险发展迅速，服务“三农”能力显著增强。从 2008 年以前的单个险种试点发展到 2013 年已覆盖种植、养殖、林果业的 19 个险种在全区全面铺开，奶牛、羊、水稻、硒砂瓜、葡萄、红枣、土豆等宁夏农业优势特色产业品种已全部纳入农业保险补贴范围。2013 年全区养殖业保险承保牲畜 71.32 万头、种植业保险（含林果业）承保作物 598.62 万亩，分别是 2008 年的 2.7 倍、84 倍；6 年来累计承担风险总额 110 亿元，支付赔款 3.34 亿元，已有近 22 万农户从中受益，农业保险对于保障农业生产、农民增收和促进农业产业结构调整发挥了重要作用。2014 年，农业保险实现保费收入 325.7 亿元，同比增长 6.2%；提供风险保障 1.66 万亿元，同比增长 19.6%；参保农户 2.47 亿户次，同比增长 15.7%；小麦、玉米、水稻三大口粮作物承保覆盖率分别达 49.3%、69.5%和 68.7%。

1. 中央财政对农业保险补贴政策历程

2013 年 3 月 1 日《农业保险条例》正式实施，全国政策性农业保险的普遍推行，带来了农业保险进一步快速增长。根据财政部发布的《关于 2013 年度中央财政农业保险保费补贴有关事项的通知》，2013 年中央财政奶牛保险保费补贴区域增加海南、大连，育肥猪保险保费补贴区域增加福建、河南、广东、广西、新疆、大连，新疆生产建设兵团，中央直属垦区；中央财政森林保险保费补贴区域增加山西、内蒙古、吉林、甘肃、青海、大连、宁波、青岛，大兴安岭林业集团公司。

财政部表示，上述新增加的补贴区域应选择有条件、有能力、有意愿的地区先行试点，待条件成熟后再逐步推开。此外，已纳入中央财政农业保险保费补贴范围的地区可自主开展相关险种，按规定获得中央财政补贴资金。

表 1-4　财政对农业保险补贴政策历程

日期	品种范围	覆盖地区	财政补贴
2007 年 4 月	5 个种植业品种	试点省份为吉林、内蒙古、新疆、江苏、四川、湖南 6 个省区	中央财政补贴 10 亿元
2012 年	补贴险种扩展为 15 个，包括水稻、玉米、小麦、油料作物、棉花、马铃薯、青稞、天然橡胶、森林、能繁母猪、奶牛、育肥猪、牦牛、藏系羊和糖料作物	保费补贴区域将在现有补贴区域基础上，进一步扩大	截至 9 月份，中央财政补贴 95.5 亿元
2013 年	已纳入中央财政农业保险保费补贴范围的地区可自主开展相关险种	补贴区域增加山西、内蒙古、吉林、甘肃、青海、大连、宁波、青岛，大兴安岭林业集团公司	中央财政补贴 126.88 亿元
2014 年	已覆盖种植、养殖、林果业的 19 个险种在全区全面铺开，奶牛、羊、水稻、硒砂瓜、葡萄、红枣、土豆等宁夏农业优势特色产业品种已全部纳入农业保险补贴范围	全国	

资料来源：http://www.gov.cn/gzdt/2012-10/18/content_2246590.htm（中国政府）

2. 农业保险补贴的主要原则

中国保监会、财政部和农业部分布关于进一步完善中央财政保费补贴型农业保险产品条款拟订工作的通知，主要原则有：

第一，保险金额应覆盖直接物化成本或饲养成本。鼓励各公司开发满足农业生产者特别是新型农业生产经营主体风险需求的多层次、高保障的保险产品。鼓励各级地方政府提供保费补贴。

第二，种植业保险及能繁母猪、生猪、奶牛等按头（只）保险的大牲畜保险条款中不得设置绝对免赔。同时，要依据不同品种的风险状况及民政、农业部门的相关规定，科学合理地设置相对免赔。

第三，种植业保险条款应根据农作物生长期间物化成本分布比例，科学合理设定不同生长期的赔偿标准。原则上，当发生全部损失时，三大口粮作物苗期赔偿标准不得低于保险金额的 40%。

第四，种植业保险条款应明确全部损失标准。原则上，投保农作物损失率在 80%（含）以上应视为全部损失。

第五，养殖业保险条款应将病死畜禽无害化处理作为保险理赔的前提条件，不能确认无害化处理的，保险公司不予赔偿。

3. 农业保险补贴比例

截止到 2014 年 7 月份，我国农业保险市场居全球第二，保费补贴比例可达 80%。关于具体补贴比例，种植业保险方面，在省（区、市，以下简称省）级财政至少补贴 25%的基础上，中央财政对中西部地区的补贴比例为 40%，对东部地区的补贴比例为 35%，对新疆生产建设兵团、中央直属垦区、中储粮北方公司、中国农业发展集团有限公司等中央单位的补贴比例为 65%。

养殖业保险方面，对于能繁母猪、奶牛、育肥猪保险，在地方财政至少补贴 30%的基础上，中央财政对中西部地区的补贴比例为 50%，对东部地区的补贴比例为 40%，对中央单位的补贴比例为 80%。

森林保险方面，如开展公益林保险，在地方财政至少补贴 40%的基础上，中央财政补贴比例为 50%，对大兴安岭林业集团公司的补贴比例为 90%。如开展商品林保险，在省级财政至少补贴 25%的基础上，中央财政补贴比例为 30%，对大兴安岭林业集团公司的补贴比例为 55%。

此外，藏区品种保险方面，在省级财政至少补贴25%的基础上，中央财政补贴比例为40%，对中国农业发展集团有限公司的补贴比例为65%。

财政部要求，地方有关部门要做好农业保险及保费补贴工作，督促保险机构提高服务水平与质量，更好地发挥农业保险强农惠农富农作用。

第二章

中国保险业发展模式演变历程

产业的发展既属于历史范畴，又属于经济范畴。从产业发展的历史角度看，产业必然经历初生、发展、繁荣、衰退的历史过程；从经济角度来看，无论产业处于哪一个发展阶段，都会存在着政策的影响，各种经济因素的干预。中国保险业的发展历程同样不例外，本章力求从历史的纵向维度和经济因素的横向角度详细剖析整个保险业的发展历程，将中国保险业历经的百年坎坷历程展现，以捕捉其内在发展动力和客观规律，为当下中国保险业的变革与发展提供参考。

第一节　中国保险业发展模式阶段综述

中国保险业的发端最早要追述到近代的 1805 年，英国的东印度公司在广州设立的保安行。岁月更迭，至今中国的保险业已经走过了 200 多年的历程。回顾这段历史，我们可以看到在鸦片战争炮火中外资独宰的保险业，可以窥到在夹缝中顽强求生的民族保险萌芽，可以领略建国初期轰轰烈烈的国有改造中的国有独资保险，可以哀叹文革期间二十年保险业的消失，可以见证改革开放以来中国保险业的起步，发展与腾飞。中国保险业的坎坷发展，与国运息息相关。本节将从历史的维度回顾中国保险业的发展阶段。

一、新中国成立之前阶段（1949年之前）

众所周知，19世纪和20世纪初是中国屈辱的历史。中国饱经列强的侵略和战火的摧残，民族经济在崩溃的边缘。此时的中国保险业，基本是被外国资本独家垄断的。直到1865年5月25日，义和公司保险行在上海成立，我国才拥有了第一家华商保险公司，打破了外资对中国保险市场的垄断，具有划时代的重要意义。1899年，中国永年人寿保险公司的成立标志着中国有了自己的寿险企业。洋务派成立了“保险招商局”“仁和水险公司”以及“济和水火险”，与西方列强的保险公司进行了坚决的斗争，取得了一定的效果。

民国时期，政权相对稳定，政府比较重视发展工商业，而且第一次世界大战使列强无暇东顾，加之反帝反封建运动的此起彼伏，给中国民族资本发展提供了难得的机遇，保险公司也得到了一定程度的发展。从1912年到1925年，国内就成立了30多家民族保险企业。而且民族银行资本开始兴办保险企业，极大地推动了民族保险企业的发展，甚至有的企业走出了国门，拥有了国际声誉。

但是在抗日战争和解放战争中，由于战乱的严重影响及国外资本的挤压，民族保险企业受到了严重的冲击，萎缩严重。到1949年上海约有中外保险公司400余家，其中华商保险公司126家。该阶段的中国保险公司，经历了从无到有，再到初步发展的历程，具有浓重的时代色彩，且带有明显的投机性、封建性及殖民性。外国保险机构在中国保险市场上占据着绝对的垄断地位，充当列强掠夺中国财富的工具，民族保险企业及官办企业虽然得到了一定的发展，但很少按照现代保险的管理模式来运行。

二、国资改造阶段（1949—1958 年）

解放初期，人民政府接管各地的官僚资本保险公司，同时整顿改造私营保险公司，为新中国保险事业的诞生和发展创造了条件。中国人民保险公司的成立，标志着中国的保险事业进入一个新的历史发展时期。

（一）改造旧中国保险业

为建立起新的适应社会主义建设需要的保险业，1949 年人民政府对旧中国保险业进行了全面的清理、整顿和改造。

1. 接管官僚资本保险企业

由于解放前夕官僚资本保险机构大多集中在上海，人民政府接管官僚资本保险机构的工作以上海为重点。接管工作从 1949 年 5 月开始至 10 月底基本结束。中国产物保险公司和专营船舶保险、船员意外保险的中国航联意外责任保险公司经批准恢复营业，其他官僚资本保险机构都予以停业。上海以外的官僚资本保险机构都由当地军事管制委员会接管。当时的官僚资本保险机构，因资金转移和负责人贪污挪用，资产已枯竭殆尽。其员工由军管会组织学习政治，许多人在中国人民保险公司成立后走上了人民保险事业的新岗位。

2. 改造私营保险企业

解放后，各地相继制定私营保险企业管理办法，如重新清产核资，要求按业务类别交存相应的保证金等，并加强督促检查。根据新的管理规定，中外私营保险公司在各地复业，但大部分保险公司资力薄弱，承保能力有限。由于原来的分保集团大部分解体，对外分保关系中断，在军管会的支持下，1949 年 7 月 20 日在上海成立了由私营保险公司自愿参加的分保组织“民承分保交换处”（简称民联），主要经办火险的分保业务。民联的成立，促进了私营华商保险公司的业务发展，提高了保险业的信誉。随着私营保险企业公私合营，民联于 1952 年初完成了历史使命。

1951 年和 1952 年，公私合营的“太平保险公司”“新丰保险公司”

相继成立。两家公司都是在多家私营保险公司的基础上组建的，其业务范围限于指定地区和行业，经营上取消了佣金制度和经纪人制度。1956 年，全国私营工商业的全行业公私合营完成后，国家实行公私合营企业财产强制保险，指定中国人民保险公司为办理财产强制保险的法定机构。同年，太平和新丰两公司合并，合并后称“太平保险公司”，不再经营国内保险业务，专门办理国外保险业务。两家公司的合并实现了全保险行业公私合营，标志着中国保险业社会主义改造的完成。从此，中国国内保险业务开始了由中国人民保险公司独家经营的局面。

3. 外国保险公司退出中国保险市场

1949 年以前，外国保险公司凭借政治特权以及自身雄厚的资金实力，控制了中国的保险市场。新中国成立后，人民政府废除其特权，并加强监管，要求其重新登记和交纳保证金。1950 年 5 月，全国尚有外商保险公司 61 家，其中上海 37 家，天津 10 家，广州 8 家，青岛 5 家，重庆 1 家。人民政府采取限制和利用并重的政策，一方面，允许其营业，继续办理一些当时其他保险公司不能开办的业务，如海运保险、外国侨民外汇保险等；另一方面，从维护民族利益出发，对其业务范围和经营活动做了必要的限制，对其违反国家法令和不服从管理的行为进行严肃查处。随着国有保险公司业务迅速增长，外商保险公司不仅失去依靠政府特权获取的高额利润，也失去了为数很大的分保收入。在国营外贸系统和新的海关建立后，其直接业务来源越来越少。1949 年外商保险公司保费收入占全国保费收入的 62%，1950 年下降为 9.8%，1951 年为 0.4%，1952 年仅为 0.1%。到 1952 年底，外国在华保险公司陆续申请停业，撤出中国保险市场。

（二）中国人民保险公司的诞生

1949 年 8 月，为尽快恢复和发展受连年战争破坏的国民经济，中央人民政府在上海举行了第一次全国财经会议。会上，中国人民银行建议成立“中国人民保险公司”，并在会后立即组织筹备。经党中央批准，中国人民保险公司于 1949 年 10 月 20 日正式成立。这是新中国成立后第一家国有保险公司。中国人民保险公司成立后，迅速在全国建立分支机构，并以各地人民银行为依托，建立起广泛的保险代理网。

为配合国民经济的恢复和发展，中国人民保险公司积极开展业务，重点承办了国营企业、县级以上供销合作社及国家机关财产和铁路、轮船、飞机旅客的强制保险。在城市，开办了火险、运输险、团体与个人寿险、汽车险、旅客意外险、邮包险、航空运输险、金钞险、船舶险等。在农村，积极试办农业保险，主要是牲畜保险、棉花保险和渔业保险。为摆脱西方国家对中国保险市场的控制，中国人民保险公司还致力于发展国外业务，与许多友好国家建立了再保险关系。除办理直接业务外，还接受私营公司的再保险业务。中国人民保险公司迅速成为全国保险业和领导力量，从而从根本上结束了外国保险公司垄断中国保险市场的局面。

三、停滞阶段（1958—1978年）

由于时代对经济认识的偏差和历史原因，1958 年之后的二十年间，中国的保险业务几乎绝迹。期间中国经历了十年的文化大革命，对整个中国经济和民族保险业的冲击是致命的。

1958 年 10 月，西安全国财贸工作会议提出：人民公社化后，保险工作的作用已经消失，除国外保险业务必须继续办理外，国内保险业务应立即停办。同年 12 月，在武汉召开的全国财政会议正式做出"立即停办国内保险业务"的决定。1959 年 1 月，中国人民保险公司召开第七次全国保险工作会议，贯彻落实国内保险业务停办的精神，并部署善后清理工作。从 1959 年起，全国的国内保险业务除上海、哈尔滨等地继续维持了一段时间外，其他地方全部停办。

国内保险业务停办，是在城镇工商业完成社会主义改造和农村人民公社化的形势下出现的。当时有人认为在城镇工商业基本上是国营企业的情况下，国家可以通过财政调剂方式对各种灾害损失进行补偿，因此开办城市保险必要性不大。而在农村，人民公社改变了以往那种规模较小、经营项目单一的农业合作社的状况，其财力和物力已具备较大的抗灾能力和补偿能力。在这种认识的支配下，认为保险的历史任务已经完成。

国内保险业务停办后，国家从精简机构考虑，只是在中国人民银行国外业务管理局下设保险处，负责处理中央和北京地区进出口保险业务，领导国内外分支机构的业务和事务，集中统一办理国际分保业务和对外活动，在对外联系业务时用“中国人民保险公司”“中国保险公司”及“太平保险公司”三个公司的名义。

四、快速恢复阶段（1978—1991年）

十一届三中全会是中国经济改革开放的新起点，同样也为中国保险业的恢复提供了难得的历史契机。1978年12月，三中全会确立改革开放政策，决定把工作重点转移到以经济建设为中心的社会主义现代化建设上来。中国人民银行在1979年2月召开的全国分行行长会议上提出恢复国内保险业务。

（一）保险业务快速重建

1979年4月，国务院批准《中国人民银行分行行长会议纪要》，做出“逐步恢复国内保险业务”的重大决策。中国人民银行立即颁布《关于恢复国内保险业务和加强保险机构的通知》，对恢复国内保险业务和设置保险机构做出了具体部署。

国内保险业务的恢复工作，首先是设计制定保险条款、费率和单证格式。1979年5月至6月，先后推出企业财产保险、货物运输保险和家庭财产保险三个险种。7月至8月，先后派出几批干部赴广东、福建、浙江、上海、江苏、江西等地，着手恢复保险业务和筹建保险机构。9月至11月，已有部分地区，如上海、重庆和江西率先开始经营国内保险业务。1979年11月，全国保险工作会议对1980年恢复国内保险业务的工作进行了具体部署。会后国内保险业务的恢复工作迅速在全国铺开。

国内保险业务恢复后，过去企业发生意外损失统一由财政解决的做法也做了相应改变。凡是全民所有制和集体所有制企业的财产，包括固定资产和流动资金，都可自愿参加保险。全民所有制单位投保的财产，一旦发生损失，由保险公司按保险合同的规定负责赔偿，国家财政不再核销和拨款。

到 1980 年底，除西藏外，中国人民保险公司在全国各地都已恢复了分支机构，各级机构总数达 810 个，专职保险干部 3423 人，全年共收保费 4.6 亿元。

（二）保险市场逐步激活

中国人民保险公司自 1956 年新丰、太平两家保险公司从国内保险市场撤出后，一直独家垄断中国保险市场。国内保险业务恢复后，中国保险市场也仍然由中国人民保险公司一统天下。中国人民保险公司对市场的完全垄断，在当时情况下曾起到过积极的作用，促进了中国保险业在短期内迅速恢复和发展。随着社会主义市场经济的迅猛发展，改变中国人民保险公司一统天下的保险体制已成为当时迫切需要解决的问题。

1986 年 2 月，中国人民银行批准设立“新疆生产建设兵团农牧业保险公司”，专门经营新疆生产建设兵团农场内部的种养两业保险。1992 年该公司更名为“新疆兵团保险公司”，并相应扩大业务范围。新疆生产建设兵团农牧业保险公司的成立，打破了中国人民保险公司独家垄断保险市场的局面。1987 年，中国人民银行批准交通银行及其分支机构设立保险部。1988 年 5 月，平安保险公司在深圳蛇口成立。1991 年，中国人民银行要求保险业与银行业分业经营、分业管理，批准交通银行在其保险部的基础上组建中国太平洋保险公司，成为继中国人民保险公司之后成立的第二家全国性综合性保险公司。

从 1988 年起，中国人民银行批准在四川省、大连市、沈阳市、长沙市和厦门市设立 5 家股份制人寿保险公司，开始探索寿险与财产险分业经营的路子。1991 年起，中国人民银行又先后批准在珠海、本溪、湘潭、丹东、广州、太原、天津、福州、哈尔滨、南京、昆明等地组建股份制人寿保险公司。新建立的寿险公司除了办理商业保险外，还接受地方政府的委托，代办社会保险业务。中国人民保险公司在这些人寿保险公司中都持有一定股份。一个逐渐多元化的保险行业格局开始形成，保险行业的市场活力被逐步激活。

五、快速发展阶段（1992—2001 年）

进入 20 世纪 90 年代，随着邓小平南行讲话，中国保险业进入了快速发展阶段，在产权、结构、市场结构、公司治理、市场监管等内外制度方面发生了翻天覆地的变化，现代企业制度的目标被提出，中国保险业快速向现代保险业发展，并开始探索股份制改革方案，新华人寿、永安财险、华安财险等股份有限公司及外资保险机构、中外合资机构也纷纷涌现，产权多元化的市场结构逐步形成，这对于保险行业来说，发展意义重大。1980 年全国保险费收入 4.6 亿元，到 2001 年已发展到 2116 亿元，增长 460 倍，平均复合增长率 34%。开办的险种也由最初单一的财产保险，扩展到包括财产险、人身险、责任险和信用险四大类几百个险种。

（一）财产保险

1979 年恢复国内保险业务，首先是从恢复财产险业务开始的。从 1980 年到 1995 年，财产险业务在国内业务中占绝对优势，1980 年、1981 年所占比重均为 100%，1983 年为 98.2%，1985 年为 82.3%。随着其他保险业务的发展，财产险比重逐年降低，到 2001 年仅占 32.5%。在财产保险中，企业财产险和运输工具及第三者责任险是主要险种。在国内业务恢复之初，企业财产险保费在财产保险中占绝大部分，直到 1987 年才被运输工具及第三者责任险赶上，但至今企业财产险仍是国内业务的主要险种之一。运输工具及第三者责任保险发展速度很快，1985 年这两项保费收入占总保费收入的比例猛增到 42.2%，1987 年起跃居为财产保险第一大险种并保持至今。

（二）人身保险

1982 年，中国人民保险公司恢复开办了人身保险业务，当年保费收入仅为 159 万元，占国内保费总收入的 0.2%。到 2001 年，保费收入为 1424 亿元，占当年保费总收入的 67.5%。人身险业务恢复初期，开办的险种主要有团体人身意外伤害保险、简易人身保险、养老金保险等，以后陆续扩展到各种医疗保险、子女教育保险、婚嫁保险、团体人寿保险等险种。

（三）农业保险

1982 年农业保险开始恢复试办，试办后发展很快，试办范围逐渐扩大。恢复试办时只有生猪保险、棉花保险等几个险种，到 2001 年已达 100 多个险种。由于农业保险风险大，承保技术复杂，赔付率高，世界各国一般由政府给予支持。种植、养殖两业保险自 1982 年恢复试办后，一直由中国人民保险公司在全国范围内经营。1986 年新疆生产建设兵团农牧业保险公司成立后，在划定区域内也开办了种、养两业保险业务。

（四）涉外保险

改革开放前涉外保险业务虽没有中断，但长期在很低的水平上徘徊。1980 年后，随着改革开放的不断深入，涉外保险业务快速发展，开办的险种由 20 多个扩展到 80 多个，服务范围由原先的进出口贸易扩展到技术引进、中外合资项目、对外承包工程、劳务输出、核电站、卫星发射、国际航运等领域。目前中国保险业已与世界上 100 多个国家和地区的上千家保险公司建立了分保业务关系。

于此同时，我国在保险立法、政府监管、市场准入等方面也处于快速推进期。保险法制和监管逐步健全，进一步刺激了国内保险业的快速发展。

一是，保险法制不断完善。1992 年 11 月，《中华人民共和国海商法》颁布，对海上保险合同做出了规定。1995 年 6 月，《中华人民共和国保险法》颁布，对发展社会主义市场经济、规范保险经营活动、保护保险活动当事人的合法权益、促进保险事业的健康发展，具有十分重要的意义。《保险法》出台后，中国人民银行相继制定了一些配套的保险业管理规定，如《保险管理暂行规定（试行）》《保险代理人管理规定（试行）》《保险经纪人管理规定》等。

1998 年 11 月中国保险监督管理委员会成立后，立即对保险市场的现状和存在的问题进行调查研究，并着手修改、补充和完善保险法律法规体系，先后颁布了《保险公司管理规定》《向保险公司投资入股暂行规定》《保险公估人管理规定（试行）》等一系列保险规章。

二是，保险监管不断加强。随着金融体制改革的逐步深入和保险业的不断发展，保险监管不断强化。1998 年，为加强保险监管，落实银行、保险、证券分业经营、分业管理的方针，党中央、国务院决定成立中国保险监督管理委员会。中国保险监督管理委员会的成立，是我国保险发展史上的一个重要里程碑，从此，中国保险业进入一个新的历史发展时期。

六、入世后阶段（2001—2013 年）

进入 21 世纪之后，在经济全球化的影响下，中国保险公司广泛地吸收国际先进技术和管理经验，实力大为增强，并走出国门，国际影响力日益扩大。2001 年 12 月中国加入 WTO 之后，承诺会进一步开放国内的保险市场，逐步取消对市场经济的限制性政策。之后，中国政府切实履行承诺，大量外资保险资本进入中国，成为了中国保险公司的重要组织形式之一。截至 2013 年末，外资保险机构共 55 家，其中财产保险公司 21 家，人寿保险公司 28 家，再保险公司 6 家，而同一时期中资保险机构则有 89 家。中国国有保险公司走在了中国金融业改革的前列，2002 年底，国有保险公司开始了股份制改造，到 2005 年，股份制改革顺利完成，基本摸清了家底，并妥善解决了一些历史遗留问题。多家国有保险公司实现了境外上市，例如，中国人民保险公司和中国人寿保险公司分别于 2003 年 11 月、12 月在中国香港、美国实现了上市。根据时代的需要，中国再保险等国有保险公司根据国家政策及自身情况，纷纷建立了集团公司的经营模式，标志着现代企业制度的不断健全。

这一阶段国有保险公司开始注重内部制度建设，强调要建立完善的法人治理结构，股东大会、董事会、监事会制度得到重视并不断优化，信息披露制度也不断明确指出了股份有限公司和国有独资公司是保险公司可以采取的组织形式，确立了国有保险公司的商业性经营的企业地位。中国保险市场不断扩大，具备了一定的规模，保费收入增长迅速，在稳定社会方面起到了重要作用。保险公司的市场意识显著提高，出现了越来越多的险种，险种结构不断合理，业务范围不断扩大，保险技术不断进步，这些都促进了保险公司竞争力的大幅度提升。

第二节　中国保险市场发展模式历程分类解读

在简要梳理了中国保险业市场发展的历史脉络之后，我认为有必要从不同的角度，横向地进一步探讨中国保险业的演变过程。根据中国保险业的发展规律和特点，本节将从市场规制建设、公司和市场规模、产品与销售渠道和资金运用四个角度分析，力求更加深刻地刻画行业发展。

一、市场规制建设

市场规制是指政府根据相应的规则对微观主体行为实行的一种干预，是公共政策的一种形式，即通过设立政府职能部门来管理（不是直接由政府所有）经济活动。与自由资本主义保险产业发展的特征不同，中国的保险产业尤其是现代保险产业的发展直接受到国家规制建设的主导。中国保险业是在社会主义市场经济的摸索中一步一步地发展起来的，规制的变迁过程，就是中国保险业发展的过程。由于市场规制是建立在保险行业正常运转和规制管理基本成型的基础之上，所以在本问题的探讨中，就不再涉及改革开放之前保险业发展停滞阶段和新中国成立之前阶段的内容。

中国保险业规制建设过程，可以以“《保险法》颁布”等标志性法规的发布和“中国保监会成立”等重大机构制度的建立为分界点，大致将中国保险业市场规制建设划分成五个重要规制阶段：政府主管审批阶段、市场制度构建阶段、市场规制与偿付能力规制阶段、以偿付能力为核心阶段和改革与创新阶段。

（一）政府主管审批阶段（1995 年《保险法》发布之前时期）

改革开放之前，由于我国是计划经济体制，风险管理需求都依靠国家安排的社会保障制度用行政手段来满足，即所谓的体制内保障，企业或个人对风险保障资源的获取是无偿的，所以商业保险缺少存在必要。十一届三中全会后，以“联产承包责任制”为先导的改革席卷全国，农民家庭成为独立的生产单位，在城市产生了大量不属于机关、事业单位、国营集体企业的人员。在缺乏保障体系庇护的“体制外人群”中产生了对商业保险的需求。随着越来越多的人游离于保障网络外，建立商业保险制度已势在必行。

在这一时期，保险市场经历了独家垄断（中国人民保险公司），到三足鼎立（中保/平安/太保），再到完全垄断为主、寡头竞争为辅的阶段（具体内容可参看上节相关时期内容）。市场的发展完全由政策主宰，什么业务能办，什么业务不能办，包括能不能开展保险业务等问题上，一切由政府决定。因此，这个阶段，保险业规制重点在主宰审批上。比如在新中国成立初期，保险业务归中国人民银行主管，进行共产主义改造，保险业务逐步收归国有；到 1958 年 12 月，全国财政会议决定停办所有国内保险业务，商业人身保险退出我国的经济领域国内的保险业务基本停滞；1979 年，中国人民银行分行行长会议决定恢复国内保险业务，保险业又归中国人民银行管理，当时中国人民保险公司是中国人民银行国外业务局下属的保险处。[1]这个时期保险业的发展是政策规制主宰期。

1983 年，中国人民银行专职行使中央银行与金融规制职能，中国人民保险公司从中国人民银行分离出来，成为局级经济实体；1994 年，中国人民银行在非银行机构管理司下设立保险处，负责保险业规制。这一时期的特点是：首先，中国人民银行在履行保险业规制的职能，规制力量薄弱，既谈不上专业规制也无系统的规制体系；其次，法律法规远未完善，《保险企业管理暂行条例》在这一时期对规范保险市场行为起到了积极的作用，但受历史条件限制，《条例》存在很大局限性，表现为对经营活动规定较少，对违规行为也未制定罚则，许多规定缺乏可操作性；最后，规制侧重于市场准入而忽视后续规制，这一时期规制部门的规制重点是对保险公司准入的审批，对后续检查规定较少，市场行为规制基本没有形成制度体系。伴随着保险业务的迅速发展，保险市场上存在的恶性竞争、扰乱市场秩序和破坏市场公平有序发展的问题逐步凸显。这个时期保险业相比改革开放之前逐步活跃，但整体上还是没有形成明确的保险业发展规制体系，保险业务的开展仍旧依赖相关部门的审批。所以这个时期保险业的发展应该称为规制审批阶段。

（二）市场制度构建阶段（1995—1998年）

1995年，《中华人民共和国保险法》（以下简称《保险法》）正式实施，成为我国新中国成立以来的第一部保险基本法，这是一个历史时刻，从根本上结束了之前我国保险立法支离破碎、很多方面无法可依的局面，标志着我国保险业规制体制在法制化、规范化道路上迈出了关键一步。《保险法》贯彻了国家关于银行、证券与保险分业经营的既定方针，同时也确立了保险业内部产、寿险分业经营的格局，从而在不同性质的业务之间构筑了“防火墙”，有效地隔离了不同业务间的风险蔓延，提高了保险经营主体的抗风险能力。为配合《保险法》的实施，作为保险业规制机构的中国人民银行在1995年设立保险司，专门负责对中资保险公司规制，由外资金融机构管理司保险处对外资保险业规制，同时，中国人民银行逐步在非银行金融机构管理处下设保险科，省以下分支行配备专门保险业规制人员。在《保险法》颁布后，股份制保险公司和合资保险公司相继设立，保险市场保持两位数增长，但市场出现大量违法违规行为，如擅自开办新业务、抬高手续费等，所以中国人民银行依据《保险法》有关规定，先后制定了《保险管理暂行规定》《保险代理人管理规定》《保险经纪人管理规定》等规章。开展包括航意险、保险中介市场、寿险误导、资金运用在内的专项整顿工作，加强了保险业规制，对保护被保险人的合法权益，维护公平的竞争环境，促进保险业健康发展起了重要作用。

这一时期总的来说，从规制法律法规、规制主体、规制内容和手段上看，市场行为规制整体框架搭建完成，规制力度不断得到加强，保险机构进入的审批日益严格，对市场行为的规制也逐步加强。保险业作为一个行业市场，其规制体系的逐步清晰，是市场制度逐步完善的表现，我们可以看到这个时期中国的保险业发展速度惊人，制度建设的红利快速释放，为中国保险业的发展增添了巨大活力。

但是随着保险业的飞速发展，保险司作为人民银行的一个内设部门，在机构、人员和规制的专业性等方面已明显不足，为了适应保险业高速发展所产生的新问题、新情况，迫切需要有效整合规制资源，提高规制的有效性，实行专业化规制趋势也越来越明显。

（三）市场规制与偿付能力规制阶段（1998—2003 年）

随着保险业的发展和银行、证券、保险业的分业经营，国务院在 1998 年 11 月 18 日设立“中国保险监督管理委员会”，专司规制职能。2001 至 2003 年间，保监会陆续进行了派出机构的组建工作，保监会作为全国商业保险的主管部门，根据国务院授权履行行政管理职能，依照法律、法规统一规制保险市场。保监会的成立，标志着我国保险业规制迈进了专业化、规范化新阶段，有利于建立适应社会主义市场经济发展的规制体系，加强保险业规制和防范化解保险经营风险，促进我国保险业持续、健康、协调发展。

在这期间，由于连续降息，寿险公司普遍出现了巨额“利差损”，严重影响了保险公司的偿付能力，偿付能力规制由此提上日程，但是考虑保险市场还存在大量违规现象，市场行为规制还不能放弃。这一时期的特点是：首先，市场行为和偿付能力规制并重。保监会成立伊始，就提出以市场行为和偿付能力规制并重，同时，在 2001 年颁布了《保险公司最低偿付能力及规制指标管理规定》，对偿付能力额度计算、认可资产的评估标准、规制指标的选取、偿付能力报告制以及偿付能力不足的公司应采取的措施等进行了规定；其次，市场行为规制专业化程度不断提高，保监会在组织架构上专门设立了机构部和规制部，在派出机构也设立了机构处和规制处，机构部负责机构准入审批，而规制部则侧重于准入后市场行为的规制，市场行为规制在专业化程度和资源配置等诸多方面不断得到加强；最后，市场行为规制体系逐步建立，现场检查和非现场检查工作得到加强和改进，规制手段日益丰富，开始尝试使用信息披露等多种规制手段，规制有效性不断提升，市场行为规制的重点逐步向保护投保人和被保险人的利益、维护公平竞争的市场秩序方面进行转变，专业化市场行为规制体系基本形成。

保监会的成立是保险业市场监管体系专业化的标志。整个市场的规制工作重心开始更加关注保险行业本身运行效率和运行风险的控制。这是市场进一步发展的必然阶段，从规制的基本制度建设向行业引导监管过渡。随着保险行业的不断发展，保险业的资产质量和风险问题逐步凸显，市场规制的发展向以偿付能力为核心的规制阶段发展。

（四）以偿付能力为核心阶段（2003—2013 年）

为适应市场开放与保险业加快发展的需要，从 2003 年开始，我国在继续坚持市场行为规制与偿付能力规制并重的前提下，逐步向以偿付能力规制为核心过渡。市场行为与偿付能力双重规制有较高的规制成本，同时，市场行为规制可能引致的“寻租行为”使以偿付能力为核心的规制成为必然。保监会 2003 年《保险公司偿付能力额度及规制指标管理规定》的出台，标志着我国偿付能力规制框架基本形成。它规定了偿付能力额度，提出了财险公司与寿险公司的规制指标，规定了保险公司应该对偿付能力额度与规制指标信息进行披露。2006 年中华联合保险控股股份公司成立，标志着国有独资保险公司退出历史舞台，国有保险公司股份制改革完成。截至 2013 年年末，所有财产保险公司自 2006 年以来首次实现自留保费规模与资本金和公积金总和倍数低于 4 倍的监管要求；人身险公司偿付能力溢额合计约 2500 亿元，连续四个季度保持偿付能力全面充足。

这一时期的特点是：首先，确立了保险业规制的三大支柱体系，2003 年以来，保监会充分借鉴了国际保险业规制的先进经验，并结合我国的国情和保险业实际，在市场行为规制和偿付能力规制的基础上，将公司治理结构规制纳入规制体系，逐步从以业务规模为基础的静态规制向以风险为基础的动态规制转变，从结果性的事后规制向过程性的事前、事中规制转变；其次，规制力量不但加强，2003 年保监会升格为正部级单位，2004 年，国务院批准保监会在全国各省、自治区、直辖市和计划单列市设立规制局，各规制局统一设立人身保险业规制处，规制机构组织架构逐渐完善；再次，规制手段日益成熟，2004 年以来，保监会编写了《人身保险现场检查手册》，下发了《现场检查实施规程》《行政处罚程序规定》《寿险公司非现场规制规程》等一系列程序规定，建立了寿险公司分类规制制度，开发了统计信息系统、现场检查稽核系统等一系列工具，现场检查与非现场检查规制手段、工具日趋完善，保险业规制效果得到极大提升；最后，规制管理目标逐步体系化，对偿付能力进行月度和季度动态监测，对寿险和非寿险进行分类监管，保证资本和现金充足，对系统性风险进行重点监控，防范发生金融连锁风险和跨境风险。

（五）改革与创新阶段（2014 年至今）

2014 年 8 月 13 日，国务院正式发布了《关于加快发展现代保险服务业的若干意见》（后称国十条），从顶层规划了保险行业转型升级的新蓝图，提出了十条保险业战略发展的方向，并第一次提出了“保险是现代经济的重要产业和风险管理的基本手段，是社会文明水平、经济发达程度、社会治理能力的重要标志”，提升了保险业在经济社会发展的重要地位，提出了加快发展现代保险服务业的总体要求、目标任务、战略举措。国十条的发布被认为是中国保险业改革与创新发展的重要信号。

中国保险业在经历了三十多年的快速发展，市场发展的速度已经在逐步降低，行业正处在从粗放型发展到创新型、集约型发展的关键时期。2014 年规制改革提出了发展现代保险服务业，从政府规制方面强化了改革与创新的意图，是我国保险业规制建设进入新阶段的标志。

综合以上各个阶段，可以看到我国保险业规制从新中国成立以来经历了不断演进的发展过程。应该说，我国保险业规制制度是伴随市场化过程不断演进的。在国家保险时期，政府作为保险经营者与管理者的双重身份，没有制定独立管理制度的必要。在 1998 年前的人民银行规制时期，充分体现了市场准入、产品统一规制为主的行政规制。保监会成立后，为顺应中国经济市场化发展方向，以中国加入世贸组织为契机，创新规制理念、目标，完善规制体制与方法，推动市场化、法制化的规制制度改革。保险业的发展历程，同样是政府规制改革发展的过程。

二、公司和市场规模

保险公司是行业构成的微观主体，是金融市场的重要参与者，公司在不同阶段的发展和形态直接刻画整个市场和行业的发展状况和总体特征。从中国保险公司和市场规模着眼，可以明确地将中国保险市场的发展分成外商垄断、独家垄断、寡头垄断、垄断竞争四个阶段。

（一）外商垄断时期（建国初期以前）

中国民族保险业开始于1885年在上海成立的“仁济和”保险公司。1949年前，中资保险业机构曾多达600余家，但其市场占有率仅为25%左右；外资保险公司虽然只有60多家，却拥有75%的市场份额，实际上是外国保险资本控制着中国保险市场。[①]

（二）独家垄断时期（1980—1990年）

独家垄断时期主要是指从1980年至1990年之间，在全国范围内经营保险业务的只有中国人民保险公司一家。1980年是恢复国内保险业务的第一年，据统计，中国人民保险公司当年已在全国范围内300多个大中城市设立各级机构810多个，专职保险干部发展到3423人，当年共收保险费2.8亿元。

此后的十年间，中国保险业在中国人保独家经营中，快速发展，到了1990年底，保费收入达到155.76亿，机构发展到近4000个，从业人员增长到84750人，处理赔案302万件，已决赔款高达68亿元。

（三）寡头垄断时期（1991—1996年）

寡头垄断时期，实际是指行业里通常所指的“三足鼎立”时期，即中国人民保险公司、中国太平洋保险公司和中国平安保险公司三家全国性的保险公司。它们分别占1996年中国保险业保费收入份额的74.03%、11.47%、12.26%，合计占这个市场保费收入份额的97.96%。虽然在此时期已有新疆兵团、民安、天安、大众保险公司，还有美国友邦、日本东京海上等外资保险公司，但是，它们是区域性的公司，且业务量

① 摘自《中国保险年鉴1981—1997》全国版综述栏。

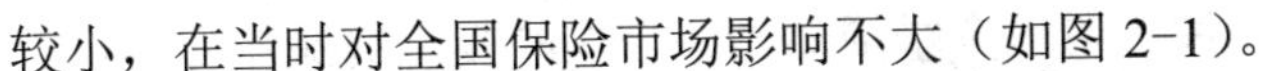

较小，在当时对全国保险市场影响不大（如图 2-1）。

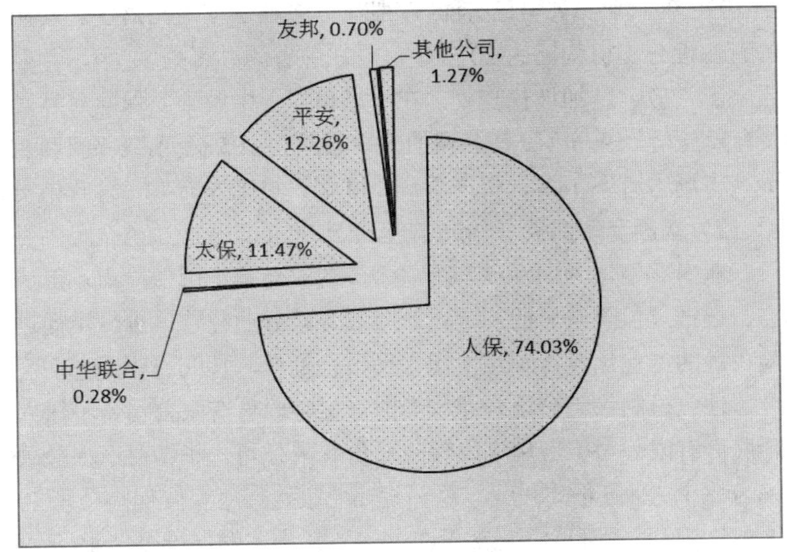

图 2-1 1996 年中国保险市场公司市场份额图[①]

中国太平洋保险公司 1991 年 4 月 26 日成立，总部设在上海。该公司是由交通银行控股的股份制保险公司，其前身是 1987 年成立的交通银行保险业务部。1994 年进行首次扩股资本金达到 10 亿元，1995 年再次扩股，吸收 129 家新股东，总数达到 287 家，资本金达到 20 亿元。截止到 1996 年，该公司在全国设立了近 60 家分公司、100 多个支公司、150 多个办事处，并在纽约、中国香港设立了子公司，在境外 100 多个国家和地区的 170 多个港口城市聘请了保险检验、理赔、追偿代理人。与国际保险界建立了广泛的业务合作关系。1996 年中国太平洋保险公司的保费收入是 876 亿元。

中国平安保险公司 1992 年 6 月 4 日成立，前身是 1988 年 3 月 21 日成立于深圳经济特区蛇口工业区的平安保险公司。当时，虽然其业务范围仅限于深圳一地，但却是中国保险市场上第一家股份制保险公司。1992 年 6 月 4 日，经中国人民银行批准，平安保险公司更名为中

① 数据来源：《中国保险年鉴 1980—1997》。

国平安保险公司，成为第一家全国性的综合性的股份制保险公司。截止到1996年，平安公司已有48家股东，包括2家美国财团。其在国内的营业性分支机构已达20多个，设在各省的办事处12个，并在海外设立了伦敦、新加坡代表处，在香港设立了中国平安保险海外（控股）有限公司。1996年，该公司的保费收入为105亿元，实现利润5.3亿元，市场占有率14%，资产总额150亿，员工5万人（含营销员）。

（四）垄断竞争时期（1996年至今）

行业内普遍认为1996年《保险法》的颁布是中国保险市场形成的标志。根据《保险法》的规定，产险和寿险分业经营，进一步促进了保险市场的专业化发展。经中国人民银行批准，1996年初又成立了3家全国性股份制保险公司，即华泰财产保险股份有限公司、泰康人寿保险股份有限公司、新华人寿保险股份有限公司。华泰财产保险公司1996年8月29日正式开业，总部设在北京。泰康人寿保险公司1996年8月22日正式开业，总部设在北京。新华人寿保险公司1996年9月正式开业，总部设在北京。与此同时，中国人民银行还批准成立了2家区域性财产保险公司，即永安财产保险股份有限公司和华安财产保险股份有限公司。前者1996年9月28日正式开业，总部设在西安；后者1996年10月18日正式开业，总部设在深圳。截止到1996年底，在中国保险市场上共有全国性的保险公司8家、区域性的保险公司13家（内资5家，合资1家，外资分公司7家）。中国的保险市场垄断竞争雏形已初步形成。

在此后的十六年间，保险业开始了产寿险分开经营的时代，各种寿险公司、产险公司，再保险公司、保险资产管理公司和保险中介代理公司如雨后春笋般成立，不断发展竞争。截至2013年年末，全国共有保险集团公司10家，保险公司143家，保险资产管理公司18家。其中，中资产险公司43家，中资寿险公司43家，中资再保险公司3家，外资产险公司21家，外资寿险公司28家，外资再保险公司5家。全国拥有保险专业中介机构2525家，各类保险专业中介机构分支机构6400家。真正意义上的垄断竞争格局形成（如图2-2～2-4）。

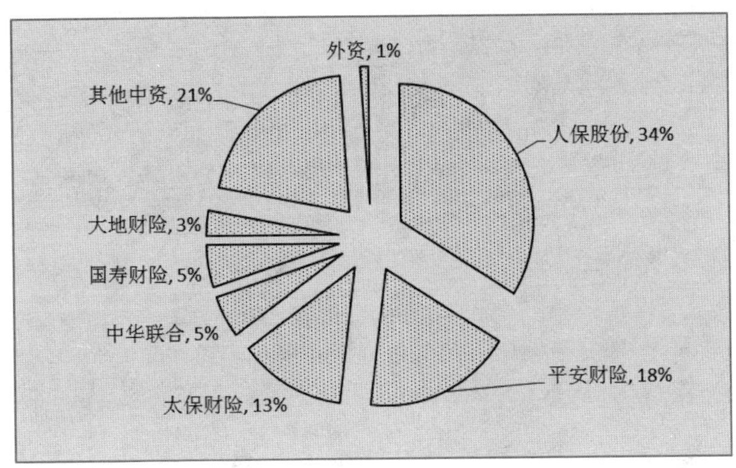

图 2-2　2013 年各产险公司市场份额图

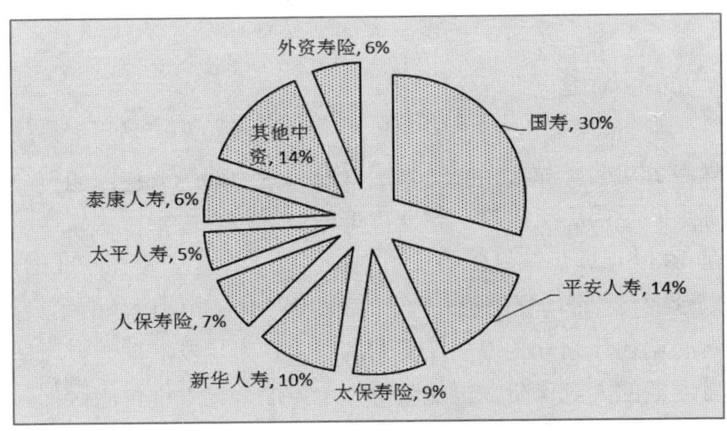

图 2-3　2013 年各寿险公司市场份额图

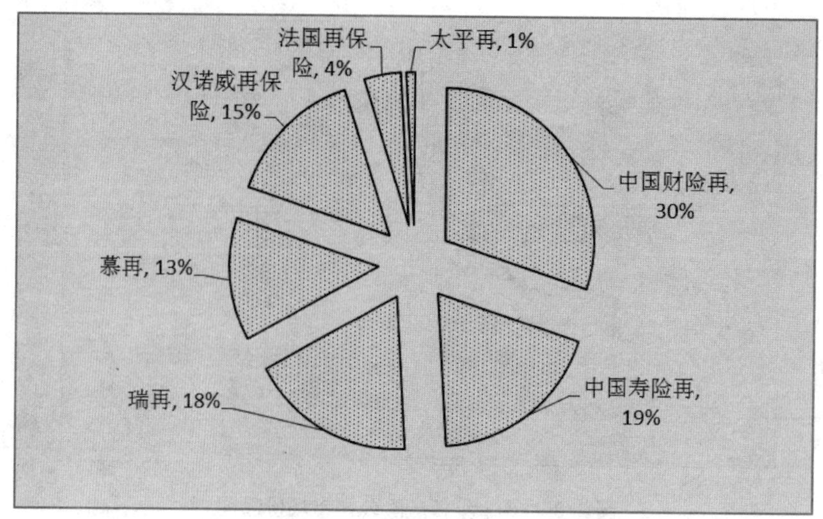

图 2-4　2013 年中国再保险市场份额图

三、产品与渠道

保险公司的产品与渠道是保险行业竞争力的核心，产品特点与渠道特征反映不同历史阶段，行业内部的运行特点。中国现代保险业的开端是 1980 年逐步恢复保险业，中国结束了二十余年保险业的停滞，开始以企业化、市场化的思路来发展保险产品，拓展产品的销售渠道。本问题的论述计划分为市场恢复期的保险、市场发展期的财产保险、市场发展期的人身保险、再保险等几个方面来详细探讨中国保险产品逐步发展丰富的过程。

（一）市场恢复期的保险产品

1. 财产保险业务

1979 年 10 月 18 日，中国人民银行、财政部、中国农业银行发出《关于恢复办理企业财产保险的联合通知》，指出“全民所有制企业和集体所有制企业的财产，包括固定资产和流动资金，都可以自愿参加保险。参加保险的财产一旦发生保险责任范围内的损失时，由保险公司按照保险契约的规定负责赔偿，国家财政不再核销或拨款。”这个通知，相当于为财产保险打开了通道。

当时独家经营保险业务的中国人民保险公司主要通过修改制定保险条款和调整费率来开展保险业务；依靠公司在各地开设分支机构和利用各级政府的行政约束力来拓展新的业务。截至 1980 年底，人保已经在 300 多个大中城市设立各级机构 810 多个，并在有关部门的协助下发展电力系统、煤炭工业系统的保险业务。具体的保险产品主要有运输工具保险、国内货物运输保险、海上保险、农业保险、出口信用保险和家庭财产保险等险种。

其后又陆续有新疆兵团保险公司、香港民安保险海南和深圳分公司、中国平安保险公司、中国太平洋保险公司、美国友邦保险上海及广州分公司、日本东京海上保险上海分公司、天安保险股份有限公司、大众保险股份有限公司、华泰财产保险股份有限公司、永安保险股份有限公司、华安财产保险股份有限公司等 12 家保险公司陆续开展财产保险业务，截至 1996 年底，中国境内的财产保险的保费收入已经达到 452.47 亿元，占当年总保费收入的 61.5%。

2. 人身保险业务

人身保险业务相比财产保险业务开办得较晚，1981 年，人保公司开始修订人身保险条款，1982 年开始试办简易人身保险、团体人身保险、人身意外伤害保险和旅客意外伤害保险等险种。截止到 1989 年，人保公司的人身保险险种多达 50 多个，保费收入达 46 亿元，占当年保费的 3.23%，投保人数已达 1.82 亿人次。1990 年的人身保险险种达到 70 多个，保费收入达到 5.976 亿元，占全部保费的 40.1%，投保的人数达到 2.19 亿人次。

其后，随着市场保险公司的增加，人身保险的发展越来越快。1996 年，又有泰康人寿保险股份有限公司、新华人寿保险股份有限公司和中宏人寿保险有限公司三家专业的人寿保险公司相继开业。人身保险业务逐步发展壮大，逐步和财产保险并列成为中国保险业的两大类保险业务，并为《保险法》产寿险分类经营打下了扎实基础。截至 1996 年底，中国境内共有中国人民保险集团公司、新疆兵团保险公司、中国平安保险公司、中国太平洋保险公司、美国友邦保险上海及广州分公司、泰康人寿保险股份有限公司、新华人寿保险股份有限公司、华泰财产保险股份有限公司、永安保险股份有限公司、华安财产保险股份有限公司、中宏人寿保险有限公司 11 家保险公司经营人身保险业务，总保费收入 332.85 亿元，占当年总保费收入的 38.5%。

3. 再保险

1996 年以前，国内没有独立经营再保险业务的公司，1988 年出台了《保险企业管理暂行条例》，对法定分保政策做出了明确规定，由中国人民保险公司再保险部代行国家再保险公司的职能。1993 年，太平洋和平安两家公司被许可经营国外再保险业务，再保险市场的独家垄断局面得到初步改观，进一步推动了我国再保险市场的形成和发展。

（二）市场发展期的财产保险

1. 财产保险产品和渠道发展综述

自 1997 年之后，中国的财产保险发展进入了稳定发展时期，财险保费收入逐年递增（如图 2-5）。财产保险产品体系不断丰富，基本涵盖了机动车保险、企财险、信用保险、责任保险、货运保险、农业保险、保证保险七大类保险产品。截至 2014 年底，财产险业务原保险保费收入 7544.4 亿元，同比增长 16.4%，增幅与 2013 年持平。

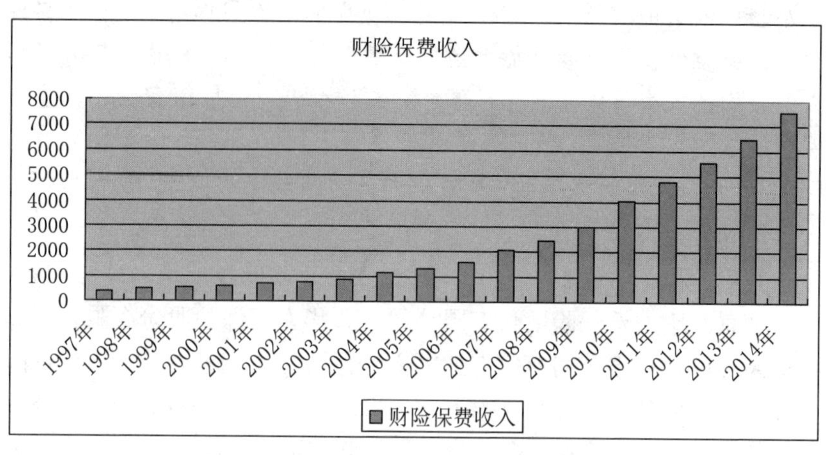

图 2-5　中国财产保险 1997—2014 年保费收入

从大类产险产品来看，机动车辆保险原保险保费收入逐年递增，截止到2014年年底，机动车保险原保费收入5515.93亿元，同比增长16.84%。从占财产险结构来看，机动车险无疑是财产保险的主力军，且占比逐年递增，从1997年的54.7%，上升到2014年的73.11%，其中，2010年达到峰值，为74.6%（如图2-6、2-7）。

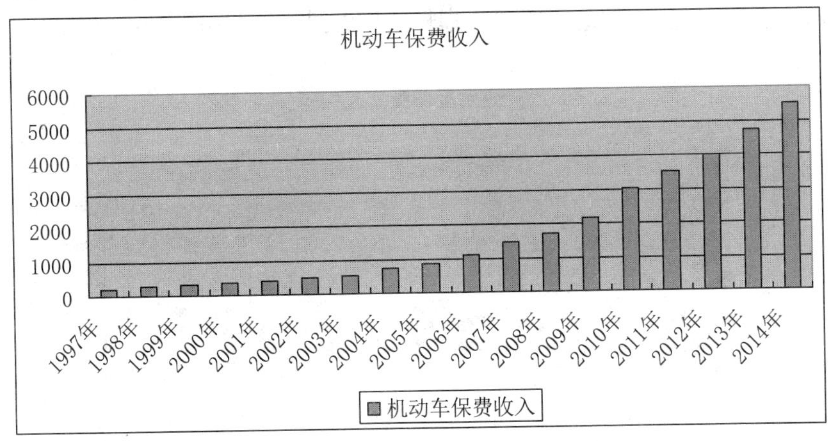

图2-6 中国机动车保险1997—2014年保费收入

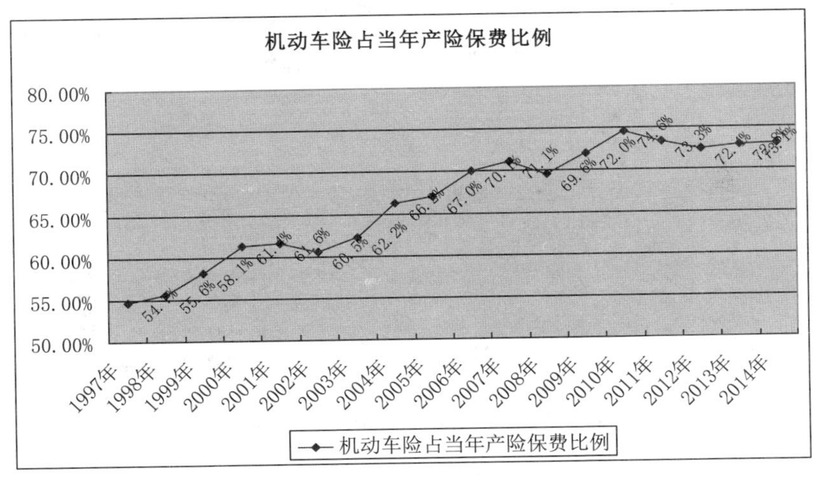

图2-7 机动车险保费收入占当年产险保费比例

企业财产保险方面，中国保险业很早就开展了企业财产保险，该险种是财产保险的重要组成部分。从数据来看，中国企财险原保险保费收入也是逐年递增的趋势，从 1998 年的 112.64 亿元，增长到 2014 年的 387.35 亿元（如图 2-8）。但是增速相比整个财产保险来讲，非常缓慢。从企财险占财产保险比例来看，比例不增反降（如图 2-9）。企财险占财产保险保费收入比例从 1998 年的 22.3%，下降到 2014 年的 5.1%，达到历史上的最低值。这说明近年来企财险的发展是相对滞后的。

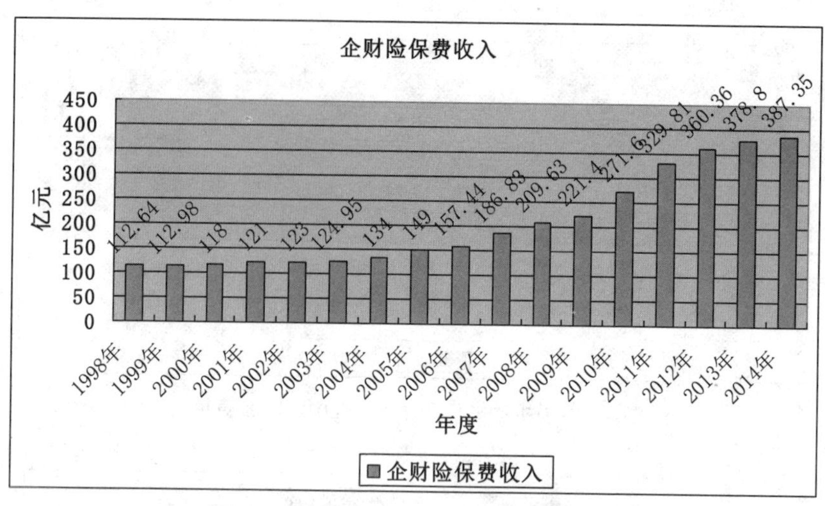

图 2-8　企财险 1998—2014 年保费收入

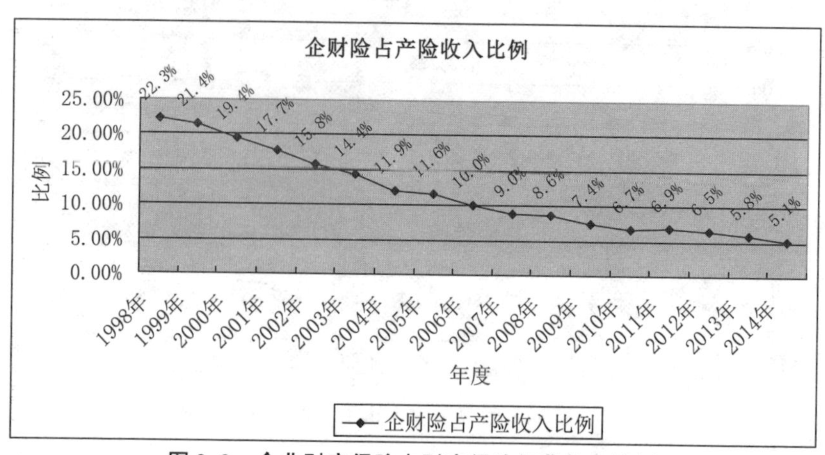

图 2-9　企业财产保险占财产保险保费收入比例

责任保险方面，原保险保费收入几乎是从零开始，逐年递增。从

1998 年的 1.11 亿元，到 2014 年的 253.3 亿元（如图 2-10）。占财产险业务的比例只是在初期（1998—2003）几年间增长较快，之后变化不大，始终维持在 3%—4%之间（如图 2-11）。

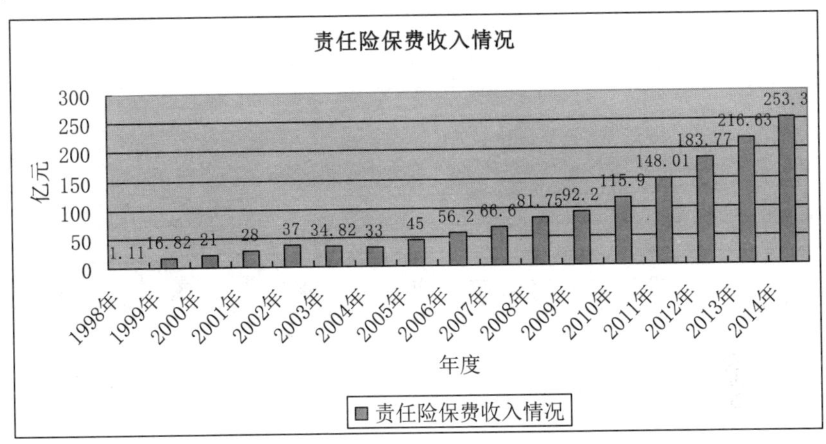

图 2-10 责任保险 1998—2014 年保费收入

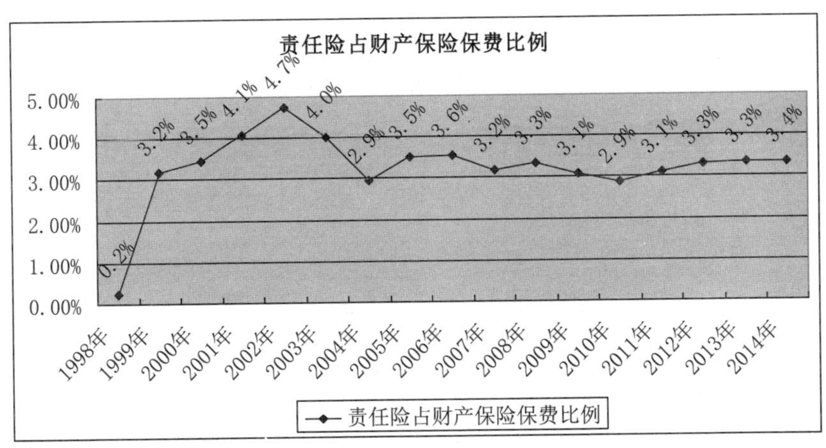

图 2-11 责任保险占财产保险保费收入比例

农业保险是中国保险业近年来发展最快的财险险种之一。从原保险保费收入情况来看，从 1998 年的 7.15 亿元，到 2006 年的 8.48 亿元，基本没有增长。但从 2007 年开始，快速增长到 53.33 亿元，截至 2014 年底，农险的保费收入为 325.78 亿元（如图 2-12）。占财产险业务的比例也能反映出农业保险近年来在中国财产保险中的增速和地位。该比例从1998年的1.41%，逐步下降到2006年的0.54%，之后开始快速增长，2014年农业保险保费收入4.32%，峰值出现在2008年，为4.52%（如图2-13）。

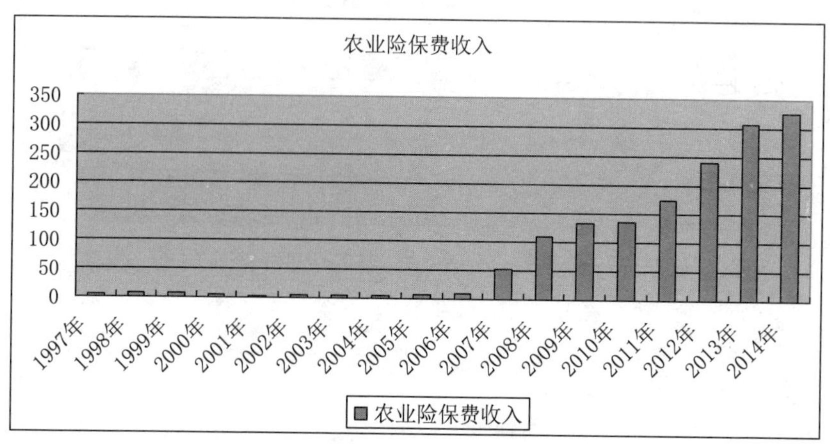

图2-12 农业保险1998—2014年保费收入

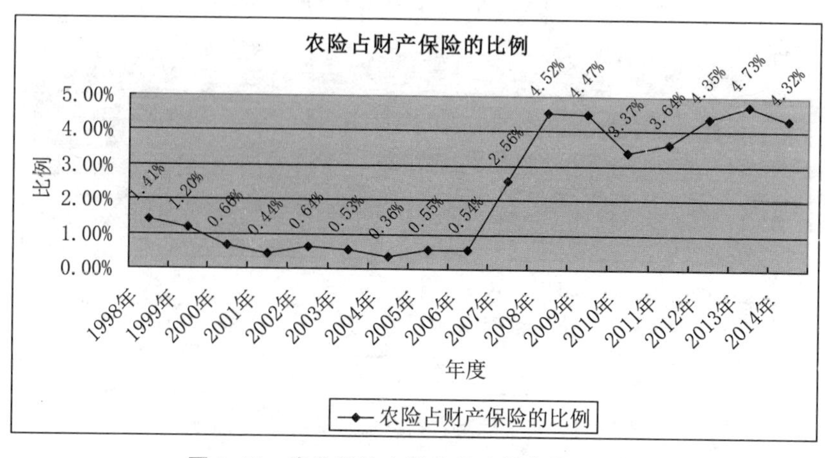

图2-13 农业保险占财产保险保费收入比例

信用保险是重要的财产保险产品，原保险保费收入逐年递增，2010年之后开始出现快速上涨（如图2-14）。占财产险业务的比例呈现反复向上的形态，从1998年的0.6%，上涨到2014年的2.7%，整体增幅不大（如图 2-15）。

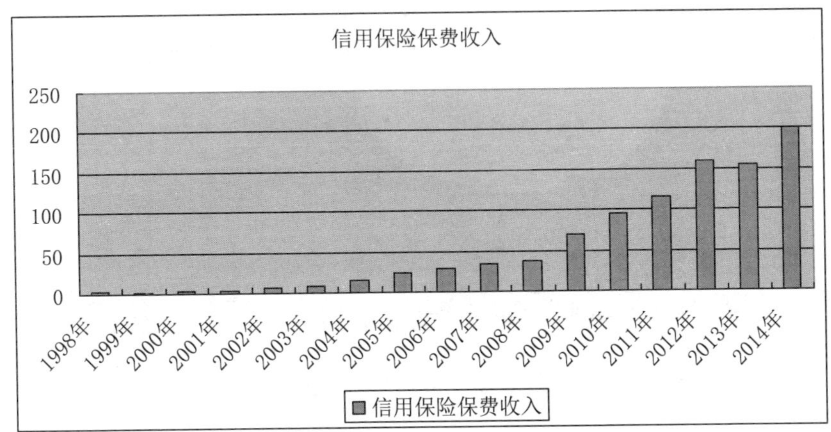

图 2-14　信用保险 1998—2014 年保费收入

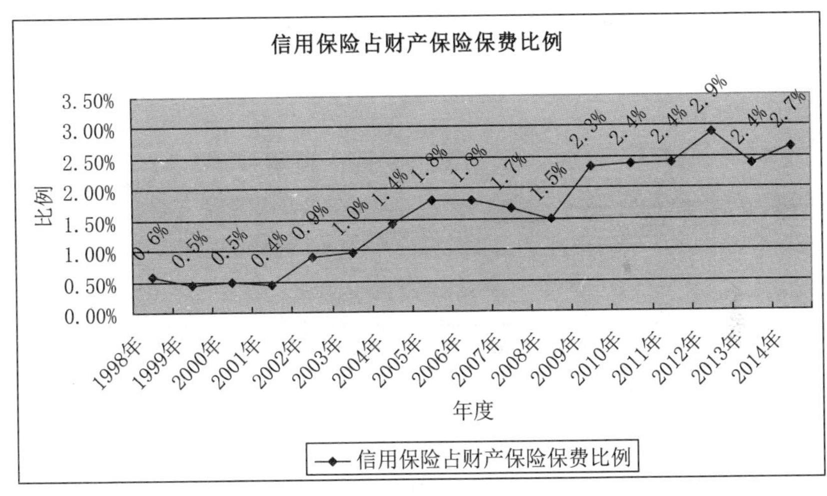

图 2-15　信用保险占财产保险保费收入比例

保证保险与信用保险的保费增长趋势类似，都是呈现爆发式的增长（如图 2-16）。2009 年之前，保证保险原保费收入每年基本在 10 亿元以下，从 2010 年的 22.9 亿元开始，逐年呈现爆发式快速增长。5 年后的 2014 年，保费收入达到 199.88 亿元。占财产险业务的比例方面，保证保险随近来快速发展，2014 年达到 2.65%，但仍旧占比很低

（如图 2-17）。

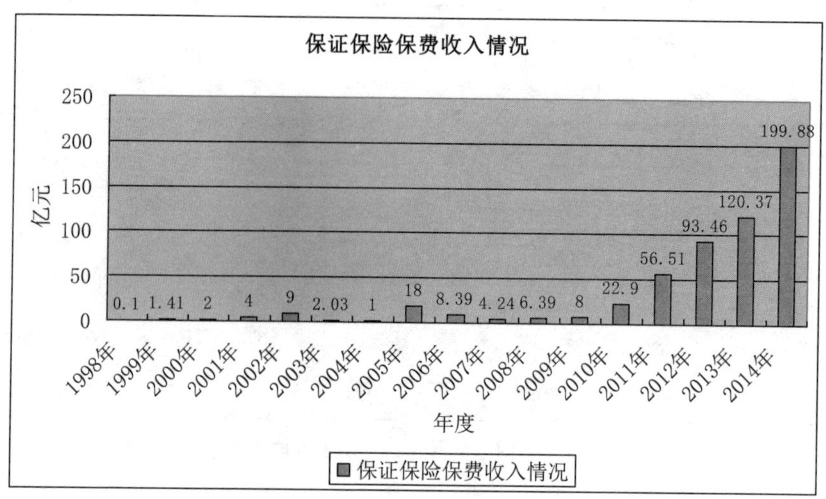

图 2-16 保证保险 1998—2014 年保费收入

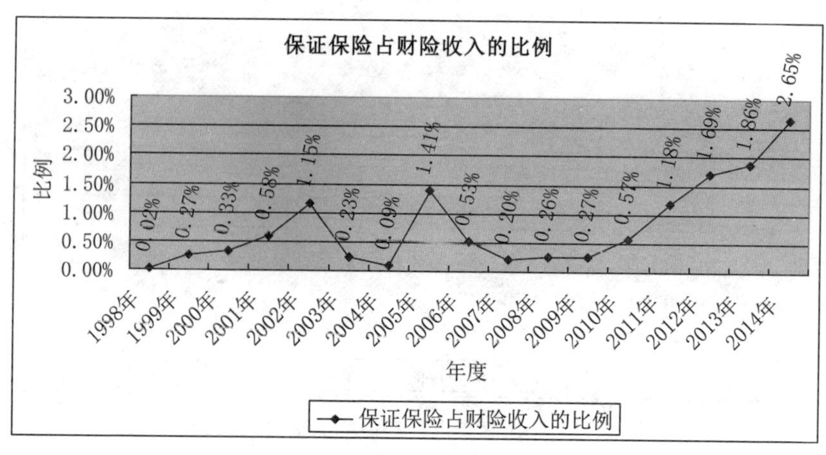

图 2-17 保证保险占财产保险保费收入比例

货运保险是财产保险中最基本的产品种类之一，原保险保费收入每年虽有增长，但增长的额度很低。1998 年保费收入 38.6 亿元，到 2014 年，保费总收入才增长到 95.44 亿元（如图 2-18）。从占财产险业务的比例来看，货运保险作为传统财产保险产品之一，体现出和企财险一样的下降趋势。从 1998 年的 7.63%，逐年递减，下降到 2014 年的 1.27%。在整个财产保险业务产品的发展中，货运保险和企业财产保险都在相对萎缩。（如图 2-19）

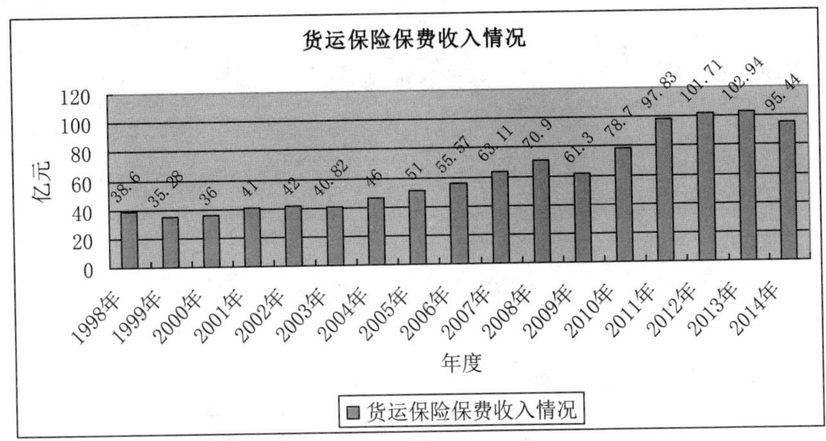

图 2-18　货运保险 1998—2014 年保费收入

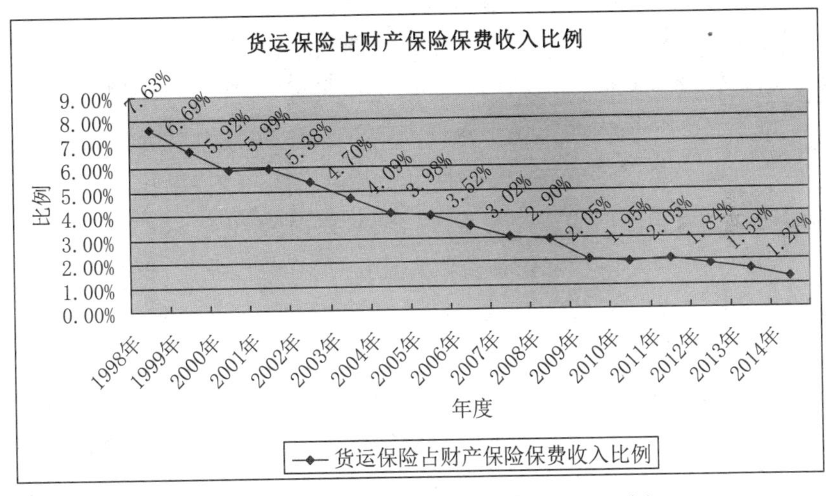

图 2-19　货运保险占财产保险保费收入比例

2. 财险产品和渠道问题与发展展望

在综合分析了中国财产保险产品的主要品种发展趋势之后，我们要探讨一下财产保险产品目前存在的问题，产品渠道情况和未来发展展望。

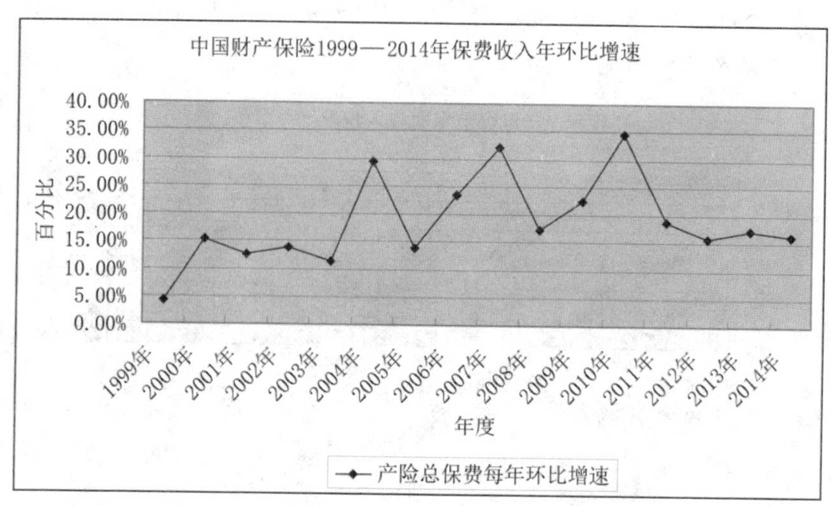

图 2-20 财产保险总保费年环比增速图

如图 2.20 所示，近年来，中国财产保险总量虽然一直增长，但增长速度呈周期性变动。尤其近 5 年来，面临增速停滞，缓慢下滑的问题。从财产险内部的产品结构来看，也存在着一定的不合理性。

第一，车险所占的市场份额过高。就车险本身的性质而言，它是一种由强制力量保证的险种，并且市场容量广阔，保费也较容易厘定，因此它本身就是财产险的主要险种。随着我国居民收入和汽车消费的不断增加，车险占财产险的保费收入比例始终处于高位。2014 年我国车险保费收入为 5515.93 亿元，同比增长 16.8%，占全部财产险保费收入比例为 73.11%，且占比一直较高。从各保险公司来看，中资保险公司的车险比例一般都较高，反映出中资财产保险公司对于车险的过分依赖（如图 2-21），机动车险保费年环比增幅基本与财产保险保费增幅同步。各个财产保险公司将主要力量放在市场份额争夺上，保险资源的配置形成了浪费，不利于市场竞争环境的优化，不利于各个保险公司和整个行业的健康发展。开发好其他财产险种是财产险公司发展的必由之路。

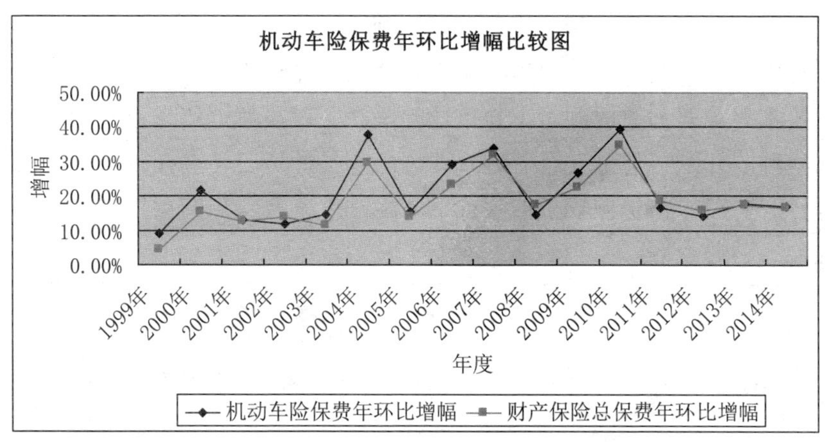

图 2-21 机动车险保费年环比增幅比较图

第二，企业财产险市场份额不断下降。企业财产险是原有的老险种，随着市场经济的发展，企业的数量不断增加，对于企业财产保险的需求也不断增长，但是其保费收入的增长速度却比不上其他险种，其相对比例在整个财产险之中不断下降。2004 年企业财险占比为 11.9%，到 2006 年下降到 9.96%，到 2008 年下降为 8.57%，而到 2014 年，则进一步下降为 5.13%。从保险公司的情况来看，中资的财产险保险公司中企财险所占比例也都较低，保费收入占比大都不到 10%，而外资保险公司的占比份额则相对较大，说明中资财产险公司对于企财险的重视程度不足。

第三，责任险与信用险等新险种虽然发展速度很快，但占比仍然较低。由于自身的性质决定，责任险与信用险都是社会发展到一定程度之后出现的新险种。近年来，责任险和信用险、保证险的保费收入增长迅速，2014 年保证险保费收入实现同比增长 66.05%，责任险保费收入实现同比增长 16.93%，均高于整个财产保险的保费增速。这些险种的发展对于进一步优化保险产品结构具有重要的意义。然而，在总保费收入中，责任险、信用险与保证险三者之和的比例仍然很低，是今后财产保险发展的重要方向。同样的特征也出现在农业保险上。农险无论从保费收入还是环比增速方面，近 5 年以来都出现了大幅的增长。但同样面临整体占比偏小的问题。

第四，中资与外资保险公司产品结构的差异较大。中资保险公司一般都将主要力量放到对车险市场的争夺上，虽然近年来也开始重视新险种的开发，但是其经营方式和理念都与外资公司存在较大差距。外资公司在一些份额较小的险种、新险种上具有较强的竞争力，如责任险、企财险等。

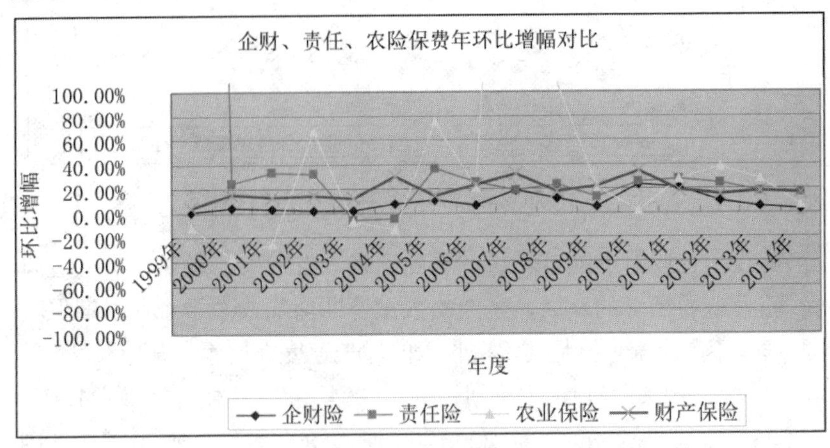

图 2-22 企财、责任、农险保费年环比增幅比较图

第五，在销售渠道方面，我国的财产保险销售渠道仍旧过分依赖代理销售（如图 2-23）。但可喜的是，2013 年代理渠道占比有所下降。人保财险代理渠道占比下降 4.5%，太平洋产险代理渠道下降 1.09%等。而交叉销售、电话保险、网络保险等新渠道利好频出，未来新渠道有望冲击代理渠道，成为新的增长亮点。特别是互联网保险这一渠道，冲击力极强。互联网在云计算、搜索引擎、大数据等新技术的助推下，更广更深挖掘信息的能力大幅提高，使客户需求和交易行为逐渐实现可记录、可分析、可预测，保险公司通过新技术的应用，可将保险需求、产品形态及其对应的价格机制精细到群体或个人。[①]

① 王亚辉，马向东. 论财产保险市场的调整与转型[J]. 保险职业学院学报（双月刊），2015.2。

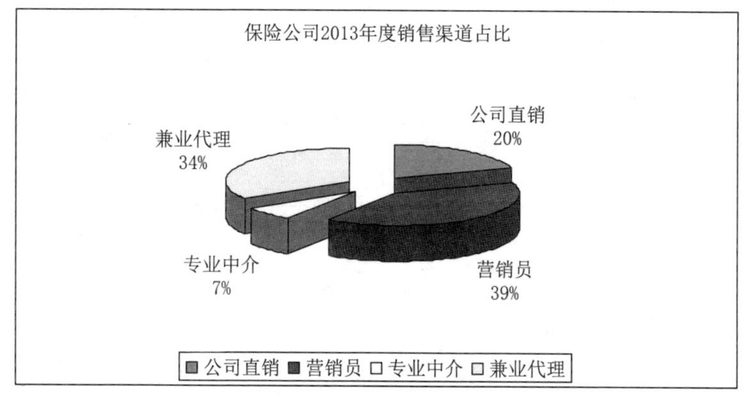

图 2-23　保险公司 2013 年度销售渠道占比

总之，我国财产险市场上主要存在着车险比例过重、产品同质化严重、产品结构趋同的问题；在中资、外资公司的比较中，可以发现外资公司在小险种方面更具竞争力，同时也说明中资公司在这些新业务领域上存在着差距。在产险销售渠道上，存在过度依赖保险代理销售的问题，未来可以依靠互联网保险渠道对现有保险渠道进行改革，发展潜力巨大。

（三）市场发展期的人身保险

1. 人身保险产品和渠道发展综述

人身保险是一种以被保险人的生命和身体作为标的物的保险险种，它与财产保险具有明显的差异性，人身保险包括人寿险、健康险和意外伤害险等类型。其中，人寿险又包括传统型与创新性两种类型，前者可分为定期、终身和两全险，它们都是对人的寿命和死亡率进行计算之后得到保险费率；后者则可分为投资连接险、分红险和万能险，它们都具有一种投资功能，具有储蓄替代的性质，并承担着一定的市场风险。中国的人身保险市场快速发展，截至 2014 年年底，人身保险保费收入已经达到 12690 亿元，占所有总保费收入的 62.72%（如图 2-24）。

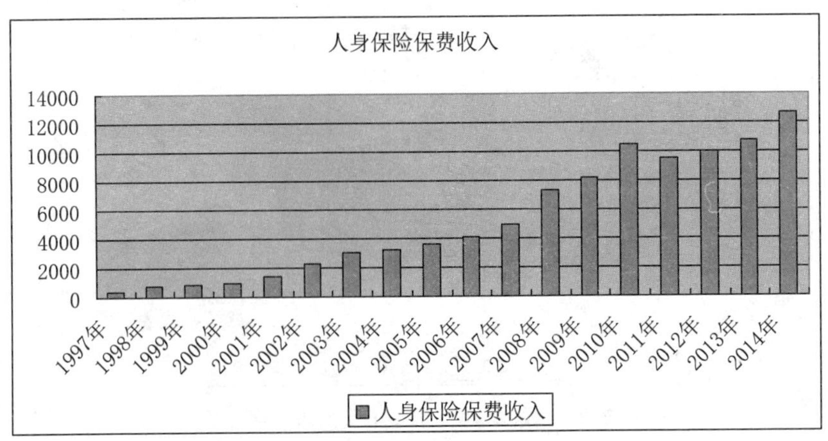

图 2-24　人身保险 1997—2014 年保费收入和占比情况

从产品结构来看，我国的人身保险产品创新层出不穷，各个保险公司竞争愈发激烈。总体看，人身保险产品分为寿险业务、健康险业务和人身意外伤害险业务三个大类的产品。其中，寿险业务实现原保险保费收入为 10901.69 亿元，较 2013 年增加 1476.55 亿元，同比增长 16.67%，占人身险业务原保险保费收入的 85.9%；健康险业务实现原保险保费收入 1418.19 亿元，较 2013 年增加 412.67 亿元，同比增长 41.04%，占人身险业务原保险保费收入的 11.75%；人身意外险业务实现原保险保费收入 370.63 亿元，较 2013 年增加 60.22 亿元，同比增长 19.4%，占人身险业务原保险保费收入的 2.92%。

在人身保险公司的各个主要险种中，普通寿险包括定期寿险、终身寿险、两全寿险和重大疾病险等传统类型的寿险产品。我们认为我国人身保险市场的产品结构表现出如下基本特征：

首先，寿险业务占据人身保险的比重很高，健康险和意外伤害险仍然有待发展。当前我国人身保险市场中，寿险占据绝大部分的市场份额，2014 年寿险保费收入占全部人身险保费收入的 85.9%，其他两个险种分别占 11.75%和 2.92%，产品结构仍然较为不合理。实际上，人们对于健康险和人身意外险的需求比较强烈，现代社会的发展使得人们越来越注重对自身的健康和避免意外进行保险，但保险公司在这部分的产品设计和推广仍然存在不足，从而造成了当前的产品结构的不合理，无法满足人们的需要。这在一定程度上反映出了我国的保险市场仍然有待进一步深化发展。

其次，分红险业务增长速度很快，占据人身保险的比重过高。各个保险公司的分红险所占的比重都比较高。作为一种新型的险种，分红险的发展之所以如此迅猛，主要还是因为它本身具有分红的优势，具有储蓄和投资功能，因此广受人们的欢迎。然而，如此高速的增长背后，也存在着一定程度的隐忧。各家人身险公司都争相开发这一险种，保险经纪人也热衷于推销这种新型的险种，这就容易带来潜在的风险：一是保险公司之间容易产生恶性的竞争，二是大规模的购买可能面临着市场风险，当市场状况出现不利因素，就可能带来大规模的退保，对公司和被保险人都带来风险。并且，过分集中的产品结构容易导致被保险人投资也过于集中，从而不利于其风险的分散和资产安全。因此，我们要在发展分红险的同时，加强对行业的监督和管理，引导保险资源的合理配置，提高保险的保障和投资功能。

最后，寿险市场内出现新型险超过传统险比重的状况。如上所述，当前寿险市场上的投连险、分红险等创新险种发展速度很快，现在其相对规模已经超越了传统寿险，并且这种差距有逐渐拉大的趋势。这一方面说明人身保险市场创新的优势，另一方面也要警惕新型保险险种发展背后可能存在的问题。对于投保人而言，他们更热衷于购买投资型的新型寿险产品，而对于保障型的传统寿险的需求则逐渐下降，但这种产品结构确实存在一定的风险性。创新性产品都与金融市场之间联系紧密，在我国金融市场发育程度仍然较低的状况下，大量的创新型险种的发展容易为保险公司的经营带来风险。如果一旦金融市场上发生较大的波动，将会对保险公司的财务状况造成不良影响，并可能导致投保人的退保行为，因此应当高度关注寿险市场上创新型产品的发展。

（四）再保险

1996 年，人保组建集团公司，成立了中保再保险有限公司。至此，国内才有了第一家经营再保险业务的专业公司。1999 年 3 月，中国再保险公司在中保再保险有限公司的基础上组建成立，标志着我国再保险市场终于有了一家独立的供给主体，再保险业逐步成为我国保险市场的重要组成部分，中国民族再保险业从此进入了一个新的发展时期。就加入世贸组织时保险市场的开放承诺来看，我国选择了首先开放再保险市场的开放策略。我国承诺取消对再保险和再保险经纪业务跨境交付的限制，允许外国（再）保险公司于中国加入世贸组织时即可以分公司、合资公司或独资子公司的形式提供寿险和非寿险的再保险业务，且没有地域限制或发放营业许可证的数量限制；对于20%的法定比例分保，从中国加入世贸组织后一年起每年减少5个百分点，直至4年后完全取消。其后的2003年是中国再保险市场重大变化的一年。其一是中国再保险公司的股份制改革顺利完成，其二是世界三大再保险公司顺利进驻再保险市场，打破了一家垄断的局面，形成了多家并存的竞争格局。截至2013年底，中国再保险市场中共有9家再保险公司，中资再保险公司3家，分别为中国人寿再保险、中国财产再保险（以上两公司同属中国再保险集团）、太平再保险；外资再保险公司6家，分别是汉诺威再保险、法国再保险、劳合社、瑞士再保险、慕尼黑再保险和通用再保险，市场总额近1000亿（具体情况如图2-25）。

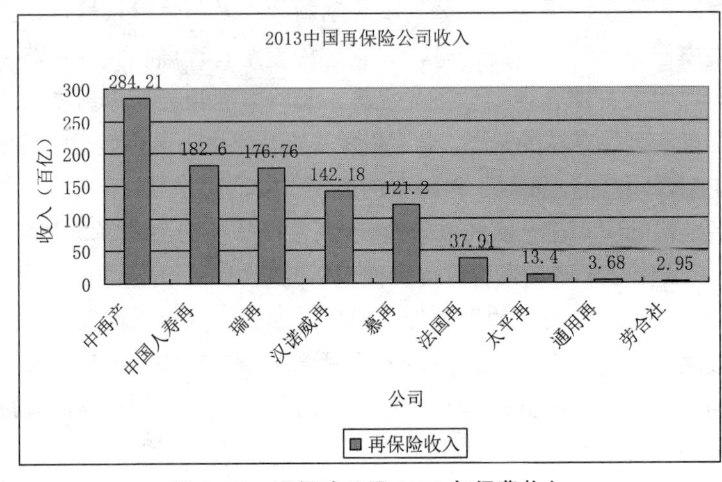

图2-25　再保险公司2013年保费收入

四、资金运用

由于保险公司经营的特殊性，保费的收入与责任的给付之间存在一定的时间差，有的甚至长达数十年之久，决定了保险资金运用与一般的资金运用不同，即在资金运用过程中具有两阶段的特点，第一阶段是保险资金的收集阶段，通过人力成本和费用等，销售保单，获取保费收入。由于收入与给付之间的时滞性，公司在这个阶段需计提准备金，为保证准备金不闲置，保险资金将进入下一个阶段进行运作。第二个阶段是保险资金的运作阶段，可运用的保险资金在资本市场等进行投资运作，实现保值增值的目标。保险业的资金运用是现代保险业发展的重要方向。

（一）中国保险业资金运用发展过程

我国保险业的资金运用经历了从无序混乱阶段，到严格管控，再到投资发展多元化，逐步实现风险管理和投融资功能的不同阶段。

在 1995 年《保险法》颁布之前，由于没有具体法规约束，各家保险公司纷纷开展资金运用，但由于缺乏有效的管理和制约机制，缺乏相应的专业人才，加上当时外部环境因素，保险公司的资金运用出现了无序发展的现象。在这段时期，保险资金的运用手段包括发放贷款、不动产投资、购买股票等，随之而来的就是保险公司资产质量出现了不同程度的恶化。这种情况迅速蔓延，逐步演变成为一种失控和混乱的局面，并形成了巨额的不良资产，给中国保险业的发展，特别是资金运用的发展构成了巨大的障碍。

1995 年之后，《保险法》《银行法》《保险公司管理规定》等有关法律法规颁布，保险资金运用逐步规范，管理相对严格。根据《保险法》第 104 条规定：保险公司的资金运用，限于在银行存款、买卖政府债券、金融债券和国务院规定的其他资金运用形式，保险公司的资金不得用于设立证券经营机构和向企业投资。

1998 年，保监会成立，保险资金运用限制逐步放松，但资金运用的方式和渠道增加，监管加强。1999 年 10 月，随着《保险公司投资证券投资基金管理暂行办法》的出台，保险资金通过购买证券投资基金的方式首次实现了间接入市的目的，初始比例为保险公司总资产的5%。2001 年 3 月，中国保监会批复平安等 3 家寿险公司投资连结保险在证券投资基金的比例从 30%放宽到 100%。2002 年 10 月《保险法》修改案获得通过。原法第 104 条第三款“保险公司的资金不得用于设立证券经营机构和向企业投资”修改为第 105 条第三款“保险公司的资金不得用于设立证券经营机构，不得用于设立保险公司以外的企业”。这为进一步放开运用渠道和资金运用的灵活操作留下了空间。2003 年放开了保险资金投资企业债的范围和比例，保险资金运用纳入国家投融资体系中的研究步伐。

2004 年 10 月，中国保监会发布了《保险机构投资者股票投资管理暂行办法》，其第一章第七条规定“符合下列条件的保险公司，经保监会批准，可以直接从事股票投资”。第三章第六条规定“保险机构投资者为投资连结保险设立的投资账户，投资股票的比例可以为 100%，保险机构投资者为万能寿险设立的投资账户，投资股票的比例不得超过 80%”。2005 年 2 月中国保监会联合中国银监会、中国证监会制定了《关于保险机构投资者股票投资交易有关问题的通知》《保险机构投资者股票投资登记结算业务指南》《保险公司股票资产托管指引》和《关于保险资金股票投资有关问题的通知》等配套文件，明确了保险资金直接投资股票市场涉及的证券账户、交易席位、资金结算、资产托管、投资比例、风险监控等问题，保险资金直接投资股票市场的操作技术问题已得到解决，保险资金直接投资股票市场将进入实质性操作阶段。

2006 年之后，保险资金的投资渠道进一步放开，包括对投资于交通、能源、通信、市政等国家级重点基础设施项目，投资于境内国有商业银行、股份制商业银行和城市商业银行等未上市银行的股权的规定，2006 年 12 月，随着《保险资金境外投资管理办法（征求意见稿）》的出台，意味着保险资金 QDII 即将放行。2010 年 7 月 31 日，中国保监会发布了《保险资金运用管理暂行办法》这一办法是在总结十年来保险资金运用实际情况的基础上，进一步规范了保险公司的投资行为，控制保险资金运用风险，维护广大保险当事人的合法权益，也为促进国内保险业持续、健康发展增加了制度保障和一定的运作空间。2010年8月11日，中国保监会发布《关于调整保险资金投资政策有关问题的通知》，2010年9月5日，中国保监会又连续发布了《保险资金投资不动产暂行办法》和《保险资金投资股权暂行办法》。在短短三十几天的时间内，中国保监会前所未有地连续出台4个关于保险资金投资方面的制度性文件，这些文件是中国保监会针对“十二五”期间保险资产大幅增长，保险公司资金运用经验和实力不断增强的情况，在严格规范的前提下，进一步放宽投资渠道，为今后保险资金优化配置、提高投资收益水平提供了新的机遇。

（二）中国保险业资金运用结构分析

截至2013年12月底，保险资金运用余额7.69万亿元，较年初增加了8330.83亿元，占保险业总资产的92.76%。资产配置特点如下：一是固定收益类资产继续保持主导地位。国债、金融债和企业债等各类债券余额3.34万亿元，在投资资产中占比43.42%；银行存款2.26万亿元，占比29.45%；两者合计占比72.87%。二是权益类资产保持稳定。股票投资4289.3亿元，占比5.58%；证券投资基金投资3575.5亿元，占比4.65%；两者合计10.23%。三是另类投资增长较快。长期股权投资4024亿元，占比5.23%；投资性不动产投资689亿元，占比0.9%；基础设施投资计划等产品4782亿元，占比6.22%；三者合计12.35%。

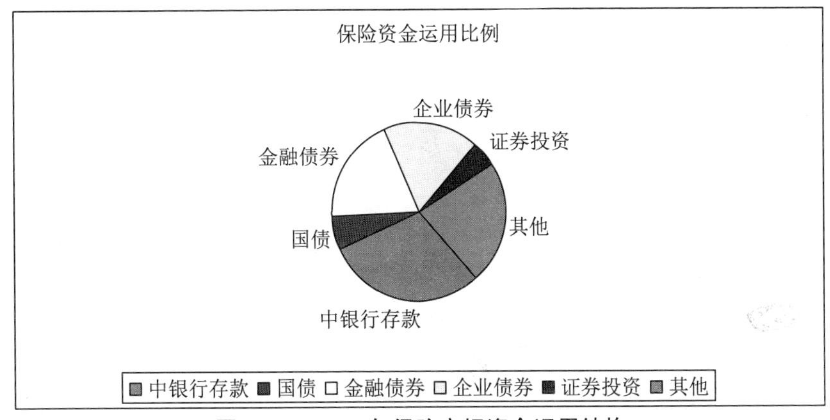

图2-26　2013年保险市场资金运用结构

（三）中国保险业资金运用效率分析

2001—2013年间我国的保险投资收益率呈现弱增长趋势，整体的收益水平不高（如图2-27）。

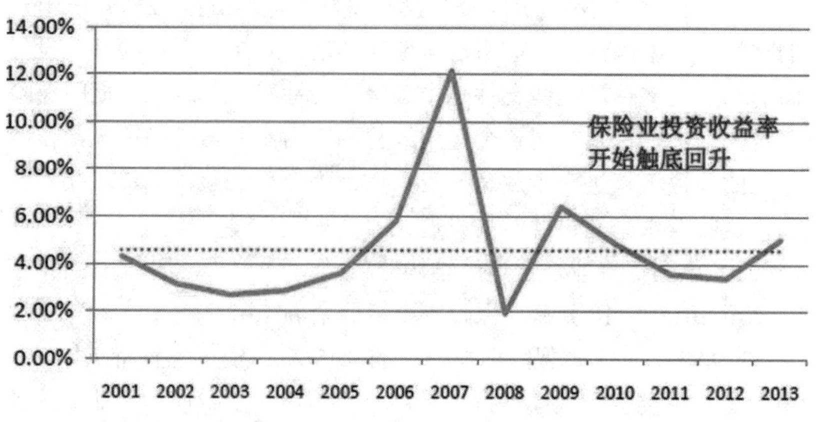

图2-27 2001—2013年保险资金投资收益

自2004年以来，我国保险资金的投资收益率一直处于上升状态，2007年达到了最高，约为三年来的收益率的总和，但是随着金融危机的到来，资本市场的低迷，2007年投资收益率跌到了历史最低水平，仅为1.91%，低于银行存款的利息水平。2009年收益率提高了4.5个百分点，回升到了6.41%，但之后的2010、2011和2012年又开始下降了，均低于同期五年期银行定期存款利率。

第三章

中国保险业发展模式选择的思考

第一节　中国保险业可持续发展的思考

自 1980 年我国保险业恢复以来，保费收入一路高歌猛进，直到最近几年才稍稍放缓，保费增速减慢并不意味着我国保险业发展内生动力不足或发展前景不乐观，相反，作为一项极具潜力的朝阳产业，我国保险业正经历着由不规范走向规范、由粗放式走向内涵式、由消耗型走向可持续型的发展模式转变过程，这一转变必将为行业发展注入新的活力。本章内容将着重介绍保险业可持续发展的概念、我国保险业可持续发展已具备的条件、行业在向可持续发展道路转变过程中遇到的问题以及我们给出的相关建议。

一、保险业可持续发展的概念和意义

1987 年，以挪威首相布伦特兰为主席的联合国世界与环境发展委员会发表了一份题为《我们共同的未来》报告，正式提出可持续发展概念，从此在世界范围形成广泛共识。公认的所谓可持续发展的概念

即为“满足当代人的需要，又不损害子孙后代满足其需要的发展”，其内在要求有：一是经济、社会和环境要和谐发展，二是无论在各主体之间还是在代际之间要公平发展，三是要统筹考虑各因素有效率的发展。而聚焦到保险行业，其可持续发展也需要满足上述三点要求。

（一）和谐发展

在保险业的可持续发展要求中，和谐发展既包括保险行业发展与外部经济、社会环境发展相协调的宏观要求，也包括保险业内经营主体多样化、产业链完备化、政策法规适度化等行业微观要求。具体来说，从宏观角度，保险业发展速度要与经济发展水平相适应，要与产业结构调整相结合，要与体制机制转变相衔接，要与大政方针相呼应；从微观角度，一是监管部门要适度监管，牢牢把握住底线和关键点，但又不能管得僵、管得死；二是保险企业要积极投身市场竞争，创新产品种类，服务客户需求，迎接来自国际市场的挑战；三是行业内市场主体需要予以完善，不仅有保险公司，还应有再保公司、资产管理公司、中介公司、公估公司等一起加入到推动保险业做大做强的大军中去。

（二）公平发展

促进保险业可持续发展的公平要求旨在确保保险业适度发展、不透支未来资源，同时说明行业的均衡发展不能只依靠部分企业、部分部门，监管部门、行业自身以及行业内不同职能、不同所有权结构的企业都要明确定位、各司其职，只有均衡推进才能形成强大的发展合力。具体来看，第一，从时间维度上，保险业的发展成绩需要一步一个脚印、稳扎稳打的得到，需要建立在坚实的群众基础之上，即需要建立在广大人民群众的保险需求基础之上，当然，通过创新产品、宣传推广来适度引导需求是必不可少的，但不择手段地醉心于拿保费、冲业绩的行为则是在损害行业形象，透支未来客户和资源；第二，从空间维度上，不论是金融行业内保险产业和其他金融产业相比较，还是保险产业内不同职能的机构相比较，它们虽然承担的社会功能不同，但都同样不可或缺，因此，保险产业整体不必妄自菲薄或为逐利而淡化保障追求投资，保险机构中目前欣欣向荣的各保险公司和尚不太发达的中介公估等企业也都需要得到符合其地位作用的政策青睐。

（三）高效发展

促进保险业可持续发展的效率要求有两项内涵，一是经济效率，二是社会效率。经济学经典理论表明，在不存在市场失灵的情况下，完全竞争市场能实现资源的最优配置，提高经济的运行效率，这在我国保险业发展过程中也可见一斑。在保险业恢复初期，市场上只有人保一家保险公司，保险市场属于国有绝对垄断，之后的股份制和市场化改革改变了国有公司一家独大的现象，而近十年，我国保险市场集中度的不断走低，市场这只“看不见的手”推动了我国保险业的腾飞，因此不断深化保险业市场化改革，完善市场退出机制仍然是行业发展的必由之路。但保险业发展不能仅仅追求经济效率最大化，因为能从保险中收益的群体不只有保险人和保险消费者，保险在履行其“社会管理”功能时，会发挥极大的社会正外部性，起到经济“助推器”与社会“稳定器”的作用，基于此，政府需对行业发展加以适当引导，把握住保险业发展的大方向。

二、保险业可持续发展已具备优良的经济社会环境

正如上文所述，一个产业要想实现可持续发展，必须以相应的外部环境为基础，与此同时，实现了可持续发展的产业也或多或少地能对周围的经济社会环境产生正向影响。当下稳定增长的经济环境为我国保险业培植了肥沃的土壤，社会环境的变革又激发了人们对保险业新的需求，而利好政策与监管政策的出台更为保险发展提供了新的契机。

（一）经济环境变化

近年来，我国经济进入了“新常态”的增长模式，经济发展方式由粗放式转向内涵式，经济发展水平的提高必然带来居民收入的提高，在基本的温饱问题解决后，人们会产生安全需求与发展需求，有实证数据表明，人均 GDP 超过 3000 美元后，居民对健康、安全、营养、保健等支出会有一个跨越式的提升。在我国，居民对经济上的安全需求最明显的体现就是储蓄存款的增加，历年全国居民储蓄存款总量和

增速如图3-1所示。人们进行储蓄，主要用于未来可能的支出，这些支出中用于养老医疗等具有很大不确定性领域的占了很大一部分，而保险能帮助人们转移这些不确定的风险，在这些领域中对储蓄具有很强的替代性。近年来，伴随着经济的平稳增长，人们手中的闲置资金逐渐增多，而与此同时，银行活期定期存款利率“跑不赢通胀”的问题让其对人们的吸引力有所减弱，对资金保值增值的“投资需求”有所上升，下图3-2给出了近两年银行理财产品资产来源情况，可以看到个人资金在其中的占比越来越高，说明个人和家庭越来越注重资产的投资收益。而一些保险产品，特别是投连险等附带投资功能的长期寿险产品，能向客户提供资产保值增值的服务，让人们的“救命钱”“养老钱”不缩水、不贬值。除此之外，随着居民财富的增加，个人和家庭拥有的财物数量和价值大幅上升，人均汽车保有量，人均奢侈品保有量都较几年前有显著增长，为了给这些财物的安全提供保障，在财物遭到损害后获得经济补偿，财产保险成了很多居民的选择，这也极大地刺激了保险需求。因此，经济环境的变化让人们的个人财富增长，同时引发了人们储蓄观念、消费观念、投资观念的变化，给保险业可持续发展创造了较大空间。

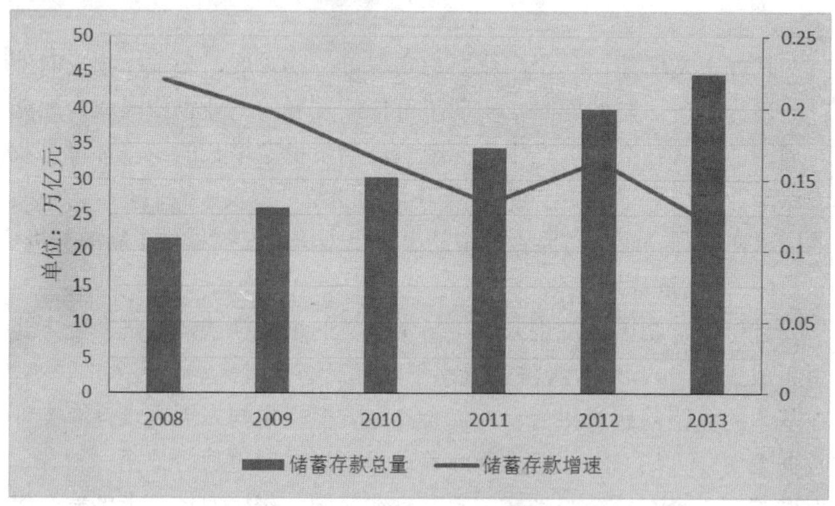

图3-1　历年全国居民储蓄存款总量和增速

数据来源：中国统计年鉴2014。

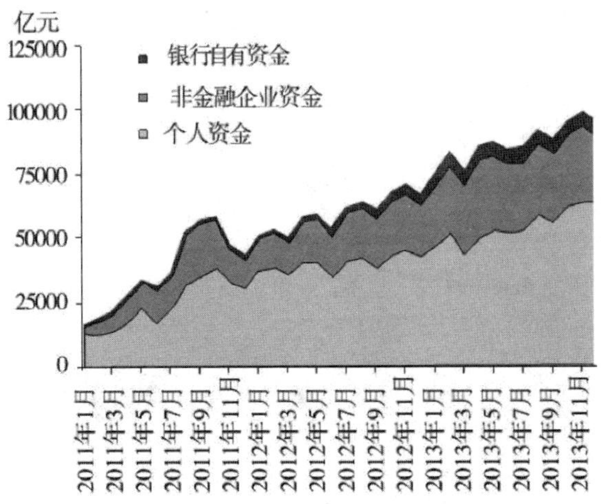

图 3-2 2011—2013 年我国银行业理财产品资金来源情况

图片来源：中国金融年鉴 2014。

（二）社会环境变化

中国已迈进了人口老龄化国家的行列，人口老龄化问题越来越突出。中国现有老龄人口已超过 1.6 亿，且每年以近 800 万的速度增加，预计 2050 年中国 60 岁以上老年人将占三成，从快速老龄化到加速老龄化再发展到重度老龄化，中国社会将面临前所未有的人口挑战，图 3-3 给出了历年我国老年人口在总人口中占比情况，由于 60 岁以上人口在总人口中占比远超过 10%，我国早已进入老龄化社会。与此同时发生的是家庭规模的小型化，在计划生育背景下，三口之家式的核心家庭成为社会主流模式，这些都使单个家庭的经济负担加剧，抵御风险能力降低。而我国基本养老保险面临着替代率不高等问题，制度又正处在双轨制并轨、个人账户做实、投资管理政策跟进的变革时期，更多人会开始规划自己的补充养老问题，商业保险不失为一个颇有吸引力的选择。

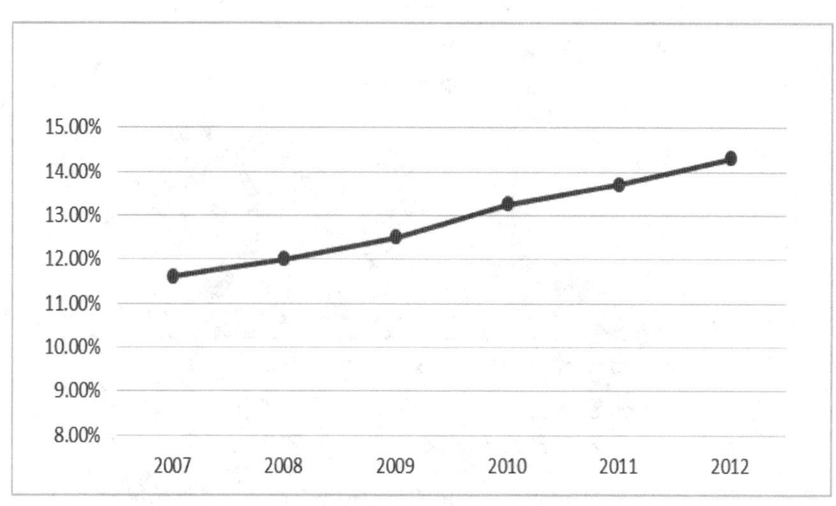

图 3-3　全国 60 岁以上人口占总人口比例

数据来源：中国统计年鉴 2013。

而与此同时，全国居民也面临着严重的健康风险，2012 年全国居民慢性病死亡率为 533/10 万，占总死亡人数的 86.6%。心脑血管病、癌症和慢性呼吸系统疾病为主要死因，占总死亡的 79.4%，慢性病发病率不断提高，心脑血管疾病成为我国居民的头号杀手。虽然随着医疗水平的进步，更多的疾病告别了不治之症的行列，但困扰居民的问题依然存在，只不过由“不能治”变成了“治不起”，由于家里一人生病导致全家倾家荡产的例子屡见不鲜，而我国的社保更多的还是基本面的保障，不同人群保障水平差异大，为数众多的诊疗手段和药品则不在报销范围内。商业保险公司需要在其中发挥作用，设计出更有现实意义，更符合人们需求的健康险险种，为客户规划应对未来健康风险的最好的财务安排。李克强总理提出要建设覆盖全体居民的大病保险体系，并强调要与商业保险公司合作，这是保险业履行社会管理功能的体现，当然也是保险业优化自身形象，实现可持续发展的契机。

我国广大农村地区的发展变革也尤为引人关注，在土地流转快速发展的背景下，外出务工农民的土地日益集中起来，推动了农业生产的集约化进程，农业生产规模逐渐扩大，农场式大规模经营不再罕见。

对于单个农户来说，他汇聚了以往多个散户面临的风险，加之农业风险的特殊性，他面临着更大损失的可能，再由于农业大户的资金实力往往更为雄厚，相较于散户农民，利用农业保险转移风险更具有现实的可能性，这也是保险业促进农村地区发展、发挥引导社会进步作用、实现可持续发展的新的重要领域。

（三）政策条件变化

首先看我国基本医疗保障制度的变革。近几年，扩大城乡居民大病保险覆盖范围，解决居民“因病致贫、因病返贫”的问题是社会医疗保障体系建设的重要抓手，自 2012 年以来，各地按照《关于开展城乡居民大病保险工作的指导意见》要求，相继启动了大病保险的试点工作。国务院日前决定全面实施城乡居民大病保险，力争在 2015 年底前实现所有城乡居民基本医保参保人覆盖，到 2017 年，建立起比较完善的大病保险制度。医改是重大的民生问题，需要各方积极参与和落实，当然也离不开商业保险的支持与配合。《中共中央国务院关于深化医药卫生体制改革的意见》中提出要积极发展商业保险，鼓励开发适应不同需要的健康保险产品，简化理赔手续，方便群众，同时鼓励企业和个人通过参加商业保险及多种形式的补充保险解决基本医疗保障之外的需求，与此同时，《意见》积极提倡以政府购买医疗保障服务的方式，探索委托具有资质的商业保险机构经办各类医疗保障管理服务。这些政策的落实都需要商业保险机构积极参与、有所作为，完善与创新产品、加强与发展多样化服务，承担补充保障的供给者、基本保障的经办者、医疗健康服务的提供者三项重要职能。

再来看社会养老保障领域的政策变动，近半年来，我国在社会养老保险领域有好几项大动作，首先是经过多年的政策准备，2015 年 1 月 14 日，《关于机关事业单位工作人员养老保险制度改革的决定》发布，标志着养老金“双轨制”正式终结，3700 万名机关事业单位工作人员与企业员工一样，将纳入统一的养老保险制度体系。而在 2015 年下半年，《基本养老保险基金投资管理办法》向社会公开征求意见，迈出了养老金入市的重要一步。不论是养老金“并轨”还是养老金入市，都标志着我国社会养老保障体系在朝着公平化、制度化和成熟化的方向迈进，社保制度的完善也呼唤着商业养老保险不断发展以期为社保提供重要补充，两者携手才能构建出保障范围广、保障层次全面、基础保障与个性化保障相结合的养老保障体系。

最后看和保险业自身发展息息相关的政策措施。2013 年 9 月国务院下发《关于促进健康服务业发展的若干意见》，2014 年又相继出台了《关于加快发展现代保险服务业的若干意见》和《关于加快发展商业健康保险的若干意见》，这些法规政策都对保险业在社会管理与改革中发挥的作用给予了充分肯定与大力支持，并制定了保险业未来发展的方向和目标。而 2015 年印发的《关于开展商业健康保险个人所得税政策试点工作的通知》标明个税递延型养老险相关税收优惠方案有望于 2015 下半年出炉，对保险业发展有重要促进作用的税收优惠政策正在有条不紊的推进。以“新国十条”的发布为标志，保险行业发展迎来了真正意义上的政策“春天”，相信保险业会逐渐走向健康发展、可持续发展的正确轨道。

三、保险业向可持续发展迈进过程中遇到的困难和问题

我国保险业在经济发展、国家重视、政策推动的利好背景下高速发展，保费收入、保险金额、赔付金额都迅猛增加，监管部门也出台了多项规定，严格对行业的规范化监管，树立行业形象。与此同时，行业的市场竞争程度不断加剧，集中程度逐年下降，一些公司在特定领域推出特色化险种，产品创新的作用力开始显现。同时，高科技被逐步运用到行业的日常经营管理活动中，提升了经营效率，增强了行业竞争力。这一系列趋势都表明保险业在不断迈向可持续发展道路，不过，我们在看到进步和希望的同时，也必须承认，当前的中国保险业，还存在一些需要克服的困难和亟待解决的问题，下面将分四个方面对这些问题予以阐述。

（一）行业内部发展环境尚不够理想

总体来说，我国当前的保险业发展水平不高，发展程度的地区差异大。从整体水平来看，2011 年，我国保险深度只有 3%，保险密度

只有 163 美元，如下图 3-4 所示，我国保险业发展程度大大落后于发达国家和地区，深度和密度只有保险业发达国家的 1/5 和 1/10，也低于世界平均水平。根据统计资料，无论是保险深度还是保险密度，我国都排在世界 50 名开外。我国保险业不仅整体发展水平不高，地区差异还非常明显。首先，东中西部保险业发展水平不一，六成保费收入都来自东部地区；其次，发达的一二线城市保险业的发展程度远高于小城市和乡镇，高级别城市保险业发展的一系列指标，如保费收入、赔付、深度和密度等都远高于低级别城市；最后，保险业发展在城市和农村之间差异大，在占国土面积相当大部分的农村地区，很多农民甚至不知道保险为何物。这些在下一节中有深入讨论。

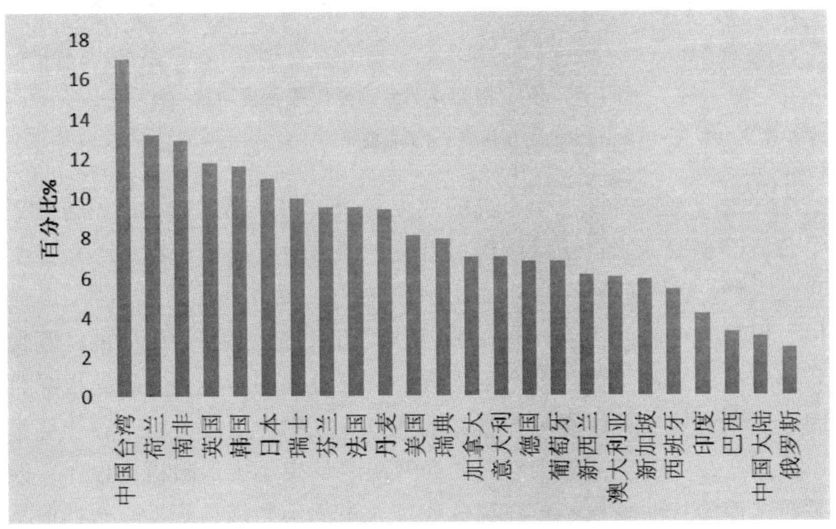

图 3-4　2011 年世界部分国家和地区保险深度对比

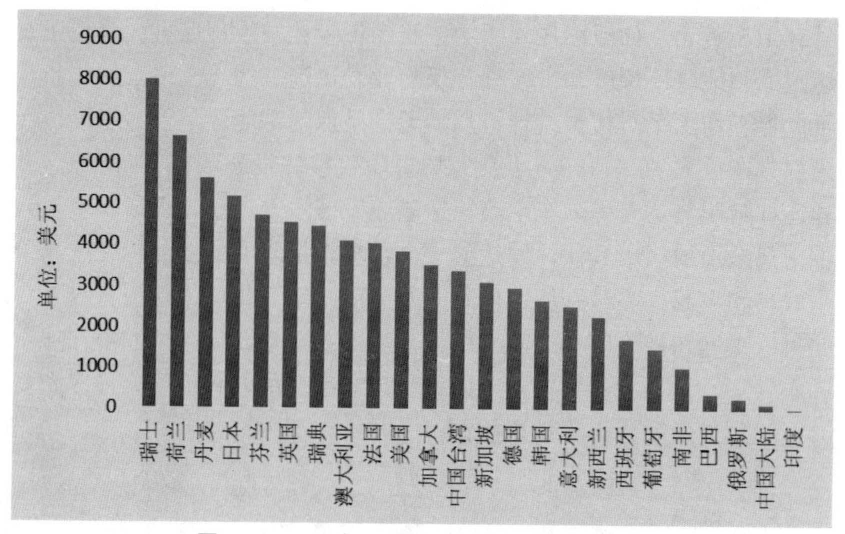

图 3-5　2011 年世界部分国家保险密度对比

数据来源：各国保险行业数据整理。

保险业整体发展水平不高的成因复杂，而国民保险意识欠缺是一个公认的重要原因。造成国民保险意识淡薄有几方面原因：一是由于我国人均 GDP 尚不够高，人们还不够富裕，经济基础需要加强；二是由于保险复业时间不长，且在很长时间内保持一家独大的局面，宣传和推广少，不利于保险观念走入人心；三是我国传统小农思想根深蒂固，认为钱要放在看得见摸得着的地方，在生产生活过程中存在侥幸心理，在个人养老问题上宁愿“养儿防老”也不去保险机构投保；四是我国保险行业形象不佳，部分代理人员的不当销售行为给全行业抹黑。当然，随着保监会的成立、监管措施加强、政府和企业对保险的宣传普及，越来越多的人开始了解保险、认同保险，但要提高全民保险意识还有很长的路要走。

行业还存在一个不容忽视的问题，那便是诚信意识有待加强。众所周知，诚信是市场经济的灵魂，是保险业的立业之本，“最大诚信原则”更是保险的基本原则。由于保险合同不是通常的对价合同，在承保理赔过程中存在信息不对称问题，因此保险活动的正常进行必然建立在双方诚实守信的基础上。有些无奈的是，在我国保险实践中，不守诚信原则而导致的问题层出不穷。在保险人方面，一些作为保险公司代表的代理人隐瞒除外责任、虚报投资收益、违背客户意愿强行投保，同时保险公司仍然存在过于惜赔的现象，这都让客户体验不佳；在投保人方面，造假骗保等行为依旧存在，而普遍的不诚信现象则表现为在投保时隐瞒部分对己方不利的重要信息，在遭遇保险事故时利用信息优势谋取更多利益等。投保人的一些不诚信行为损害了客户对其的信任，客户的道德风险又诱发了保险公司的拒赔惜赔，长此以往，将形成不利于行业诚信建设的恶性循环。

（二）产品设计和经营管理需要加强

我国保险产业的产品被最多诟病的一个问题就是产品同质化严重、产品种类少、类型单一。从不同公司产品的横向比较来看，且不说车险等险种原先有 ABC 条款的规范因此差异化不大，其他险种中，各公司的各类产品看起来铺天盖地名称多种多样，实则不同公司同类产品的合同内容高度一致，在争夺客户过程中各公司会大力宣扬本公司产品的特色，而保费低保额高往往意味着保险责任少，写在宣传单上的高投资收益率也不一定能被客户在未来实际拿到手中，不同公司产品的特色之处和它们之间的相同之处一比，显得那么微乎其微。从同一个公司不同代际的产品的纵向比较来看，不可否认的是确实有新型险种加入到我国售卖的保险产品大军中，但新型产品引进和开发速度较慢，更为常见的产品更新换代方式是将原产品利率调整到和市场利率相衔接，然后稍稍改变合同条款后重新包装出售。这些都使消费者可选择的保险产品范围小、数量少，很难寻到符合需求的贴心产品，可是如果想要行业可持续发展，有活力的公司需要不停地涌现、有创造力的产品需要不断地被开发出来，这样才能长期形成对客户的吸引力。

和其他金融行业相比，保险公司的产品费率制定和公司管理方式还都比较粗放，信息技术和前沿科技也未得到广泛的应用，具备高精尖知识的精算人才、软件开发人才、信息技术人才还不够充足。精确的产品定价有利于公司针对不同风险的客户量身定制产品，有助于实现费率在不同险种之间、不同保险合同之间、不同风险客户之间的公平，这也是留住优质客户，减少逆选择的重要方法，同时，精确定价也是公司减少财务风险的重要举措。而在激烈的市场竞争格局下，将先进信息技术应用到经营管理领域无疑会起到增加保险机构的运营效率，增强对客户的吸引力，也能起到缩减人员和成本，节约资源的作用。然而在我国，基于防止恶性竞争等目的的监管考虑，费率虽然在不断朝市场化方向迈进，但在车险等领域还未完全放开，因此在一些险种上并不需要严格的精算定价，且垄断经营的后遗症让市场化、精细化、科学化的定价方法不够普及，对部分小型公司，依照市场上相似产品价格简单为本公司产品定价成了一条拥挤的捷径。在科技应用方面，网上投保、手机投保已稀松平常，依托信息技术的快速理赔也成为各公司重要的宣传点，公司的内部管理几乎都已经建立在发达的信息沟通网络上，可以看到，近年来保险公司的信息化进程可以说日新月异。但需要指出的是，行业信息化水平和保险业发达国家还有较大差距，对大数据的搜集和处理把握能力还有待加强，在这个信息化的社会，在这个大数据的时代，想要可持续发展就必须要紧跟潮流。

（三）市场结构和竞争方式需要改善

我国保险业慢慢走向公平开放的市场，行政干预越来越少，但到目前为止，市场准入退出机制仍不健全，保险业市场化尚未完全成型，监管部门和整个行业仍须付出艰辛努力。

我们从两个方面来看保险业的市场结构，一是市场上保险经营机构的数量、种类和资本结构；二是财险和寿险市场的集中度情况。从市场上保险机构数量和种类上，首先看保险公司情况，如下图3-6所示，从2008—2013年，我国大陆保险市场经营保险业务的公司数量不断增加，目前已经超过140家，其中中资公司在其中占比约为62%，且这个比例在近年来不断提高。尽管市场上公司数量增长较快，但我国大陆保险公司数量仍然与保险业发达的国家和地区差距较大，早在1996年美国就有保险公司5000多家，英国800多家，德国近700家，中国香港220家，而幅员辽阔，人口众多的中国想必在未来也需要更多的保险公司经营业务、相互竞争和促进，共同推动保险业发展进步。再看中介市场情况，截至2013年底，全国共有各类保险专业中介机构分支机构6400家，同比增加2021家。其中，保险专业代理5280家，保险经纪861家，保险公估259家，快速发展的保险中介市场体现出人们对中介的需求逐渐旺盛，机构铺设速度加快，并且逐渐由省会城市向地市级城市扩展。与此同时，从财险和寿险两个市场的集中度情况来看，如图3-7和3-8所示，无论是财险还是寿险，用CR4和HHI两指标体现的集中度都在不断下降，体现了我国保险市场垄断程度的降低，更多的主体参与到业务中来并占领了一定的市场份额，不过可以看到，前四家保险公司的保费收入之和在我国保险业总保费收入中占比超过六成，可见市场仍旧呈现一定的垄断属性。

再来看保险公司为抢占市场份额、争夺客户资源而采取的竞争行为，对于人身险，用高收益率的长期型投资型险种吸引客户、汇集大量长期保费收入是人身险竞争的不二法门。我国人身保险产品供给经历了1999年前的保障型产品时期、2000年以后的新型寿险产品出现和主导时期，目前寿险业务结构正处于初期调整阶段，有向长期、保障型转变的趋势。不过随着寿险公司数量增加，寿险市场竞争日趋激烈，在“以保费论英雄”的考核和评价机制下，为抢占市场份额，寿险公司跑马圈地现象严重。总体来说，当前寿险产品供给并没有起到良好的市场引导作用，保险的“风险管理”职能有所弱化，“资金融通”职能迅速强化。这在一定程度上削弱了保险最为基本的保障功能，也给寿险机构带来较大的经营风险，可能会触发保险公司的现金流危机，也给寿险机构带来了巨大的资金运用压力。对于财产险，市场竞争更为激烈，车险作为一块大蛋糕，是各财险公司必争的领域，对公司有重要的宣传作用。在车险费率逐步走向市场化的背景下，难免存在不惜通过降价甚至亏损来赢得市场占有率的竞争行为，车险整体利润率低，半数公司在该险种亏损的状态下挣扎，这种行业通行的竞争方式在长久来看并非良策，极有可能损害整个财险市场的可持续发展。

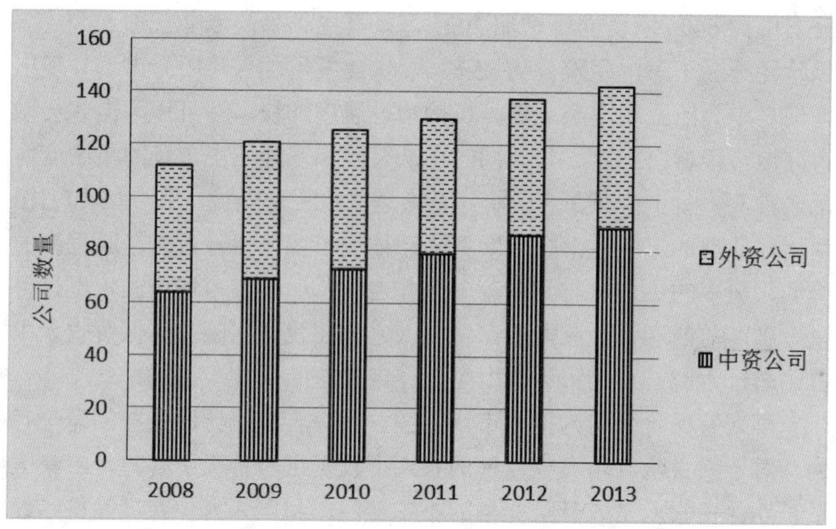

图 3-6 2008—2013 年我国保险公司数量和资本结构情况

数据来源：根据历年《中国保险年鉴》整理。

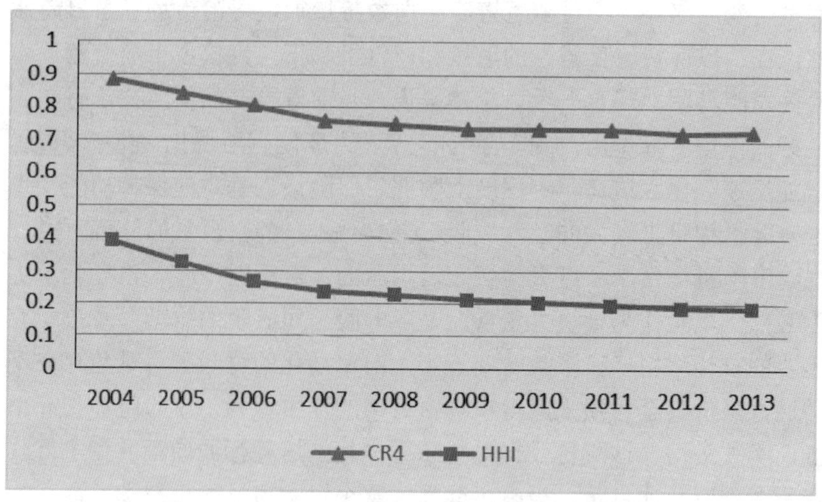

图 3-7 2004—2013 年我国财险市场集中度变化

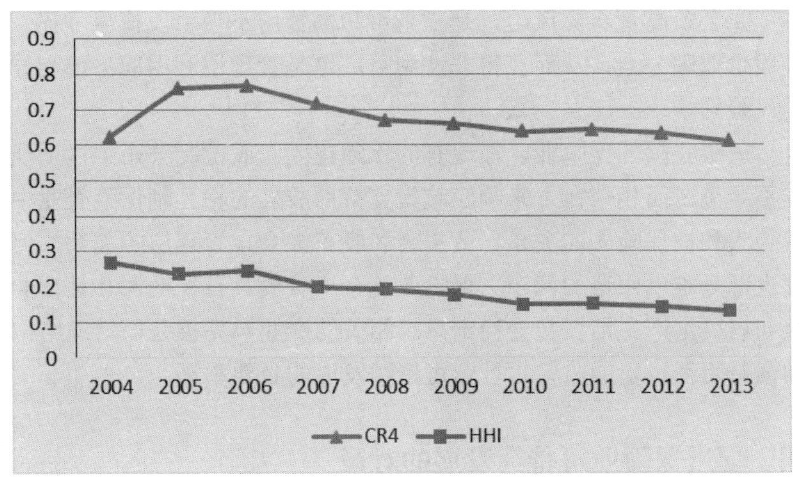

图 3-8　2004—2013 年我国人身险市场集中度变化

数据来源：根据历年《中国金融年鉴》和《中国保险年鉴》整理所得。

（四）公司治理存在风险

美国首屈一指的金融保险集团——AIG 集团在 2008 年金融危机中的破产让行业对金融机构的经营管理和治理产生了新的思考，在我国的保险行业，公司治理风险同样存在。公司治理风险是公司的一项根本性、基础性风险，在保险领域，它体现为[①]：①滥用控制权侵犯公司利益，包括主要控股股东以及实际控制人或者是内部人采用非法手段转移、侵占公司的资产等行为；②公司治理僵局的风险，包括主要股东之间因控制权争夺或其他重大利益纠纷导致董事会会议无法正常召开、董事会无法正常换届所形成的风险；③公司管控薄弱的风险，包括两个层面：一个是在决策层面，公司领导人独断，缺乏制衡，董事会对管理层无法有效约束，股东对经营状况不知情，内部人控制严重；另一个是在执行层面，公司的决策得不到贯彻执行，风险管理体系不健全，审计、合规和风险管理等职能不到位，这些问题导致直接业务部门违规行为频繁发生，财务混乱、数据失真，进而造成公司亏

① 对保险公司治理风险的定义来自《公司治理风险、保险创新与保险业可持续发展——后危机时代中国保险业的创新与发展论坛综述》一文。

损；④公司高管舞弊风险，是指董事和高管用不当手段掩盖亏损，推高股价欺骗公众，从而获得非法利益，这是管理层利用职务便利导致的风险。

放眼我国的保险业，在现有的保险集团和股份制公司中以上现象并不罕见，而相信在未来响应政策支持而成立的相互制保险企业中，保险人和被保险人的关系、董事会和股东大会、管理层的关系如何处理也都是难以回避的问题。保险业是一个负债具有长期性并且行业资金和居民生产生活、社会稳定息息相关的产业，完善公司治理结构、加强对治理风险的监管是行业可持续发展的必要举措。

四、促进保险业可持续发展的对策

针对以上提到的部分问题，本节尝试给出几项对策建议，相信我国保险业会在总结经验、肯定长处、吸收教训的基础上不断反省和改革，行业的可持续发展也会在产业结构升级、发展方式转变后逐渐得以实现。

（一）调整相关政策、营造有利于保险业发展的舒适环境

根据社会发展的经验，能实现长久繁荣的行业必然不能封闭在狭隘的视野中自顾自的发展，保险业要想可持续发展下去，必须充分发挥行业的社会管理功能。只有将自身与社会稳定和国民经济增长密切联系起来，才能提高保险业发展层次，切实激励有效需求。比如在李克强总理提出要在年内实现大病保险的全国覆盖，相关部门应快速出台有关商业保险机构如何参与的具体安排；在养老领域，有关个税递延型养老保险的方案正在酝酿和试点，房屋反向抵押业已推动，相关后续政策应迅速跟进；在巨灾领域，政府和相关部分应携手推进巨灾管理体系框架的建立，财政补贴和税收安排都需要明朗化，这样才能让保险行业愿意参与其中。

（二）加强诚信建设，提升保险业行业形象

诚信是一项隐性的社会资本，它对保险业的发展至关重要。对于保险公司来说，建立规范化的承保理赔系统，促进承保理赔流程科学

化、程序化可以增加公司效率和信心，减少无故的拒赔和过于惜赔现象。对于从业人员来说，不论是高管还是基层员工，都必须接受诚信意识和爱岗敬业意识的培训，认识到保险行业的本质和行业信誉的意义。

而对于保险代理人的管理更为重要，首先，代理人准入门槛应该予以提高，对于销售不同保险产品的代理人，要求的能力水平和知识结构应该有所不同；其次，当代理人进入公司后，全面系统的培训不可或缺，这可以培育职业道德，提高整体素质；再次，代理人的法律权利和经济利益需要被保证，入职前签订劳动合同，入职后提供各项基本社会保障都是公司的义务；最后，我国保险营销员的管理体制应当予以改革，现行体制层级太多，不利于激励下层人员，销售层级扁平化应当是未来的体制改革方向。

对保险行业客户，我们也应当严格对其诚信的要求。一方面，公司和行业应当逐渐建立针对保险客户的信用评价体系，记录客户的信用情况，全国联网共享信用资源，对于出现道德风险有不良信用记录的客户，应当有失信惩戒机制，在全行业提高保费或予以拒保。另一方面，公司要完善数据库信息，掌握客户和保单相关的资料，这样可以增强信息的透明度，减少不对称性，从根本上减少了道德风险和逆选择的可能性。

（三）培育创新意识，改善产品设计方式和公司管理模式

创新不是天马行空的想象，它首先要求保险机构要深入市场，全面了解客户需求，精确定位客户群，然后产品开发部门应当设计特色化产品以便贴合客户需求，实现专业化运作，精确为产品定价，同时，公司需要开拓视野，向国际市场学习，打开新的产品开发渠道和宣传销售方式。

在公司管理模式上，企业应当引进各方面的专业化人才，如信息工程师、软件开发师、精算师等，公司的管理形式需要被规范，而风险控制机制，内部审查机制也需要被完善，一个从上到下覆盖公司的管理网络应当被逐渐建立起来。在管控公司治理风险上，企业应当优化股权结构，实现股权结构多元化，同时规范公司股东大会，董事会管理层的架构和权责，可以完善独立董事制度，提高业务和财务透明

度，加强信息披露等，监管部门也应当加强对此方面的监管力度。

（四）健全市场主体，推动行业市场化进程

在推动市场化进程方面，我国保险业应着力推进两方面建设，一是市场主体应当更多元化；二是市场化机制应当加以完善。就市场主体来说，直保公司应当不仅仅有综合型的股份制公司这一种形式，专业性保险公司、合作保险、互助保险都可以在市场上发挥重要作用，而保险市场也不能只倚重直保公司，再保公司、资管公司、保险中介都是市场的重要力量。监管部门应当继续加强对保险中介的整顿和管理，促进中介机构规范化运行。就完善市场机制来说，保险业市场化一直在不断前行，但市场的准入退出机制需要更加自由，且各公司竞争的核心措施——费率制定也应该全面推向市场化，只有如此，保险企业可持续发展之路才能更加平坦通畅。

第二节　中国保险业包容性增长的思考

“包容性增长”这个概念最早由亚洲开发银行在2007年提出，并由亚行、世行（也包括经合组织OECD和联合国UN）等国际组织确定，它表示一种全面协调可持续的发展方式，而中国近年来的改革与实践不断为包容性增长注入新的内涵。本节首先将给出包容性增长的定义并介绍学界的相关研究，接下来会借鉴前人成果，阐述保险业包容性增长的含义，最后我们将站在国际比较的视角，展现我国保险业包容性增长的发展程度，找出与世界发达国家的差距所在。

一、“包容性增长”的含义

亚洲开发银行在21世纪之初就较早地给出了1997年英国的“国际发展白皮书”所提出的“益贫式增长”概念的定义，在此基础上，亚行于2007年8月率先提出了“包容性增长”（inclusive growth）的理念，世界银行在其后的2008年发表了《增长报告：可持续增长和包容性发展的战略》，进一步明确提出了要维持长期及包容性增长，并相信通过建立包容性，确保增长效益为大众所广泛共享。我国也是“包容性增长”的倡导者和实践者，近年来，“包容性增长”一语两次出现在时任总书记胡锦涛的正式讲话中，他提出并阐述了在我国实现包容性增长的必要性与可能性。一般来说，“包容性增长”是对一国或对一地区经济、社会、文化协调发展的全局性要求，联合国开发计划署将包容性增长视为一种伴随经济增长的过程，不断减少收入不平等、机会不均等、得到穷人广泛的经济、政治参与，从而实现利益共享的增长。经过各国学者十多年的共同努力，包容性增长的相关研究成果也逐步出现并不断得到丰富①。

（一）国外研究成果

Rauniyar 和 Kanbur（2010）整合亚行的研究成果，将包容性增长定义为不平等减少的增长。Ali 和 Son（2007）将包容性增长定义为一种在社会机会上的“益贫式增长”。他们试图将个人收入与个人劳动社会机会的分配建立相关性分析框架，其结论是当社会机会向低收入者倾斜时，包容性增长便随之产生了。而他们所给出的包容性增长的定义，重点强调非收入因素增长（如教育、医疗等），对个人收入的正相关影响。在此基础上，Ali 和 Zhuang（2007）、Zhuang 和 Ali（2009）将包容性增长定义为“一种能促进机会增加且机会平等获得的增长”。这种增长能使得所有社会成员更平等地参与并对经济增长过程有所贡献。该定义的核心之处在于，不是将穷人只视为经济增长的受益者，而是将穷人视为经济增长的参与者和贡献者。

（二）国内研究成果

徐锋（2010）认为，从中国目前的现实环境剖析，包容性增长的提出更有其现实针对性，我国贫富差距逐渐拉大，基尼系数超过警戒线，地区发展不平衡，城乡差距日益拉大，劳动者权益保护不尽如人意，存在诸多掣肘，生态和环境保护不容乐观，从而在一些领域和地

① 以下内容参见国内学者已有的综述类研究成果，引自刘嬿娥，李允务，易华. 包容性增长研究述评[J]. 经济学动态. 2011（2）：96-99。王新建，唐灵魁. 包容性增长研究综述[J]. 管理学刊. 2011（2）：P26-31。钱凯. 包容性增长的观点综述[J]. 经济研究参考. 2011（4）：38-46 等文。

方引发社会问题。梁煜捧（2010）认为，“包容性增长”的含义主要有以下几点：第一，表明中国的一贯立场，就是在世界经济交往中坚持“求同存异”的原则；第二，表明中国的基本态度，就是在世界经济交往中应该坚持扶弱济贫、共同发展的原则；第三，表明中国的“加入WTO”理念，就是在世界经济交往中应该坚持人类文明成果互学互用、共建共享的原则。周建军（2010）指出，胡锦涛同志关于实现包容性增长，根本目的是让经济全球化和经济发展成果惠及所有国家和地区、惠及所有人群，在可持续发展中实现经济社会协调发展的论述，阐明了实现包容性增长的重要意义。

二、保险业“包容性增长”的含义

“包容性增长”本来是一个比较宏观的概念，用来描述一国或一地区整体的经济社会发展模式，但其同时具有一般适用性，也可用在微观经济领域和具体的行业内部。国内关于保险行业包容性增长的研究不多，具有代表性的有：邵增兵（2010）界定了什么是保险业的包容性增长以及如何实现保险业的包容性增长的问题，他认为保险业的包容性增长是可持续增长、均衡增长、与经济社会相协调的和谐增长，他强调，想要实现保险业的包容性增长，一是要注重集约经营和内涵式增长，从关注规模和速度转变到注重质量和效益上来；二是要规范竞争，实现行业发展的均衡性；三是要发挥社会职能，实现行业增长与经济社会发展的和谐统一。陈浩等（2012）认为保险业包容性增长的内涵就是区域协调、行业和谐、可持续增长和与经济社会发展相统一，他指出了中国保险行业当下面临的诸如区域发展不平衡、经济贡献增长缓慢和风险保障不够完善等问题，还提出了一系列建议。孙武军（2013）论证了维护消费者权益对促进保险业包容性增长的重要作用，并提出了通过完善与消费者权益保护相关的法律法规、设立专门的消费者权益保护机构和加强行业自律等方式强化对保险业消费者的保护，从而进一步推动保险业健康发展。

我国前保监会主席吴定富在 2010 年指出了我国保险业目前存在

的问题，提出我国保险业应当向“内涵式增长、差异化竞争、和谐利用资源、提升综合协调发展能力”四个方向转变，应处理好“承保业务和投资业务、保险市场和农村市场、保障型产品和理财型产品”等方面的关系，这不妨可以看作对我国保险业包容性增长的内涵定义。

三、保险业“包容性增长”发展程度的国际化比较

结合以上定义，我们选取三个指标来衡量保险业“包容性增长”发展程度，一是保险业与经济增长和金融业发展的互动关系，用来衡量保险业与区域经济社会环境的协调程度；二是保险市场特别是寿险市场的险种结构，用来展现保障性险种和理财型险种的平衡情况；三是保险业发展的地区差异状况，用来体现一国保险业发展是否建立在区域平衡的基础之上。

（一）保险业与经济增长和金融业发展的互动关系

1. 保险业与地区经济增长

地区经济发展对保险业具有显而易见的促进作用，这一点在各国学者的研究中都得到了证实。Enz（2000）提出用 logistic 函数模拟保险深度与人均产出之间的关系，认为随着人均 GDP 的不断增加，保险深度会趋于稳定，并分析了其他影响保险需求的原因；宾斯托等（Beenstock，Dickinson 和 Khajuria，1988）通过对 1970—1981 年 12 个国家的截面数据进行分析，验证了人均财产与责任险保费与人均 GDP 呈非线性关系这一假说。沃德等（Ward 和 Zurbruegg，2000）运用 VAR 误差修正模型，对 9 个 OECD 国家 1961—1996 年间的实际年度 GDP 数据和保费总量数据进行了协整分析和因果检验，结果发现其中有些国家的保险业是经济增长的格兰杰原因，而另外一些国家则相反，经济发展与保险市场之间的相关关系在长期比在短期表现得更为显著。近年来，国内也开始越来越多地关注保险与经济发展之间的内在关系问题，研究结果大体上肯定了经济发展对保险发展的引导效应，如栾存存（2004）、徐为山和吴坚隽（2006）、肖志光（2007）、郑伟和刘永东（2007）等。

随着社会经济的发展，保险部门已经成为成熟经济体不可或缺的部分。从理论上来说，一个国家经济发达的重要标志是其具有健全的保险市场、保险业发展、保险深度与密度的增加，一是能让居民通过保险手段转移更多风险，特别是增强了居民对未来医疗、养老的信心，这会在一定程度上增加人们的当前消费，推动地区经济增长；二是增加的保费收入能汇集成大规模的保险资金，并通过保险公司的机构投资在一定程度上促进宏观经济发展；三是保险能够推动航运、空运等交通工具发展和基础设施建设，这都是地区经济发展和金融中心形成所必不可少的条件，正如 UNCTAD（1964）指出，“健全的保险市场和再保险市场是经济增长的主要特征”。学者以及监管组织从多个方面概括保险在经济中的作用，Skipper（1997）将此总结为以下七个方面：①提高金融系统稳定性，增强信心减少忧虑；②作为政府社会福利制度的补充；③促进贸易和商务；④提高储蓄，储蓄率越高经济增长越快；⑤保证风险得到更有效的管理；⑥鼓励损失分摊；⑦促进更有效的资本分配。基于以上定性分析，很多学者对保险与经济的互动关系进行了研究，取得了很多成果。很多文章通过实际数据验证保险发展与经济增长的关系英国学者 Maurice Kugler 和 Reza Ofroghi（2005）通过使用英国保险市场不同类型保险数据进行分割研究发现，保险市场发展是英国经济增长的促进因素；阿瑞纳（Arena，2008）通过对 56 个国家 1976 –2004 年间面板数据的分析，发现保险市场活动与经济增长之间存在因果关系，寿险对高收入国家的经济增长产生了显著的正面影响，非寿险则对高收入国家和发展中国家经济增长均产生了积极影响。而国内研究中，由于我国保险行业发展时间短、数据不足、受政策影响大等，很难发现保险业对经济增长是否有直接影响。

根据美国 NAIC 的统计数据，2008—2010 年美国保费总收入分别为 8028、7221、7202 亿美元，分别占相应年份 GDP 的 5.6%、5.1%、5.5%。而我国近几年保费收入占 GDP 的比重只有 3%左右。美国劳动部统计局（Bureau of Labor Statistics）的统计数据显示，2010 年居民消费支出结构中个体保险和生命保险以及养老金的支出（private insurance and Life insurance & pension fund expenses）占总支出的 12%

左右，可见美国的保险业在国民经济中的地位举足轻重。

2. 保险业与其他金融产业

随着经济发展和金融市场成熟，保险业在做好本业工作的同时，会不断涉足其他金融产业，开发金融产品，这在发达国家体现得尤为明显。在市场经济条件下，对利益的追求是产业发展的根本动力，金融行业尤其如此。随着经济发展和人民生活水平提高，闲置资金的投资需求被激发出来，这在推动金融服务业整体发展的同时，也激励各行业都涉足投资领域，开发投资型产品。以我国当前的保险业为例，投连险、万能险等具有投资功能的险种成为保费最重要的增长点，不同金融行业相似的金融产品（如投资型险种和银行的理财产品等）不免会产生竞争。奥崔文（Outreville，1990）利用 55 个发展中国家的截面数据，验证了保险发展与金融发展之间的正相关关系，并且这种关系随着金融深化而越加紧密；韦伯等（Webb et.al，2002）利用 1980—1996 年间 55 个世界主要国家的数据，发现保险业和银行业对经济发展都具有显著的推动作用；吴洪、赵桂芹（2010）采用 1996—2008 年我国省级区域动态面板数据，实证考察了保险和银行、证券之间的交互效应，得出银行和保险之间存在显著的替代关系，而保险与证券之间的替代或互补关系不显著的结论。由此可见我国金融市场的整体发展还不够完善，相信随着金融业的全面成熟，保险业会越来越多地参与到金融市场中去。

与此同时，在国际上，保险和其他金融业相互融合趋势明显，掌握大量资产的金融企业往往是一些大型的金融集团，这些金融集团横跨多个金融领域，通过混业经营赢得大量财富。以加拿大的“全能银行”为例，此种模式可以将金融业务完全整合，同一个机构内部同时经营多种金融服务，包括了存款、贷款、银行按揭、证券承销和买卖、共同基金运作、保险经营和投资咨询等，能够最大限度地实现客户资源共享，低成本地扩展各特定金融服务。而英国实行的是单一金融机构控股制，但金融机构可以适度涉足其他金融领域，以保险业为例，除了“银行保险人”这种传统的形式外，保险公司也可在一定程度上开展银行业务，管理居民的储蓄账户。就我国来说，近年来保险资金的投资渠道被逐步放宽，现在几乎已经完全放开，各大型、中型保险公司也纷纷成立自己的资产管理公司管理保险资产。

保险的基本功能是经济补偿，而随着保险资金的日益雄厚，它的资金融通功能开始显现出来。从保险公司角度来说，一是大规模的养老险保费收入等长期资金要求有合适的投资方式与其匹配（下图 3-9、3-10 给出了 2013 年中国和英国保险资金的投资情况，证明保险资金对资本市场有强烈需求），二是随着经济发展和社会进步，人们希望将巨灾风险等从前的不可保风险交由保险公司承担，而将巨灾风险证券化，让资本市场分散风险成了一个重要解决办法，总之，保险公司在呼唤着金融市场为其实现资金融通和分散风险服务。从资本市场角度来说，保险公司作为金融中介，其管理的资金规模着实诱人，比如英国保诚保险集团管理着总额超过 3510 亿英镑的资产，荷兰国际集团管理着超过 1.6 万亿美元的资产，其已成为资本市场上重要的机构投资者。与发达国家相比，中国保险业掌握的资产占比相对较低，在金融市场的话语权也有待增强。

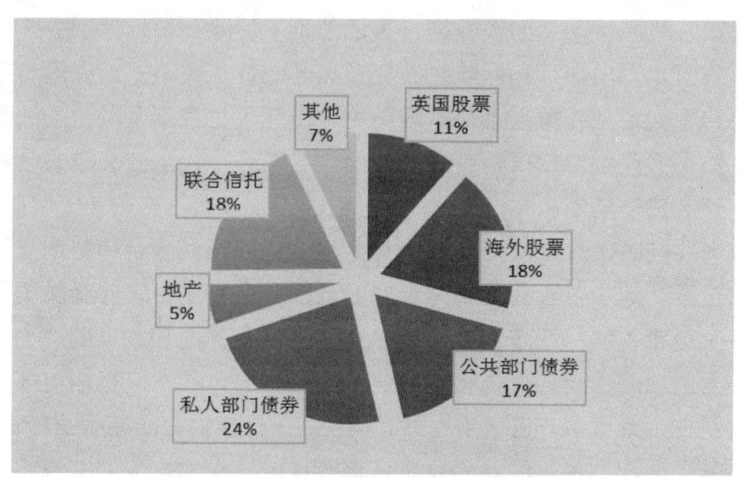

图 3-9　2013 年英国保险资产投资情况

数据来源：英国保险人协会。

https://www.abi.org.uk/～/media/Files/Documents/Publications/Public/2014/Key%20Facts/ABI%20Key%20Facts%202014.pdf.

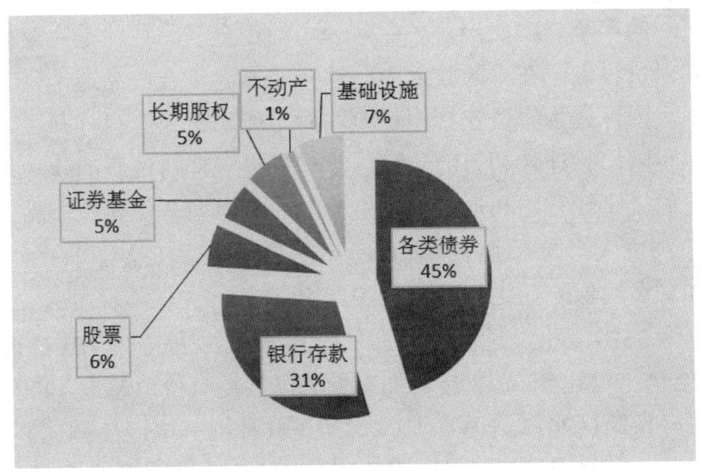

图 3-10　2013 年中国保险资产投资情况

数据来源：中国保险年鉴 2014。

（二）理财型产品和保障型产品的平衡关系

保障型产品的保费全部源自风险保障的成本，是保险本质的体现，能充分发挥“人人为我，我为人人”的互帮互助功能，而理财型产品中一大部分的保费是投保人交由保险公司打理的个人财产，会按合同约定由保险公司在未来向客户返还本金和利息，这和其他金融机构（如基金公司，银行等）的业务内容有高度相似性。由于保险业的理财产品通常以长期险种为主，如此一来保险公司可以通过长期投资获得不菲收益，所以我们将能体现行业理财型产品和保障型产品关系的领域聚焦在寿险市场上。

需要指明的是，国外很多国家商业养老保险的发展模式和我国差别较大，在这些国家的商业养老领域，保险公司往往和基金公司、银行等金融机构一道，共同分享全国居民的养老年金市场，这就使寿险公司的保费收入通常由一般寿险、意外险、健康保险和年金收入四部分构成，其中交由保险公司管理的年金资产势必属于理财型管理方式，要求资产达到保值增值的目的，而一般寿险中，万能险往往占据了相当比重，万能险也是一个颇具投资性的险种。而回归我国，寿险公司的保费收入通常由寿险、意外险和健康险三部分组成，我国目前尚未设立统一的年金资产账户，各保险公司的年金产品往往是完全自主设计，其保费收入记在寿险收入中，这样的养老年金产品通常具有投资性质，我国称之为投资连接型保险，而万能险在我国也打开了市场，因此在我国，投连险和万能险可以算作有投资理财性质的险种。接下来，我们就比较我国和加拿大保险业中的理财型与保障型产品。

1. 加拿大寿险行业中的保障型产品与投资型产品

加拿大的保险业比较发达，2011 年，加拿大保险深度为 7%，保险密度为 3529 美元，远高于世界平均水平，分别是同年中国的 2.3 倍和近 22 倍。截止到 2013 年，加拿大居民共拥有价值超过 40000 亿加元的人寿保险，2013 年底，加拿大居民共计拥有接近 1400 万张个人寿险保单。前文已经说过，加拿大寿险行业的保费收入由寿险、年金产品、健康险和意外险组成，其中年金产品和寿险中的万能险具有明显的投资理财性。

我们首先来看加拿大寿险、年金产品和健康险的总体保费情况，如以下图 3-11、3-12 所显示，50 年来，无论是寿险还是年金产品的保费收入金额都在不断增加。而寿险保费在当年总保费中占比在 1960 年到 2000 年间大幅下降，从 60%以上滑落到 20%左右，取而代之的是年金产品保费占比的迅速上升，从 16%上涨到 26%，自 2005 年以后，传统寿险和年金产品保费在当年寿险业保费收入占比分别稳定在 20%和 40%左右。2013 年，加拿大人支付了 172.4 亿加元用于购买传统寿险，占寿险公司总保费收入的 19%，这一比例在近十余年来保持稳定，同时，他们将 373 亿加元的养老年金交由保险公司托管，占当年寿险公司保费总收入的 40%，保险公司在帮助居民开设政府设定好的各类养老年金账户并综合运用多种投资手段，代为管理账户资产，年金产品中相当一部分享受政府的税收等政策优惠。

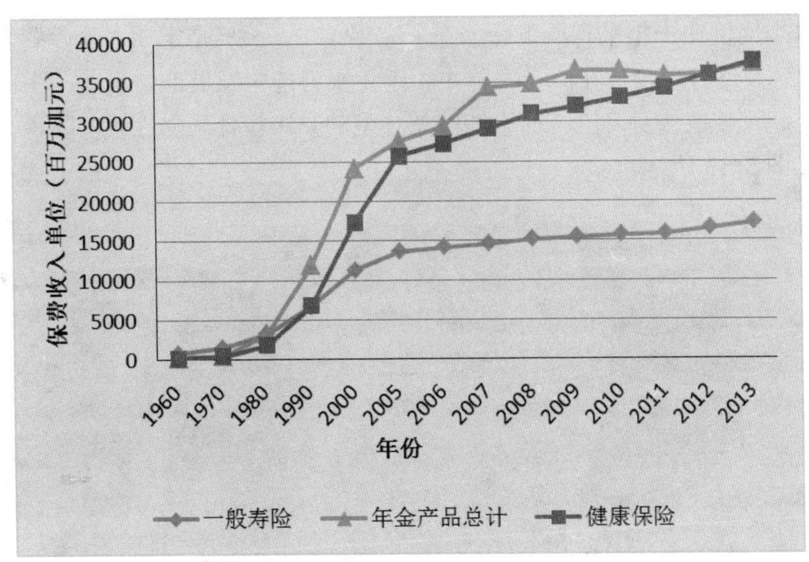

图 3-11　加拿大一般寿险、年金产品与健康保险保费收入情况

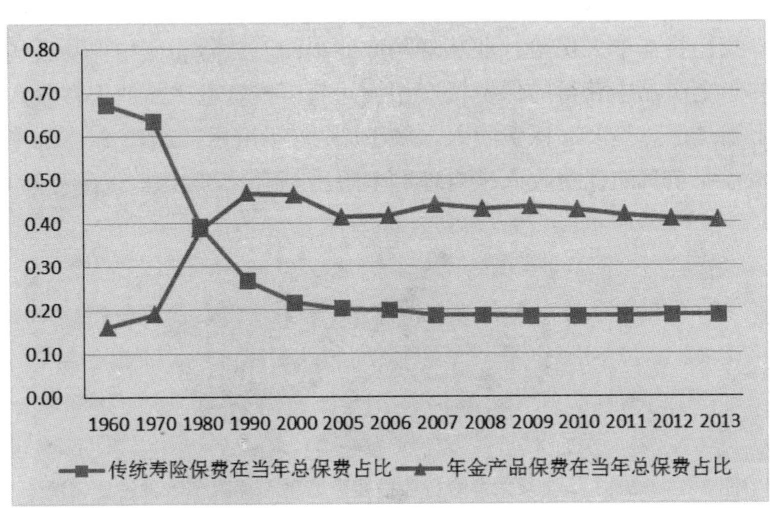

图 3-12　历年传统寿险与年金产品保费在当年寿险总保费中占比情况

数据来源：https://www.clhia.ca/。

我们再抛开年金领域，聚焦加拿大寿险产品中保障型和投资型的关系。2013 年，在加拿大个人寿险保单中，18%的保单是分红性质的，这个比例在十年来有所下降。在所有保单中，58%是定期寿险，剩余42%是终身寿险，在终身寿险中，近年来万能险发展非常迅速，占比已超过传统终身寿险，而万能险是典型的具有投资理财性质的险种，如图 3-13 所示。

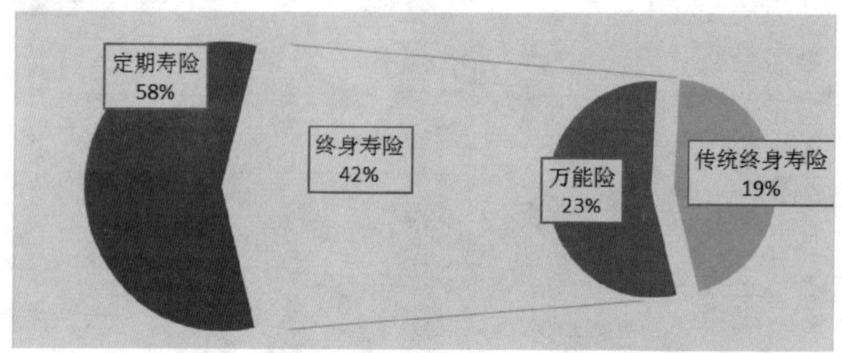

图 3-13　截止到 2013 年加拿大居民持有的不同类型寿险保单占比

数据来源：https://www.clhia.ca/。

我们将加拿大保险行业从寿险产品中的万能险和交由保险公司管理的年金产品中获得的保费资产相加，获得投资型产品的保费收入，余下则是保障型产品保费收入，如下图 3-14 所示，2013 年，加拿大寿险行业 45%的保费收入来自理财型险种，剩余 55%来自保障型险种。

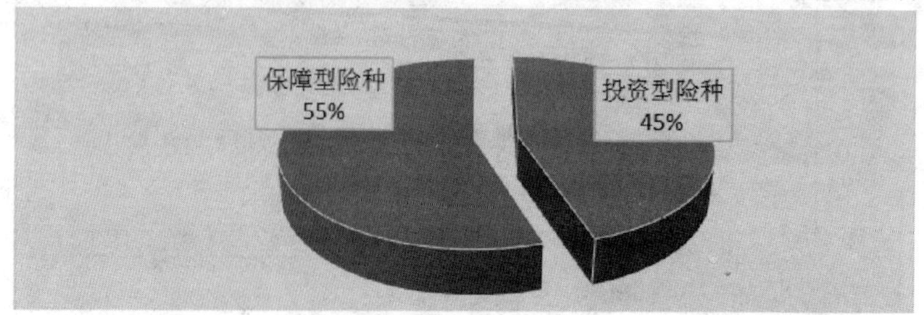

图 3-14　2013 年加拿大寿险行业投资型险种和保障型险种占比情况

数据来源：根据 https://www.clhia.ca/数据整理。

2. 我国寿险行业中的保障型产品与投资型产品

近年来，我国人身险行业业务结构稳步改善。一是产品总体结构优化，2013 年，长期发展缓慢的普通寿险增长提速，全年规模保费 1214

亿元，同比增长 26%；分红险保费 8240 亿元，同比增长 3%；万能险保费 2822 亿元，同比增长 82%，是驱动行业增长的产品动力，具体数据见下图 3-15 所示。二是新业务结构趋于优化。2013 年人身险新业务呈现两个“长期化”趋势：长期期缴业务占比提升，行业 10 年以上期缴业务占新单期缴业务比重达 29.4%，较上年末提升 5 个百分点；长期业务占比提升，七大公司保单期限 10 年以上新业务占比达 63.9%，较上年末提升 1.7 个百分点。新业务结构优化表明市场增长的稳定性和持续性有所提升。三是产品的保障功能进一步发挥，保障类业务较快增长。2013 年意外险、健康险和普通寿险增速分别为 19.5%、27.2% 和 26%，意外险和健康险增速连续三年高于总保费增速。

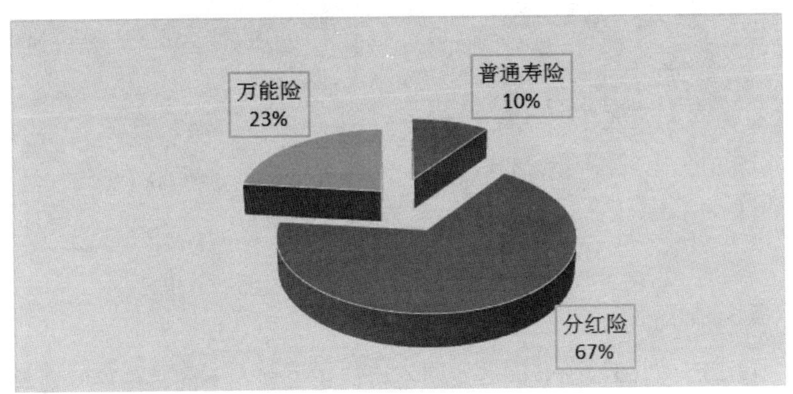

图 3-15　2013 年我国寿险保费中各险种占比

数据来源：中国保险年鉴 2014。

根据我国的数据，可以看到传统保障性质的普通寿险在全部寿险保费收入的占比只有 10%，和寿险业发达的其他国家相比，这一占比着实不算太高，即使在计算加拿大寿险行业投资型产品保费收入时加上年金产品收入，我国投资型保险产品占比仍然远高于加拿大。我国近些年也在不断促进保险产品“回归保障”，监管部门也多次提出要协调保障型产品和理财型产品关系，优化产品结构，想要实现保险业“包容性增长”，协调好险种内部和产品之间的关系、促进保险业发挥行业优势和特色服务客户都是至关重要的。

（三）我国保险业发展的区域协调关系

中国幅员辽阔，各地经济社会发展水平也有较大差异，因此我国不同地区保险业的发展程度呈现参差不齐的局面，这首先表现为东中西部保险业发展水平差异大。如下图 3-16 所示，2013 年，我国保险业六成保费收入来自东部，23%来自中部，剩余 18%来自西部，这与东部地区人口和资源集中，经济发展水平高关系密切，而西部地区整体经济社会发展环境落后于东部和中部，这极大地牵制了其保险业的发展。

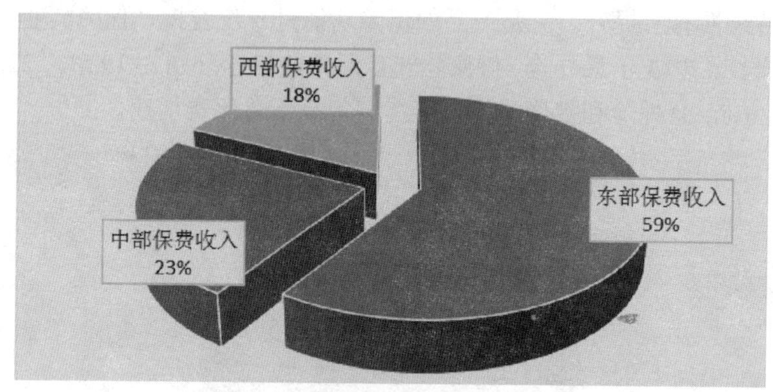

图 3-16　2013 年我国东中西部地区保费收入情况

数据来源：中国保险年鉴 2014。

其次，我国保险业区域发展不协调还表现在不同省份保险业发展程度差异较大，从保费收入来看，广东、江苏、山东三个人口和经济发展大省 2013 年保费收入居前三甲，且这一排名近几年来保持稳定，而北京作为我国政治经济中心，年保费收入也高达千亿元，位居全部省市的第四位。与之形成鲜明对比的是甘肃、贵州、宁夏、海南、青海和西藏六省，它们或是位于西部内陆，或是位于祖国南疆，年保费收入平均不足一百亿，和经济发达人口密集省份的保险发展程度差异之大不言而喻。从保险深度和密度来看，如下图 3-17、3-18 所示，两指标作为通行的用来衡量保险业发展程度的标准，在我国表现出了高度相关性，上海和北京两个直辖市作为第一集团军，无论在保险深度还是密度上都远超其他省市，仅保险密度一项就达到第三名天津的近 3 倍，与此同时，云南、青海、贵州、广西和西藏五省 2013 的保险深度与密度居全国末位。由此可以看出，直辖市和东部沿海省份的保险业展现出了强大的发展实力，内陆西部和边陲省份保险业欠发达，而且和发达地区的差距在不断拉大。

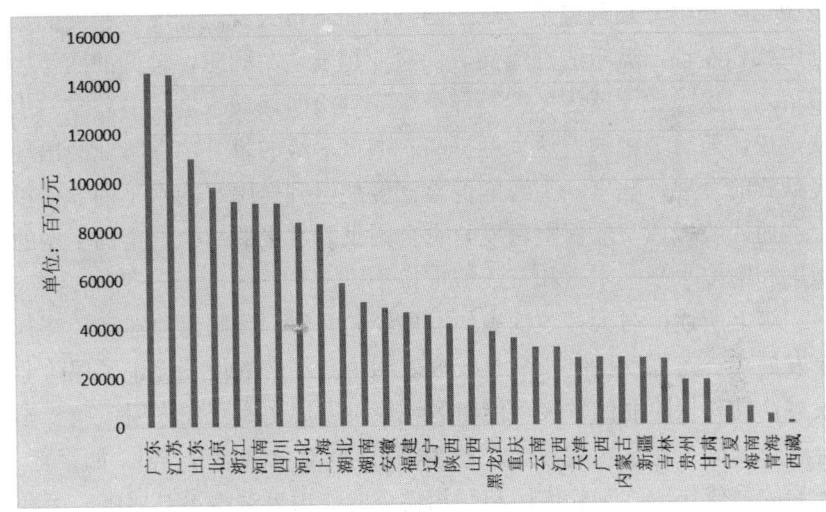

图 3-17　2013 年各省保费收入情况

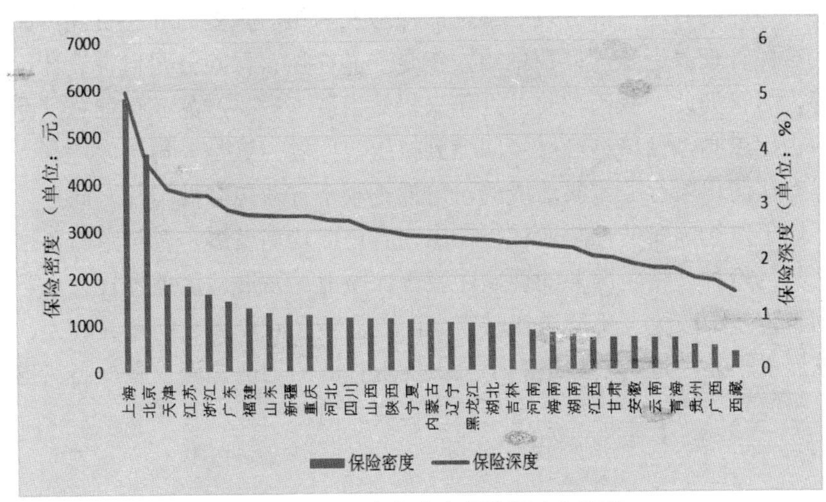

图 3-18　2013 年各省市保险深度和密度

数据来源：中国保险年鉴 2014。

最后，我国保险业区域发展不协调还体现在不同层级的城市之间发展不协调和城市地区和农村地区之间发展的不协调。以不同层级的城市为例，在下图 3-19、3-20 中，我们挑选了 8 个具有代表性的城市，在城市级别中分别隶属于一二三四线，在各市人身险深度和密度的数据中我们发现，城市级别越高，保险业越发达，同时，较低的两等级城市之间保险业发展程度的差异小于高等级两级城市之间的差异，也就是说，随着城市的发达程度提高、城市等级的攀升，保险业会出现飞跃式的发展，北京、上海的保险密度能达到全国平均水平的 5 倍以上，而四线城市一般保险密度只有全国平均水平的一半，全国平均的深度和密度水平基本上和三线城市持平。

综上所述，与大多数国家的发展经验一致，我国保险业和经济社会发展有一定互动机制，大量研究表明中国经济的增长促进了保险业发展，同时保险业的发展可能对区域经济发展也有正向作用，而我国金融市场尚未完全发展健全，这使得保险业对金融部分产业，如银行、证券的替代作用、互补作用和互相促进的作用表现得不甚明晰，而在金融保险市场发达的国家中，保险业往往在其中发挥着至关重要的功能。与此同时，一部分发达国家的保险业承担着重要的社会责任，如为居民管理养老金，而在中国，年金产品往往有保险公司自行设计运行，尽管如此，我国保险业近年来仍然出现了理财产品在行业总产品中占比过高，保障型产品空间受到挤压等问题，这是公司过度逐利，没有认清保险行业本质造成的，自然不利于行业包容性增长。此外，不同于发达国家的保险业往往在国内各地区均衡发展，甚至形成了地区特色险种、特色服务的现象，我国保险业的发展地区差异较大，不同省份差异较大、不同等级城市之间差异较大且城乡之间差异较大，发展水平差距过大自然不利于全国实现行业的均衡协调发展，当然也是想要实现保险业包容性增长亟待解决的问题。

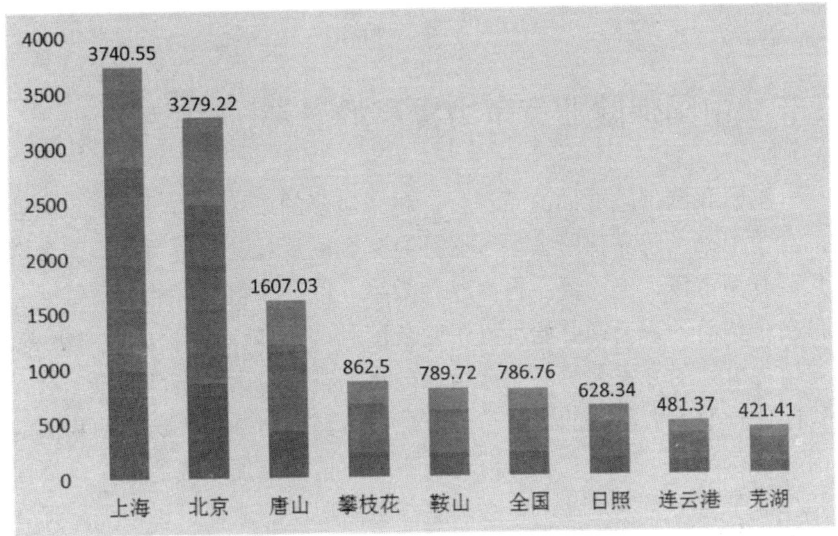

图 3-19　2013 年各市人身保险密度情况

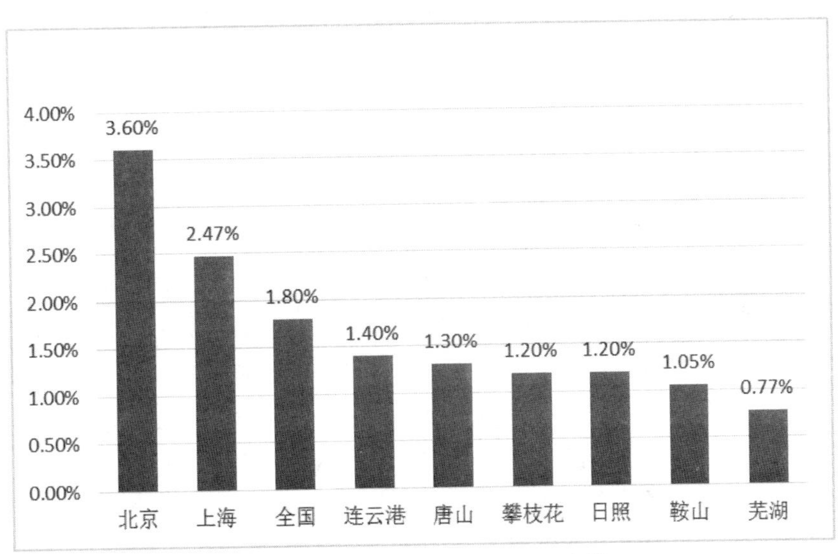

图 3-20　2013 年各市人身保险深度情况

数据来源：各省市 2013 年统计年鉴。

第三节　中国保险业竞争力提高的思考

随着我国保险业的改革深化，越来越多的市场主体投入到保险业的竞争中来，每家保险公司都必须时刻勤勤恳恳、如履薄冰地服务客户，开拓市场，努力提高自身经营效率，以期获得更好的公司绩效。早在十年前外资公司开始大批进驻我国时，业界就有人提出效率更高、竞争力更强的外资公司必然会给保险市场带来巨大冲击，而十年后，我国保险业绝大部分的市场份额仍然被本国公司掌握，这说明我国的保险公司具有一定的竞争力，而在市场化格局更加明晰的今天，公司要想继续拥有立足之地，就必须进行更深层次的改革，以便能增强竞争力，推动公司长久发展。本节中，我们会先阐述保险企业竞争力的定义，找出影响保险业发展的因素，最后指出增强我国保险业竞争力可以采用的方式和手段。

一、保险企业竞争力的含义和研究意义

（一）国外研究成果与保险业竞争力发展过程

从20世纪50年代到60年代，社会主义国家主要采用马克思主义的社会再分配来研究保险产业经济活动，强调保险业的国家财政功能；从20世纪60年代到80年代，欧美等市场经济国家奉行新古典经济学理论，多采用一般均衡理论研究保险产业经济活动；从20世纪80年代开始，由于信息经济学的兴起，研究领域集中在保险不确定性分析理论技术与精算技术领域，这些领域为保险业的科学发展和新型保险型金融衍生品的快速推出奠定了基础；从21世纪开始，现代保险已经不仅仅是一种经济补偿手段和社会再分配手段，风险管理与保险不再仅仅以物质财富为保障中心，而是已经开始转向以人的生存与发展、生活与生命质量提高为中心。随着经济全球化、经济金融化和金融自由化进程的不断加快，保险业从分业经营体制转向了混业经营制度，

也越来越多地涉足其他金融领域，和银行业与证券业不断融合，保险企业全能化、集团化，业务经营网络化，范围全球化，并购重组国际化趋势加快，保险业竞争激烈，跨国公司将规模、范围和速度经济高度融合起来，在重视业务规模不断增大的同时，更加注重稳健和效益经营。

国外研究保险公司竞争力的经典文献主要是通过相对效率和计量经济学中的多元回归来衡量保险公司的竞争力，具有代表性的文献主要包括：一方面，有学者研究了保险公司的组织形式对于经营效率的影响，如 Cummins 等（1999）；Cummins、Tennyson 和 Weiss（1999）研究了保险公司兼并和合并对于公司效率的影响。另一方面，Cummins 和 Weiss（1993）应用计量方法探讨了美国财险公司的竞争力，Yuengert（1993）运用混合正态伽马误差模型研究了美国寿险公司的竞争力。

（二）国内研究成果和保险业竞争力发展过程

我国对保险业功能和发展的研究起源于 20 世纪 90 年代，尽管当时受苏联国家保险理论影响，从主流理论到实务都一直强调保险的国家财政功能，但还是有部分学者从保险经济活动自身运动规律出发来研究保险的本质功能（刘茂山，1985），这些研究成果对中国后来保险业发展的商品化、市场化、国际化都具有重要影响。21 世纪初，保险理论研究主要集中在保险公司的企业化、保险业的市场化等方面，但是同时对保险产业发展问题也开始了研究，提出了有关调整保险产业，增加保险产品和服务差异化的保险业发展理论（江生忠，1997；魏华林、李开斌，2001；刘京生，2001 等）。前几年，保险理论开始对保险产业国际化和产业组织优化活动等问题进行研究，认为要提升中国保险业的发展竞争力，重要的途径之一是从产业组织角度及优化保险产业组织开始（江生忠，2003；刘茂山，2003；邵全权，2008），这些研究成果与政策主张从国家产业发展战略角度，从产业政策与制度上，对主动引导中国保险产业发展，提升竞争力，吸引外资公司和国外资本进驻中国保险业，是具有重要意义的。还有一些专家从具体的行业视角切入，分析提高竞争力应该采取的举措，比如林玉良在早期提出，对于中国人保来说，实行体制变革，尽快完成股份制改造，创建大型的金融集团以及大胆地进行管理创新，以实现内部运作机制的高效化、市场化是提升竞争力的关键；而钱红等强调，应该从保险公司的市场进入能力、声誉相关能力、功能相关能力、可靠保障能力四方面来培育中国保险公司的竞争力。

在对保险业竞争力的评价指标构建上，肖芸茹（1999）提出评价保险企业的指标体系主要在于评价保险企业的综合实力，认为评价保险企业综合实力的统计指标主要包括：保险企业自身综合实力的主要指标、行业之间评估的主要指标、宏观方面主要指标。施建祥、赵正堂（2003）认为指标体系是从量化的角度客观地考察保险企业的核心竞争力，该指标体系包括：市场开拓能力的评价指标（市场占有率、产品市场信誉度）、信息吸收能力的评价指标（市场调研投入强度、信息采集投入强度）、协调整合能力的评价指标（聚合力、员工培训投入率）、开发创新能力的评价指标（研究开发投入率、新险种开发率、新险种保费收入率）等。姚壬元（2004）认为构成保险公司竞争力的要素分为资源、能力和环境三类，资源要素是提高保险公司竞争力的基础保证，能力要素是提高保险公司竞争力的内部动力，而环境要素则为提高保险公司竞争力提供了外部条件。石新武（2004）将保险竞争力分为三个方面来进行评价：现实竞争力、潜在竞争力和环境竞争力，现实竞争力指标包括直接指标和间接指标两个方面，都是定量分析指标，潜在竞争力指标是定性分析指标，包括内部控制机制、经营管理能力、公司基础素质、保险业务创新和客户满意战略等。

（三）保险竞争力的内涵和研究意义

我们通常将保险竞争力定义为不同的保险经济实体，为了各自的经济利益，在保险市场上互相争夺胜利的一种活动，所谓保险竞争力，就是一个保险行为主体与其他保险行为主体争夺保险资源的能力。它既指某一保险产品的竞争力，也指某一保险产品的竞争力，还可以指保险行业竞争力和保险业的国际竞争力，同时，保险业竞争力还可以认为是指一国保险业在开放的市场经济条件下，经受国内和国际保险竞争考验的提供保险服务产品的经济能力。在开放的市场经济条件下，国际保险市场上保险竞争力就体现在既能够提供优质低价的保险服务产品，同时又能改善本国人民的生活福利。这种竞争力是相对于国际保险市场上竞争对手所表现出来的生产能力和可持续发展能力而言的。

研究保险业竞争力对我国保险业发展具有重大意义，我国保险业自恢复以来，经过近 30 年的发展，从垄断走向竞争，从国内局部竞争走向国内全面竞争，并又从国内竞争走向国际竞争。随着中国保险业的全面对外开放，国外保险机构进入中国保险市场络绎不绝，这对我国保险业发展产生了巨大压力，因此，有必要客观评价中国保险业的竞争力，引导我国企业在竞争中处于有利地位。同时，在经济新常态化发展的背景下，在当下的中国保险市场，新的保险需求也不断涌现，保险产品快速增加，保险创新过程得到发扬，特别是近年来投资型险种发展迅速，保险的资金融通功能得到加强，与此同时，行业要牢记保险的基本职能，发挥经济补偿的作用，保障社会再生产的持续进行和人民生活的安定，这才是找准自身定位，增强市场竞争力的行为。

二、影响我国保险行业竞争力的微观指标

众多因素都会对保险业行业竞争力产生影响，宏观影响因素包括国家或地区的整体经济社会发展水平、政府政策支持、相关产业带动等，影响产业竞争力的宏观因素与促进保险业可持续发展和包容性增长的宏观因素有诸多相似性，这里就不展开描述。下面我们将给出影响或者衡量我国保险行业竞争力的微观指标，并分析我国保险企业的竞争力达到何种程度。

根据指标体系设置的基础理论，综合保险业的特征和功能，我们认为我国保险业竞争力诊断指标体系应包括现实竞争力和潜在竞争力两大方面的内容。之所以这样设置，是因为保险公司负债经营的特点和保险保障这一特殊产品的社会公益属性。一方面，保险公司的业务流程表现为收取保费在先，当损失发生时进行赔付在后，如果保险公司为了当期的竞争力提高而选择不注重承保业务质量的展业方式，对于保险公司未来的发展会导致毁灭性打击；另一方面，保险行业是关系到国计民生的重要金融领域，保险产品因具有一定的公共产品属性

而具备了一定的社会公益性，在我国保险业发展当前阶段，从国家金融安全角度考察更要注重其当前与未来发展的协调。鉴于此，本书将我国保险公司的竞争力分为现实竞争力与潜在竞争力。具体来说，现实竞争力指标体系是一个时间剖面的显性指标集，它是公司过去影响竞争力的因素长期作用的结果。潜在竞争力则代表了在某个时间点保险业内部影响未来竞争力的隐性指标集，它是公司现实影响竞争力的因素作用的结果。因此，现实竞争力和潜在竞争力缺少任何一个方面都是不完全的。

（一）保险公司现实竞争力诊断指标体系

1. 反映保险公司盈利能力的指标

反映保险公司盈利能力的指标主要包括四项：（1）资产利润率反映的是保险公司资产的盈利能力，也可以反映出保险公司的资源配置效率。（2）净资产收益率反映的是保险公司资产运作水平的高低。一般认为，净资产收益率越高，保险公司自有资本获取收益能力越强，运营效率越好。该指标是评价保险业自有资本及其积累获取报酬水平最具代表性与综合性的指标。（3）保费收入利润率反映的是保险公司的承保效益及发展潜力。（4）人均利润率反映的是保险公司经营效益的相对指标。

2. 反映偿付能力的指标

反映偿付能力的指标有七项：（1）偿付能力定义为实际资产减去实际负债，实际资产为总资产减去非认可资产，实际负债为总资产减去实收资本金、资本公积、盈余公积、未分配利润后的余额。（2）资产负债率的大小反映了保险公司偿债能力的高低，相对于负债来说，资产越多，保险公司的偿债能力越强。（3）资本充足率指标反映保险公司的抗风险能力，保险公司资本金不足不仅会严重影响保险公司的承保能力和偿付能力，而且还会严重削弱保险公司的竞争力，因此资本充足率越高，表明公司的抗风险能力越强，竞争力越强。（4）准备金提取率的高低反映了保险公司经营的稳健性，准备金越充足，保险公司的经营状况越稳健。（5）肯尼系数，在其计算中包括的资本金也即总准备金，是影响保险公司偿付能力最重要的因素。保险公司的经营规模必须与其实际资本金相适应。资本金越大，其承保能力和偿付能力才越强，才能承保更多的业务，承担较大的风险。（6）非认可资产比是反映资产质量的一个重要指标，它测试出保险公司低效率投资的比重，从而也体现了保险公司实际具有的最终偿债能力。我国保险法律法规未对非认可资产的比例做出确切的规定，美国保险监督协会NAIC 规定寿险公司该项指标应小于 10%。（7）流动比率是指保险公司能迅速变现的流动资产占准备金总额的比例，反映了保险公司的短期偿付能力。通常流动性比率应不低于 1。

3. 反映规模及市场占有能力的指标

反映规模和市场占有能力的指标有三项：（1）市场占有率反映该公司的产能、保险产品的竞争能力和保险公司对市场的控制能力。指标数值越大，表明公司保费收入的市场份额越大，公司在市场中越占优势地位。（2）保费收入水平是指保险公司的全部收入，代表了保险公司的业务规模。（3）资产总额是指占有和使用资产的数量，代表了保险公司经营的物质基础，是竞争实力的体现。

4. 反映经营能力的指标

反映经营能力的指标有四项：（1）资金运用率定义反映公司的资金运用程度。目前保险投资已成为保险业的支柱，使保险公司的资金得到有效利用，加快资金积累，是提高保险公司偿付能力和竞争力的重要途径。（2）投资收益率是反映保险公司资金管理水平和资金运用效益的重要指标。保险公司的资金运用率及投资收益率决定着保险公司竞争力的强弱。（3）退保率反映了在保单承保的初期会发生大量的费用支出，退保会使期初的费用无法摊回，造成费用净损失。另外，退保的发生容易影响保险公司现金流的稳定性，大规模的退保还可能引起保险公司的信用危机，从而影响到保险公司的竞争力。（4）赔付率是考核非寿险和短期人身险业务质量、反映承保政策的重要指标。赔付率越高，公司盈利越低，竞争力越弱。

（二）保险公司潜在竞争力诊断指标体系

1. 反映潜在发展能力的指标

反映潜在发展能力的指标有四项：（1）总资产增长率的高低反映

了保险公司的未来发展能力。总资产增长率越大，说明保险公司的可运用资金越多，承保能力越强。（2）承保能力剩余反映了保险资源的利用程度和承保潜力。实收资本加公积金总和的四倍是保险公司的自留保费的最大限度，在限度内可以充分地利用保险资源。自留保费太少，说明资源浪费，承保潜力较大；自留保费太多，说明风险过大。（3）保费收入是保险公司组织经济补偿和给付活动的前提，保费收入增长率越高，表明公司的持续发展能力越强。（4）员工培训投入率反映的是保险公司在员工培训方面的投入力度，它直接影响企业员工素质的提高和保险公司的发展潜力。

2. 反映开发创新能力的指标

反映开发创新能力的指标有三项：（1）研究开发投入率反映保险公司用于新险种开发和公司技术手段提升的费用，同时也反映了公司对新产品开发的重视程度和对市场的开拓能力，直接影响新险种的开发速度和经营技术水平的提高。（2）新险种开发率反映保险公司新险种开发能力。（3）新险种保费收入率反映保险公司新险种开发的成效，比率越高，说明新险种为公司带来的保险费越多，新险种开发对公司的贡献越大。保险公司现实竞争力和潜在竞争力诊断指标体系一起共同构成了保险公司竞争力诊断指标体系，二者缺一不可。但是根据我国当前保险市场发展水平与保险公司成长情况以及数据的可获得情况，在计算综合竞争力时并不是所有的指标都会涉及。

（三）学者通过这一系列指标测算的各公司竞争力情况

在构建出的这一系列保险企业竞争力的微观评价指标基础上，王成辉、江生忠（2006）利用我国2004年保险市场的发展数据，采用因子分析法，计算市场上每一个参与经营活动的公司（包括中资、外资、大型公司、中小型公司）每一个指标的因子得分数，并区分产寿险就各公司的竞争力综合得分进行了排名。

就财险公司来看，小公司三星和三井排得相当靠前，以保费增长速度著称的中华联合反而落后，究其原因，是因为我国财险市场已经习惯使用保费收入这一单一指标来衡量财险公司的竞争力，采用因子分析方法对我国财险公司进行评分和排名由于方法本身的特点，很多反映绝对规模的因素已经被弱化了，而且作为一个竞争力评价系统，在因子分析过程中已经对不同的因素赋予不同的权重，人保的地位依然第一，但是支撑其第一位置的并不是其五方面的综合竞争力，而仅仅是由于规模和市场占有因子的得分实在太高，而反观综合竞争力排名中的小财险公司，可以看出，其经营效益良好，五项竞争力结构呈现出与人保截然相反的局面。

就寿险公司来看，因子分析结果将我国现有寿险公司分为三类，中国人寿以其独特的竞争优势遥遥领先；在我国已经营数年的外资寿险公司、合资寿险公司及成立时间较早的一些中资寿险公司位于中间；部分新成立的外资寿险公司、合资寿险公司及极个别长期展业的中资公司位于末尾。中国人寿以规模因子为主的竞争力结构占到第一的位置，这说明当前寿险市场仍不能回避规模的重要性。几家外资寿险公司凭借其稳健的经营和盈利状况的因子排名也很靠前，这点充分说明，外资寿险公司与合资寿险公司更加注重经营的稳健性。太平洋人寿和泰康人寿等公司则因为考察综合竞争能力而排名靠后，说明应该继续改变现有经营思路，更加注重经营效益。在因子分析结果中还有一点需要指出，排名靠后的寿险公司原因并不相同，考察友邦与新华，可以推断出友邦的落后更多是由于规模较小，而新华的落后可能是由于经营效果不良。

三、促进我国保险企业竞争力提高的方法

我国近年来保险业有了长足进步，随着保险意识越来越深入人心，保险公司也在慢慢规范着自身的经营和管理，保险业的整体竞争力增强，本部分将从完善保险企业组织形式、加强公司内部制度建设和优化保险资金运用方式三个方面探讨增强我国保险业企业竞争力的途径。

（一）完善保险企业组织形式

1. 完善保险企业组织形式的意义

保险企业组织作为生产要素中的“组织”要素，在保险企业中发挥着革命性的作用，保险组织形态的变迁在一定程度上也影响着保险

市场结构、市场行为及市场绩效。从各国保险的历史来看，每一次新的保险组织的出现，都使得在一定时期保险公司的数量增加，市场集中度有所降低。以美国为例，相互制保险公司因为其没有资本金的要求而大大降低了保险公司的进入门槛，新的保险公司的成立相对容易，但近几年来，相互制保险公司的数目有所减少，垄断程度有所提高。从国外保险市场的发展历程看，多种多样的公司组织形式能起到活跃市场、丰富险种、减少垄断的积极作用，还能够有效地解决保险公司与客户信息不对称的问题，提供其他类型公司不愿提供的产品。

就中国保险业来说，目前市场属于快速发展、迅速扩张的时期，市场主体种类和数量迅速增加，资本结构多样化，但如前文所述，和保险业发达的国家和地区相比，我国保险市场仍不够多样化，这一是体现在保险产品的同质化严重，缺少创新性；二是体现在保险中介市场依然有待发展和规范；三是体现在保险企业类型比较单一，我国市场上只有一家相互制保险公司——阳光相互农业保险公司，股份公司占据了绝对地位，集团化公司数量增长快但发展空间仍旧很大。为此，我们提出保险业如下的组织形式完善方式。

2. 完善保险企业组织形式的措施

首先，从外部力量上看，国家应当营造有利于保险业组织形式创新的环境，出台相关的产业政策。我国应当加快将相互制保险纳入立法框架的步伐，同时完善对保险金融集团的监管规定，目前，无论是《公司法》还是《保险法》，都还没给相互制保险公司赋予明晰的界定和合法的地位，法律冲突和缺位成为相互制保险合法化的最大障碍；同时，有关部门应当进一步完善建立保险金融集团的相关法律规定，使保险产业组织形式的进化能得到法律的实时监控。

其次，保险企业的市场退出机制需要被完善，保险企业组织形式的创新也存在着一定的风险，各种市场主体进入市场后，依靠市场机制的力量去实现优胜劣汰，这使得监管显得更加重要，尽管我国对保险市场上因经营不善等原因而退出的保险公司规定了退出市场的处理方法，但对保险公司存在的问题缺乏定性判断和科学的衡量方式，缺乏统一的市场退出程序。而完善的市场退出机制对于提高保险业的竞争力无疑具有重要意义，因为作为提供保障这一特殊产品的行业，保险业本身就承担了一定的社会责任，退出市场对公司承包人和社会的影响很大。在完善退出机制方面，保险保障基金或许能发挥很大作用，它是保险公司破产风险的保险人，保障基金的经营运作管理可将其运用市场化的方式，这样在保证保险机构平稳退出市场、保障被保险人利益的同时，促进保险产业的持续发展。

最后，从行业内部发展来看，市场主体的形式需要更加多元化，相互制保险公司可以进驻市场，同时，一些大型保险公司也可以加速其向保险金融集团的发展过程。我们以保险集团的建设为例，随着保险业的迅速发展，中国保险公司销售体系的维护和发展对业务多元化提出需求，保险企业集团化是中资保险公司迎接市场竞争的重要选择，是“做大做强”保险业的具体体现。在集团公司初期开拓新业务领域时，主要采取“内部成长”的策略，更多地依靠内部资源调配的方式实现业务多元化，因此这一阶段及集团倾向于采取紧密的管理方式，而随着结构的完善和业务的丰富，集团公司对子公司的管控手段将不断趋于股权管理，在未来进入综合金融发展阶段后，保险集团将更多地通过收购与合并的方式实现规模扩张，而随着“外部成长”的成分逐步扩大，保险集团将以更为直接的方式对其所属公司进行管理。

（二）加强保险企业内部制度建设

所谓内部制度是指保险企业的风险管理、公司治理以及内部控制制度，由于涉及保险企业内部的经营管理，因此统称为内部制度。这三项内部制度是相互联系、密不可分的，保险公司作为市场经营的主体，经营风险的过程就是价值创造的过程，保险企业通过进行与其他企业不同的风险管理体系可以获得差异化经营的竞争优势；而没有良好的公司治理结构和完善的公司内控机制，就不可能制定合理的企业战略目标，不能形成完善的风险管理的内部环境。因此在下文中，我们会分别介绍三项内部制度，说明他们的发展完善会以何种方式带来公司竞争力的提高。

1. 提升保险企业的全面风险管理能力

威廉姆斯和汉斯在《风险管理与保险》中写道：风险管理是通过

对风险的识别、衡量和控制，以最低的成本使风险所致的各种损失降到最低限度的管理方法。企业风险管理是管理过程的一个组成部分，其框架的要素都是管理层经营一个企业所要做的事。保险企业既是风险管理市场中风险管理工具的提供者，又是自身风险管理的承担者，这样一种双重任务的链接，使得对保险公司风险管理问题的研究必须放到更大的系统中去进行，以一种系统化、综合化的思想去进行。保险企业的风险管理科学近年来得到了较快发展，部分中国学者论述了保险业整合性风险管理的内容和发展（刘新立，2003；邓静，2006；陈晓峰，2006；孙蓉，2006），还有部分学者论述了保险企业全面风险管理的思想和发展（雷星晖，2002；郭景阳，2002）。

全面风险管理是指根据组织的整体目标，从所有的业务范围出发，对影响公司价值的众多风险因素进行辨识和评估，积极、超前和系统地理解、管理和交流风险，把公司面临的所有风险都纳入到一个有机的具有内在一致性的整体管理框架中。保险企业的全面风险管理系统在理论上可以界定为战略、流程、基础设施和环境的融合，其将保险企业各类风险以及承担这些风险的各个业务单位纳入到统一的管理体系中，最有效地整合企业的有效资源，达到风险和收益的最佳平衡，确保风险管理战略的实现。

首先我们来解答对保险企业进行全面的风险管理为何能提高保险公司的竞争力，这是因为保险公司在经营活动中具有诸多的特殊性，这些特殊性导致保险公司与一般公司的风险管理存在差异，只有正视这些差异，才能将公司各项风险予以发现和管控，也只有这样，公司才能在一个安全稳定的环境中健康发展，这无疑是有利于保险企业竞争力的提高。然后我们再看保险企业全面风险管理具有哪些特殊性：一是产品特殊，保险公司从事的经营活动不是一般的物质生产和交换活动，而是为社会提供保险保障的特殊活动；二是资本结构特殊，保险公司特别是寿险公司对被保险人所负债务期限可以达到几十年，保险公司这种高比例负债的资本结构和控制权掌握在股东手里可以会带来经典的股东——债权人代理问题，且作为主要债权人的被保险人极端分散；三是保险经营性质特殊，公司经营的好坏不仅关系股东利益，更关系广大被保险人的切身利益，且随着社会不断发展，风险造成的影响也越来越大；四是政府对保险业的管制很特殊，保险经营的公共性和社会性、保险交易存在的信息不对称性和不完全性以及保险发展存在的市场失灵与破坏性竞争等问题都需要对保险业实施严格的监管。

2. 完善保险企业的公司治理

狭义的公司治理，是指所有者对经营者的一种监督与制衡机制，即通过一种制度安排，合理地配置所有者与经营者之间的权利与责任关系，公司的治理目标是保证股东利益的最大化，防止经营者对所有者利益的背离，其主要特点是通过股东会、董事会、监事会及管理层所构成的公司治理结构的内部治理。广义的公司治理不局限于股东对经营者的制衡，还涉及了广泛的利益相关者，包括股东、债权人、供应商、雇员、政府和社区等与公司有利害关系的集团，公司治理是通过一套包括正式及非正式的制度来协调公司与所有利益相关者之间的利益关系，以保证公司决策的科学化，从而维护公司各方面的利益。

公司治理在金融机构领域的应用很快引起了保险业的广泛关注，2008 年 AIG 公司宣布破产，又再一次将公司治理的问题推到了风口浪尖。其实早在 2004 年，国际保险监督官协会就颁布了《保险公司治理结构核心原则》，既明确了保险公司治理结构的框架，也分别从人员配备、控制权变化与证券转让、内部控制等方面对保险公司治理结构做了系统阐述；2005 年，经济合作发展组织颁布了《保险公司治理结构指引》。在国内，完善保险公司的治理结构被广泛认同为保险业进一步深化体制改革的迫切要求，而且被认为是提升保险业竞争力的必由之路。

根据国外保险企业加强公司治理的经验，结合我国的保险业发展实践，本书提出对我国保险业加强公司治理的几项建议：一是应当优化股权结构，中国国有保险公司曾经存在严重的“一股独大”问题，而股权改制、引入战略投资者或民营资本能有利于改善不合理的股权结构；二是应当加强董事会和监事会建设，董事会是治理结构中的重点，董事会对保险公司的经营和行为负最终责任，中国的保险公司应当完善股东大会的选举权、董事会的任命权和监事会的监督权，只有这样才能促进公司治理结构的规范化明晰化；三是应当建立信息公开和激励约束机制，科学合理的激励和约束机制可以促进利益相关者利益最大化，也是完善公司治理的重要环节。

3. 加强保险公司的内部控制机制建设

内部控制是由董事会、管理当局和其他职员实施的一个过程，旨在为下列各类目标的实现提供合理保证，这些目标分别是：经营效果和效率、财务报告的可靠性、遵循适用的法律和法规。保险公司的内部控制是由董事会、经理层和全体员工共同建立并实施的，为实现公司经营管理目标、保证财务报告真实可靠、确保公司依法合规经营而提供合理保证的过程和机制。保险公司鲜明的经营特点和多样化的经营风险决定了其内部控制具有如下几个特点:内部控制建设的社会性、内部控制重点的多样性、内部控制活动的复杂性和内部控制成本的高昂性。

完善保险公司内控机制建设对提升保险企业的竞争力具有以下四点重要意义：一是可以提高公司财务会计和其他经营信息的可靠性与完成性，对于承保、理赔等保险业务信息来说，其真实性和完成性直接关系到后期业务的发展；二是能够保证国家法律、法规及政策的贯彻落实与执行,健全有效的内部控制可以对保险公司内部各职能部门、岗位、人员及各流转环节进行有效的监督和控制；三是能够保护公司资产的安全完整，健全完善的内部控制能够科学有效地监督和制约各项资产从购置到处置的各个环节，从而保证公司资产的安全可靠；四是能够保证经营的效率与效果，内控制度可以将各个部门的工作密切联系在一起，从而使各部门能够协调配合，充分发挥整体的作用。

（三）优化保险企业的资金运用

1. 保险业资金运用的含义和基本原则

我国国内对于保险的金融性质的研究始于 20 世纪 80 年代，主要围绕保险是否属于金融范畴，怎样认识其金融性质、如何发挥其金融作用等问题而展开。一些学者提出了保险的金融性质的内涵是指众多投保人以保险人为金融中介、以保险单为金融资产，运用金融市场机制，相互融通补偿资金，从而使被保险人的资产得到保障的一种特殊金融方式。在论证了保险的金融性质和融资职能的基础上，理论界普遍认为保险资金的运用是保险金融性质的具体表现，为了发挥中国保险业的金融职能，保险公司应直接运用保险基金，建立和完善保险资金运用体制，以扩大保险基金的积累，增加保险企业的盈利。

目前，国内学者对保险资金运用原则的具体表述虽然有所不同，但所反映的思想基本是一致的。首先，他们都强调保险资金运用的安全性、收益性和流动性三条原则，这三条原则事实上是所有资金运用的基本原则，反映的是资金及资金运用的共性，但由于保险资金自身的特殊性，三条原则的协调关系又有不同于其他类型资金运用的特点；其次，很多学者从保险资金来源的社会性及保险资金运用对社会经济生活的重大影响出发，认为保险资金运用要兼顾自身的经济利益和社会效率；最后，随着风险管理理论和实践的不断发展，很多学者也从企业财务和风险管理的角度，提出保险资金运用的匹配原则、多样化原则及分散化原则。

2. 优化保险业资金运用的方式

首先，保险资金的运用渠道需要进一步被拓宽，合理的保险投资结构应当被建立起来。中国的保险资金运用经历了一个曲折的发展过程，1995 年颁布的《保险法》规定保险资金运用仅限于银行存款、国债、金融债和国务院规定的其他资金运用方式，但随着保险市场的加速发展和保险业改革的深入，保险资金规模不断扩大，对增加投资渠道、分散投资风险提出了现实要求，而时至今日，对保险资金的投资渠道管制已接近全面放开，保险业需要紧跟新的形势，拓宽公司保险资金的运用渠道，同时优化投资结构，保障资金流动性、安全性的同时提高收益性。

其次，保险企业应当强化投资风险意识，健全保险资金运用风险管理机制。保险公司自身应当对资金运用过程中风险识别、评估、管理和控制的组织结构、制度安排和措施方法不断进行更新和细化，监管部门起到监督各保险公司建立风险防范机制的作用，有效防范和化解金融风险。

再次，保险资金集中化和专业化的运作模式应当被全面铺开，资金运用管理体制改革应不断深化。毕竟，建立保险资金集中化、专业化的运作模式是保险公司稳健经营的客观内在要求，也是防范投资风险的现实需要，更是国际保险业资产管理的通行做法。目前，大部分保险公司都建立了专门的资金运用部门和专业投资队伍，以集中管理和专业化运作为导向的保险资金运用体制初步形成。

最后，健全的监管法规应当被建立起来，保险资金运用应当被置于更有效的监管体系下。外部监管是确保资金安全、防范和化解保险资金运用风险的重要举措，保监会一直十分重视保险资金运用监管工作，并制定相应的管理办法，采取制度先行、严格监管、加强调控的监管政策，有效的监管体系的建立能在极大程度上促进保险资金运用的规范化，有利于行业竞争力的提高。

第四章

中国保险业发展模式的实证分析

第一节 实证研究的目的和基本框架

一、实证研究的目的

通过本书以上章节的分析，对于产业发展模式的理论进行了深入的探讨，对于产业发展模式的内涵做了准确的界定，并结合我国保险业产业发展的特征，从纵向和横向两个维度做了发展模式的阶段性分析，特别是在横向角度，以政策监管、公司、产品、渠道、资金运用为主线进行发展模式的阶段性划分，进一步深入了解和剖析我国保险业发展历程，对影响我国保险业发展的关键因素做了进一步的梳理。在此基础上，从保险业发展绩效、发展方式、发展路径三个层面和角度提出了我国保险业发展模式的选择的理论思考，对我国保险业发展模式的选择提供了有效的理论支撑。

按照当前的学术研究规范或者范式，理论研究和经营研究需要一定的实证研究作为支撑，通过详尽扎实的数据挖掘和分析，可以为理论分析和假说提供有效的验证，增强理论分析的说服力。基于此，本章在以上研究的基础上，运用多种计量、统计等分析工具，对我国保险业不同阶段下不同发展模式的效率及对经济发展的效用进行对比分析，以期得出我国保险业发展模式选择的标准，验证现阶段我国保险业发展模式是否适合，并对未来保险业发展模式的调整提供帮助。

二、基本研究框架

（一）保险业发展模式的确定

按照上文的界定，一个产业的发展模式是指随着产业整体的发展过程中，在其主要发展驱动力的作用下，所表现出来的发展特点和规律。按照市场需求、技术创新、自然资源、劳动力、制度、资本这六个产业驱动因素，根据不同产业发展模式的主要驱动因素不同，把产业发展模式分为要素驱动发展模式、创新驱动发展模式、市场（需求）驱动发展模式、制度（产业政策）驱动发展模式。在这里需要说明的是，要素驱动发展模式中的要素包括自然资源、劳动力、资本要素。

要素驱动发展模式的适用范围取决于对于要素内涵界定的范围，按照本书的界定而言，大部分实体行业在产业发展生命周期的初期甚至更长的时期都是要素驱动模式。例如，资源密集型产业：农业、采掘行业、石油行业等；劳动密集型行业：农业、林业及纺织、服装、玩具、皮革、家具等制造业；资本密集型行业：钢铁业、一般电子与通信设备制造业、运输设备制造业、石油化工、重型机械工业、电力工业。从另一个角度分析，非实体行业也需要生产要素的贡献，但从行业驱动力的层面出发，许多非实体行业的发展模式不能够被界定为要素驱动发展模式。即生产要素对于部分非实体行业并不是紧缺的，这些要素不足以影响和改变这个行业的发展特征及其形成的发展规律。

创新驱动型发展模式是产业持续发展的动力源泉。用数学方法的视角可以把创新看作一种构建新关系生产函数的过程，即打破原有的自变量和因变量关系，组建“新组合”，投入生产体系中，以提升生产效率。创新是一种“内在的因素”的变动，因而，经济发展、产业升级和产业结构变迁是“来自内部自身创造性的关于经济生活的一种变动”。引进新产品、运用新技术和开辟新市场是决定产业结构的重要因素，运用新技术和实现新组织是改变产业资本结构的基本因素，开辟新市场和使用新材料是决定贸易结构的决定性因素。[①]创新是每个行业持续向前发展所必须的要素，在所有的实体和非实体行业中均发挥着重要的作用，区别在于创新对于行业发展的重要性，一般而言，随着要素驱动能力的发挥和释放，边际效用递减规律表明了在现有的要素使用和组合模式和条件下，其驱动力会逐渐下降，在这样的产业发展阶段，创新的驱动力就逐渐展现和壮大起来。但是需要注意的是，创新驱动作用的发挥需要良好的创新环境和创新机制，这里面最为重要的是政府能否利用产业政策和制度安排创造出良好的创新环境和机制，保证创新的积极性并能够顺利地转为现实生产力。

市场（需求）驱动发展模式大多体现在一些新兴行业中，也就是随着一些需求的逐渐出现和显现，某一个行业逐渐形成或者发展壮大，例如，随着酒驾执法力度的加强以及人们安全意识的提高，代驾行业出现并逐渐壮大；城市机动车限号的实施，PP 租车这种车主对租客的个人租车平台成熟和壮大，等等。

制度（产业政策）驱动发展模式主要集中在国家干预程度较大，或者国家监管的行业，这些行业大多关系国家经济命脉或者与人民生活息息相关，其行业进入壁垒大多是由国家准入政策引起的。政府对产业发展模式的影响的重要途径就是通过制度安排。以诺斯为代表的新制度经济学派认为，对经济发展起决定作用的所谓制度因素，其中产权制度变迁的影响又是首要的。例如，我国的银行业、证券业、保险业都实施严格的准入制度，并由相关监管部门实施准入审批和相应的监管，这些行业发展模式的调整和转变基本上是由监管部门政策决定和引发的，在大的监管政策框架下，行业会逐渐形成相应的发展模式，具有明显的政策导向性。当然政策的出台可能和市场需求、要素

① 温茜茜. 中国产业发展模式研究[D]. 上海：复旦大学，2013。

调整、创新等因素有关，但是从最终表现上来看，这些行业基本可以被界定为制度（产业政策）驱动发展模式。

基于以上分析，这些行业发展驱动模式对于不同产业而言，在不同的发展阶段具有不同的驱动因素，从纵向来看，沿着时间先后顺序，产业发展受产业发展周期的影响，大致是以市场（需求）驱动型、要素驱动型和创新驱动型这样的先后顺序呈现出来。同时大多数行业会一直贯穿着制度（产业政策）的影响，部分行业可以被界定为制度（产业政策）驱动发展模式。按照这个思维，本书可以将行业发展模式的确定表述为：一个行业的发展模式是指在特定的发展阶段和外部环境下，那些能够对行业发展、行业结构有重大影响，足以改变行业发展规律和方向的要素以及这些要素推动行业改变和发展的作用机制所形成的一种系统性的影响机制或表现形式。

从产业驱动力的角度出发，我国的保险业发展的推动力，更多地应该是表现在产业政策方面，国家和监管政策的出台和调整带动了保险业的发展和转变。比如，产寿险分业经营、个人代理人制度的引进、资金运用政策的放开、农业保险保费补贴、健康险税优、相互制保险等。总结而言，就是我国保险业发展模式应该被界定为产业政策（制度）驱动发展模式。这一点在本书第二章中国保险业发展模式演变历程中有所阐述和体现，比如1958—1978年，随着社会主义三大改造的完成，国家保险制度基本建立，国家出台政策停办了保险业，仅仅保留极少部分的涉外保险业务，一直到改革开放以后恢复保险业，这一阶段我国保险业可以基本上是没有的，或者基本停滞不前，称之为保险业停滞阶段。1978—1991年，改革开放后，国家出台政策恢复商业保险，中国人民保险公司在各地恢复机构建设，同时1986年中国人民银行批准设立“新疆生产建设兵团农牧业保险公司”，专门经营新疆生产建设兵团农场内部的种养两业保险，1987年，中国人民银行批准交通银行及其分支机构设立保险部。1988年5月，平安保险公司在深圳蛇口成立。1991年，中国人民银行要求保险业与银行业分业经营、分业管理，批准交通银行在其保险部的基础上组建中国太平洋保险公司。将该阶段称之为快速恢复阶段。通过这两个阶段保险业发展的对比，可以明确地得出制度或者产业政策对于保险业发展的重大影响甚至可以称之为决定性作用。

（二）发展模式对比分析的阶段划分原则

1. 行业发展基本成型和稳定原则

分析一个行业的发展模式所带来的效率及其对经济的影响，首先需要保证这个行业是一个相对成型和健全的行业，其具有相对稳定的发展态势，即其具有相对良好的发展环境和市场环境。也就是说该行业具有分析其发展模式的价值，而不是一个明天就可能消失的行业。基于此，本章先排除掉 1949—1978 年这一保险业发展停滞的阶段，而且在这一阶段属于计划经济制度，保险业根本不具备生存和发展的可能，虽然上文已经表明保险业在这一阶段的发展情形在一个侧面验证了我国保险业的制度（产业政策）驱动发展模式。然后本书第二章已经将 1978—1991 年界定为中国保险业快速恢复阶段，所以该阶段也不符合行业发展成型和稳定原则，因此将该阶段排除在实证研究的样本选择范围之外。如图 4-1 所示，该图展现了我国保险业从开始恢复到现在整个保费收入发展情况，对于保险行业这样一个负债率相对较高和以金融资产为主的轻资产行业，保费收入虽然不能全面详尽地反映保险业的所有情况，但在很大程度上可以有效地代表我国保险业发展情形和态势。基于此，从该图看来，1980—1991 年基本反映了当时保险业恢复重建的阶段特征，整体处于较低水平，市场主体较少，保险需求较低，基本上以财产保险为主，人身保险发展较差，产寿险没有分业经营，没有专业的寿险公司。如图 4-2 所示，将数据时间缩短，进一步表明发展趋势，可以看出，在 1980 年到 1985 年恢复初期，发展较为缓慢，随着政策的稳定、人保机构的重建和人员的扩充，1985—1991 年保险业表现出了一个更高的发展态势，但整体上依然处于一个较低增速水平，特别是和以后个人代理人制度引进和产寿险分业经营相对比而言。所以数据表现也基本验证了上文的判断，将该阶段排除在保险业发展模式研究样本之外是可行和合理的。

表 4-1 中国保险业 1980—2014 发展情况数据统计表

年份	保费收入	人身保险保费收入	财产保险保费收入	保险业总资产
1980	4.6	–	–	–
1981	7.76	–	–	–
1982	10.3	–	–	–
1983	13.84	–	–	–
1984	19.91	–	–	–
1985	32.73	–	–	–
1986	50.5	–	–	–
1987	74.34	–	–	–
1988	100.74	–	–	–
1989	123.06	–	–	–
1990	148.59	–	–	–
1991	186.48	–	–	–
1992	248.48	–	–	–
1993	335.1	–	–	–
1994	428.06	–	–	–
1995	574.5	–	–	–
1996	771.48	324.24	452.73	
1997	1087.36	600.24	480.73	
1998	1247.3	682.7	499.6	2038.2
1999	1393.22	872.1	521.12	2724.2
2000	1595.9	997.5	598.4	3373.9
2001	2112.28	1424.04	688.24	4591.07
2002	3053.1	2274.8	778.3	6494.1
2003	3880.4	3011	869.4	9122.8
2004	4318.1	3228.2	1089.9	11853.6
2005	4928.4	3696.49	1231.91	15269.27
2006	5640.15	4130.1	1510.04	19700
2007	7033.4	5035.63	1997.77	29326.69
2008	9784.1	7447.39	2336.71	33418.44
2009	11137.3	8261.47	2875.83	40634.75
2010	14527.97	10632.33	3895.64	50481.61
2011	14339.25	9721.43	4617.82	60138.1
2012	15487.93	10157	5330.93	73545.73
2013	17222.24	11009.98	6212.26	82886.95
2014	20234.81	13031.44	7203.38	101591.47

资料来源：1981—2014 年保险年鉴和保监会网站统计数据。①

① 数据说明：中国保险业原来监管都隶属于人民银行，中国保险监督管理委员会是 1998 年成立的，自此才开始有正规的保险数据统计，所以 1980—1996 年的数据相对缺失，整理得不够完善，只是整理了一个 1980—1996 年整体大概的历史数据，所以出现了缺失部分。而且是 1996 年开始分业经营的，所以自 1996 年才有了正式的分业经营数据。

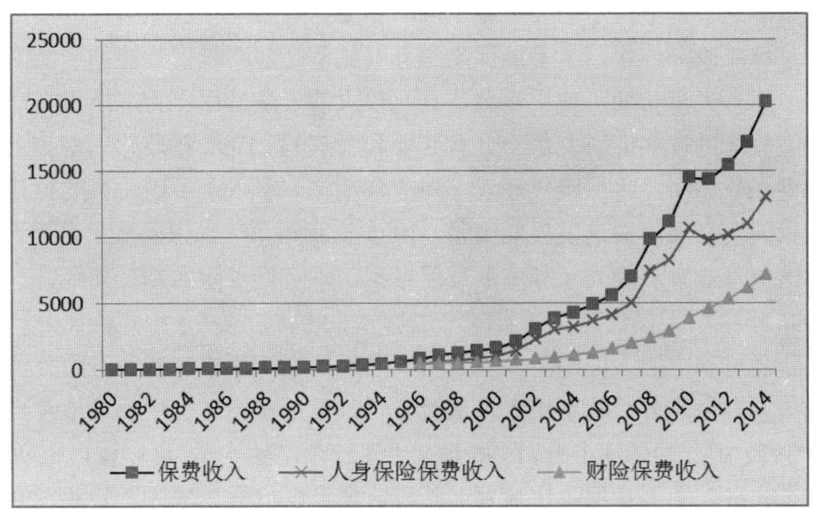

图 4-1 1980—2014 年中国保费收入变化趋势图

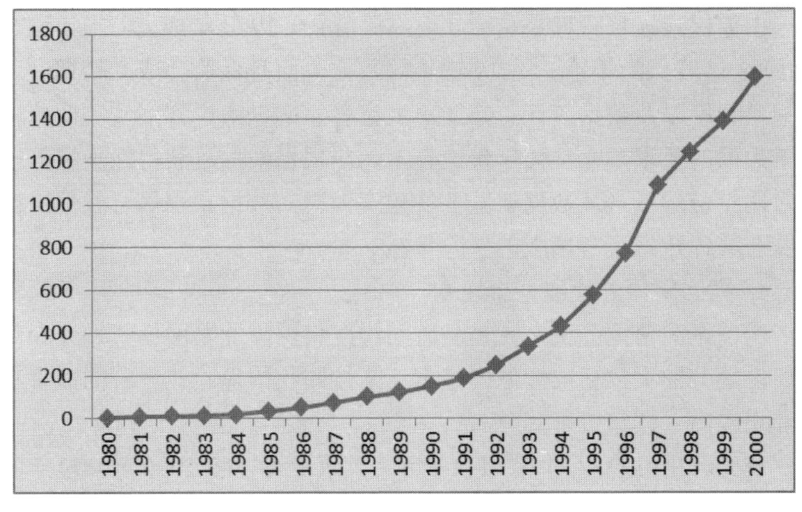

图 4-2 1980—2000 年中国保费收入变化趋势图

2. 产寿险分业实证分析原则

而且从理论上和实践上分析，目前我国的财险业和寿险业存在明显的不同，财险业基本上是短期产品，以一年期为主，资金运用余额不高，对于资金运用的要求也不高；相反，寿险业以长期险种为主，而且目前以分红保险、万能保险等具有储蓄功能和投资功能的产品为主，拥有大量长期可使用资金，具有较大的资金运用压力，所以将产寿险分开进行实证研究是十分有必要和合理的。1992 年友邦人寿在上海设立分公司，将保险代理人（保险营销员）引入了中国，自此拉开了我国人身保险快速发展的大幕。1995 年我国第一部保险法出台，为我国保险业发展确立了基本的发展框架，规定产寿险实施分业经营。1996 年中国人民保险集团实施产寿险分业经营，设立了中国人民财产保险公司和中国人民寿险保险公司，同时，当年新成立专业寿险公司新华人寿保险公司和泰康人寿保险公司。可以从图 4-2 中明显地看到自 1992 年开始增速上升，1996 年又上了一个增速水平。可以说自 1996 年正式进入了人身保险快速发展阶段，增员发展模式成为寿险业发展的主流。所以按照这个原则，本章实证分析最早应该从 1996 年开始。

3. 数据可获得性和权威性原则

中国保险监督管理委员会（简称保监会）1998 年成立，当年编写的 1998 年《保险年鉴》是 1997 年的数据，而且保监会成立初期，各项规章制度以及数据统计工作还不太完善，所以考虑到下文实证分析对于数据的要求，在具体年份选择上，应根据数据可获得性确定具体的对比年份选择。从数据权威性的角度考虑，数据来源尽可能地来自保监会统计数据及其出版的保险年鉴。

4. 纵向整体分阶段分析原则

所谓纵向整体分析，就是从时间维度将保险业发展模式划分为几大段，划分的大致标准和原则基本上是按照我国保险业出台的监管制度和相应产业政策进行划分。

首先分析寿险业，如图 4-3 所示，大致上可以将 1996—2000 年归为一个发展模式，概括为保险代理人发展模式（也可以称之为增员模式）；2001—2007 年归为一个发展模式，概括为产品创新和投资渠道逐渐拓宽模式，原因是 2001 年我国加入世贸组织，确定了五年的保护期，金融业逐步对外放开，外资以独资和合资的方式进入中国保险业，其中合资的方式较多，而且外资股东基本上都是国际上知名的大金融集团或者保险集团，给我国保险业带来了新的思维、技术和商业模式，推动了产品创新，再加上我国 2006—2007 年资本市场的活跃，大量资金被吸引到资本市场中，保险业发展受到一定的影响，但是随着万能险、投连险等新型寿险险种的爆发，保险业保持了一个快速的增长；2008—2010 归为一个发展模式，概括为银保渠道发展模式，2008 年以前银保渠道的保费贡献基本在 15%以下，随着银保渠道的进一步开发以及相应高现金价值产品的推出，快速推动了银保渠道的保费收入规模，2008 年达到了 30% 左右，2010 年基本维持在这个水平；2011—2014 年归为一个发展模式，归纳为结构调整优化发展模式。国家经济步入了新常态发展，保险业自然也进入了新常态发展，存在业务结构的不合理，需要调整优化，同时 2011 年的银保新规，对于银保渠道产生了巨大影响，2011 年首次出现了寿险保费收入负增长，这些都标志着保险业进入了结构调整期，2014 年保险业“新国十条”的出台，确定了我国保险业结构调整优化的重点，指明了未来发展的方向。再加上一系列资金运用政策的放开、相互制保险组织形式的放开、费率市场化、养老社区的开发、偿二代的建设以及健康险税优的出台等，保险业放松管制和大金融的背景日趋明显。

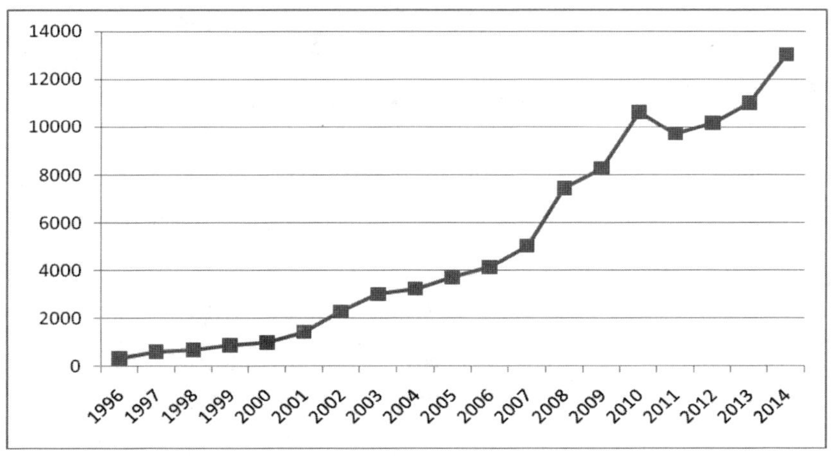

图 4-3　1996—2014 年中国寿险业保费收入变化趋势图

然后对财产保险业进行分析，单纯从保费收入绝对值来看，得不出太多的分阶段数据，从保费增速上可以大致将1996年到2014年的财产保险行业发展分为四个阶段，1996—1999年为第一阶段，保费增速基本维持在5%左右，应该概括为分业经营后，行业关注点和资源更多地集中到了寿险行业，财产保险行业受到一定的影响，处于一个相对较低的发展速度。2000—2003年为第二个阶段，保费增速提升到10%以上，前两年基本在15%左右，其增速大幅上升的主要原因是车险业务的规范带动了车险保费规模的上升，保监会2000年印发了《机动车辆保险条款》和《机动车辆保险费率规章》的通知，对于1999年出台的两个条款进行了修订，进一步规范了车险市场，促进了车险市场的快速增长。2004—2010年为第三阶段，财险业呈现出了一个波动上升的过程，从财险业保费增速趋势图4-4上来看，比较明显的承保周期趋势，虽然有增速的反复，总体趋势是上升的，主要原因是随着财险业产品结构和渠道结构的不断调整和优化以及部分险种优惠政策的出台和支持力度的加大，交强险、责任保险、农业保险得到了较大的发展空间：2006年交强险政策的出台有力地推动了机动车辆第三者责任保险的发展，2007年农业保险保费财政补贴的实施，极大地推动了农业保险的发展，保费收入快速增长，2007年农业保险保费收入51.94亿元，同比增长612.5%，2008年保费收入成为全球第二大，仅次于美国。2009年各大财险公司陆续成立了电销和网销管理部门，电销和网销的发展极大地促进了车险业务的增速，2010年车险业务增速为39.36%，占整个财险业务的比重上升到77%，当然其中和汽车保有量大幅上升有直接关系。2011—2014年为第四阶段，2011年保费增速快速回落到20%以下，随后三年基本维持在15%左右。首先要明确的是15%的增速符合当前经济发展态势，整体上我国国民经济下行压力较大，我国经济进入了新常态时期，实体经济增速下滑，相对于寿险行业而言，财险业和国民经济的关系更为密切，而且由于其短期性，可以较快体现到保费收入规模上。若从产品的角度分析，作为主要保费贡献的车险来讲，我国汽车保有量已达到顶峰，增速明显下降，而且各大城市交通压力较大和养车成本的上升也会制约汽车保有量的上升。近几年增速较快的农业保险发展也出现了瓶颈，产品创新有待进一步深化，保险保障程度有待提高，其快速增长的潜力逐渐下降。责任保险受制于我国法律建设滞后和不够细化，以及维权意识和制度建设的落后，其发展潜力没有充分的发挥。所以基于以上原因，我国财险业维持一个15%左右水平的增速应该被界定为不错的行业表现。

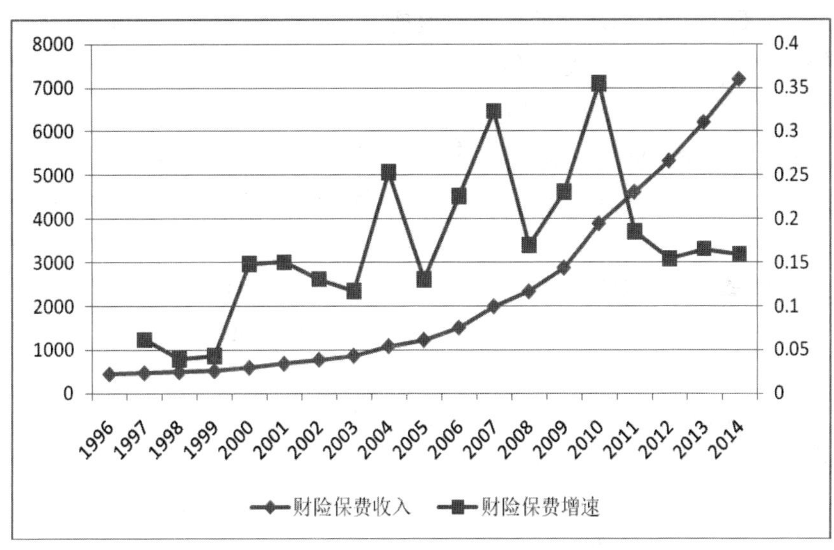

图 4-4　中国 1996—2014 年财险保费收入变化趋势图

第二节　不同发展模式下保险业市场效率分析

一、效率分析方法和变量选择

（一）效率分析方法选择

对于不用阶段保险业发展模式，采用非参数估计的方法，现在通用的方法就是数据包络分析（DEA）方法。本节采用 EMS 软件作为 DEA 效率分析方法的应用工具，选取各个阶段具有代表性的年份，以公司（产寿险分开处理）为比较决策单元（DMU），将得到的各公司效率值进行对比分析，比较不同发展模式下的效果。

首先简要介绍一下 DEA 分析方法，数据包络分析是著名运筹学家 A.Charnes 和 W.W.Cooper 等学者在“相对效率评价”概念基础上发展起来的一种新的系统分析方法。随着有关理论研究的不断深入，应用领域日益广泛。DEA 的基本原理是采用数学规划模型，利用观察到的有效样本数据，比较决策单元（Decision Making Units，简称 DMU）的相对效率，对 DMU 做出有效性评价。每个 DMU 都可以看作是相同的实体，各 DMU 具有相同的输入输出。通过对输入输出数据的综合分析，DEA 可以得出每个 DMU 的综合效率的数量指标，据此可将各 DMU 定级排序，确定有效的（即相对效率最高的）DMU，并指出其他 DMU 非有效的原因和程度，给决策者提供管理信息。DEA 还能判断各 DMU 的投入规模是否恰当，并给出各 DMU 调整投入规模的方向和程度。

DEA 模型的理论基础是数学规划，如线性规划及其对偶理论。同时，DEA 又可以看作是处理多输入多输出问题的多目标决策方法，因此它特别适用于具有多输入多输出的复杂系统。这主要体现在以下两点：一是 DEA 以决策单元各输入输出的权重为变量，从最有利于决策单元的角度进行评价，从而避免了主观地确定各指标的权重。二是假定每个输出都关联到一个和多个输入，而且输入输出之间确实存在某种关系，使用 DEA 方法则不必确定这种关系的显式表达式。DEA 方法排除了很多主观的因素，因而具有很强的客观性。

（二）变量选择

DEA 只是一种分析方法，将这种方法应用到不同行业时，区别就体现在投入产出指标的选择，主要是通过投入产出指标的选择来反映保险业的特殊性及作者的观点趋向。国内外有很多学者应用 DEA 去分析保险业内公司的效率，在投入产出指标选择上各有不同，现总结如下。

表 4-2　国内外学者投入产出指标汇总

	投入指标			产出指标		
J.D.Cummins为代表的“社会作用”角度派	手续费＋营业费用＋分出保费	债务资本（未决赔款准备金＋未到期责任准备金）	实收资本	实际引致损失（＝赔款支出＋准备金增加）表示损失补偿功能		总投资资产或者投资收益，表示资金融通功能
赵旭	营业费用	资产价格	自有资本	利润总额		
李克成	手续费支出＋营业费用支出		固定资产	保费收入	投资收益	
候晋、朱磊	公司人员数	手续费＋营业费用＋其他支出	实收资本	赔款支出＋准备金增加	投资收益值	
陈颖	管理费用＋分配费用			赔款支出	保险准备金	投资收益
	营业费用及其他支出	推荐使用公司人员和工作时间作为人力指标		赔款支出	责任准备金	投资收益
李芸	固定资产	经营费用		保费收入	投资收益	
				赔款支出	准备金增加	
恽敏、李心丹	劳动力投入	业务支出	实物资产	资产利润率	业务收入	
	公司人员	资本投入	实物投入			

资料来源：南开大学江生忠主编的《中国保险业发展报告》2007 年。

通过上表 4-2 可以看出，投入指标基本上没有什么争议，基本上都是分为人、财、物三类，可能在具体的数据选取上存在一些不同。主要的争议在于产出指标的选取上，分为两派：一是社会作用派，主要体现在将赔款和准备金作为产出指标；二是公司利润派，主要体现在将利润作为产出指标。本书主要是从保险业发展模式的角度来判断其效率，所以投入产出指标的选择上也是遵循这个原则，也就是说更多的要从行业发展的层面来考虑，所以从以上两个判别的角度来看的话，应该是将二者结合，更偏向于社会作用派。同时在具体的产出指标选择上，充分考虑寿险业和财险业在经营特征和经营目标上的不同，分别设计投入产出指标。综合以上分析结论，本节的投入产出指标选择如表 4-3 所示。

表 4-3 保险业 DEA 分析的投入产出指标

行业	投入指标	产出指标
寿险业	营业费用＋手续费＋佣金支出	保费收入
	所有者权益（期初额）	投资收益＋利息收入
	年初提存的各项准备金之和：未决、未到期、寿险责任和长期健康险责任准备金四项年初提存	准备金提转差
		净利润
财险业	营业费用＋手续费＋佣金支出	保费收入
	所有者权益（期初额）	赔款支出
		净利润

通过本书所选取的投入产出指标可以看出，本书对保险公司效率评价的分析是以保险公司自身为出发点，作为一个独立的市场主体，其追求效用的最大化，这里所指的效用不仅仅是利润最大化，考虑到当前我国保险业的市场结构和股东背景：无论产险还是寿险，按照保费收入来分析市场结构，全国整体来看基本上就是寡头垄断，市场集中度较高；另外，保费收入前几家的大保险集团，大多数公司其主要股东为国资，基本上都是国有控股。基于以上这两个方面的判断，仅仅将股东利益最大化作为我国保险公司绩效评价标准是远远不够的。所以本书选择的是较为实际的反映保险业公司评价的指标。同时适度考虑保险业肩负的风险保障功能，将保险公司提供的风险保障通过赔款、准备金增加表现出来。

二、产险发展模式效率分析

（一）低速发展阶段（1996—1999）

按照上文对于产险发展模式阶段的划分，第一阶段为 1996—1999 年，1996 年分业经营后，寿险业得到了突飞猛进的发展，财险业属于低速发展阶段，行业没有明显的新的增长点和创新点，基本上是按照原有的产品结构和渠道结构经营。基于对该阶段的发展模式的判断和数据的可获得性，选取 1999 年作为分析对象，进行效率评价。

表 4-4　1999 年财产保险业投入产出指标

公司名称	所有者权益{I}	费用{I}	赔款支出{O}	保费收入{O}	盈利{O}
人保财险	8708.7	10485.1	24249	35620	1431
中华联合	401	53	206	342	12
华泰财险	1398	138	179	502	110
天安保险	228.46	49.89	59.74	205.06	8.92
大众保险	545.74	31.86	122.45	262.45	21.63
华安财险	311.64	55.82	59.57	156.73	6.66
永安	301.16	24.1	14.5	53.94	10.07
民安深圳	73	57.3	36.73	114.72	15.3
民安海口	4.48	2.66	0.49	5.41	0.39
美亚上海	102	30	5	106	23
美亚广州	97.86	4.19	4.67	22.6	-0.86
东京海上上海	110.15	33.3	4.28	36.75	8.29
皇家太阳上海	100.17	10.97	0.36	6.2	-5.8

数据来源：2000 年中国保险年鉴。

说明：1999 年中国平安保险公司和中国太平洋保险公司均经营人身保险和财产保险，但是并没有成立专业的子公司，没有进行独立核算，保险年鉴上的数据没有将财险和寿险分开，所以将这两家公司排除在分析之外。丰泰保险（亚洲）有限公司上海分公司在 2000 年保险年鉴中没有提供财务报表，故将其排除。

1. 整体效率得分分析

首先做技术效率分析，如表 4-5 所示，效率为 1 的公司有 7 家，平均效率为 81.33%，从这个数据来判断，我国 1999 年财产保险运行效率整体是不错的，表明我国财产保险业自 1996 年分业经营以来，依然保持自身的发展态势，平稳运行。只是两家刚成立不久的外资公司效率值相对较低，主要原因是所有者权益较高，还没有充分发挥其作用，保费收入相对较低，盈利能力较差。效率为 1 的公司占比超过了 50%，达到了 53.8%，需要进一步根据下文松弛变量的分析，找到其中的主要原因，调整完善。

表 4-5　1999 年财险公司技术效率得分表

DMU	Score	DMU	Score
人保财险	100.00%	民安深圳	99.33%
中华联合	100.00%	天安保险	82.42%
华泰财险	100.00%	永安财险	60.68%
大众保险	100.00%	华安财险	51.92%
民安海口	100.00%	东京海上上海	38.02%
美亚上海	100.00%	皇家太阳上海	24.89%
美亚广州	100.00%		

2. 效率得分结构分析

表 4-6　1999 年整体效率得分结构分析

投入变量效率贡献平均权重		产出变量效率贡献平均权重		
所有者权益	费用	保费	赔款支出	盈利
36.08%	63.92	40.85%	18.15%	41%

如表 4-6 所示，对 1999 年所有公司的投入产出各变量效率得分权重进行了简单平均处理，得到整体效率得分结构，从投入变量角度分析，所有者权益的对于效率的贡献小于费用控制的贡献，可见在财险行业，费用控制的重要性，基本上手续费用（渠道费用）和营业费用的控制决定了公司经营的绩效和成败。从产出变量角度分析，保费和盈利权重最大，在一定程度上表明了财险行业对于保费规模的重视，在重视市场份额的基础上，盈利能力也是股东追求的目标。

如图 4-5 可以发现，从投入变量角度分析，效率为 1 的财险公司和效率低于 1 的财险公司差异不大，费用控制的重要性均高于所有者权益的贡献，只是在具体差异程度上，效率值为 1 的公司在费用控制方面表现得更好；从产出变量效率得分对比来看，效率值为 1 的公司除了在重视自身市场份额和盈利的同时，在向社会提供风险保障方面的贡献相对比要高于效率低于 1 的财险公司。

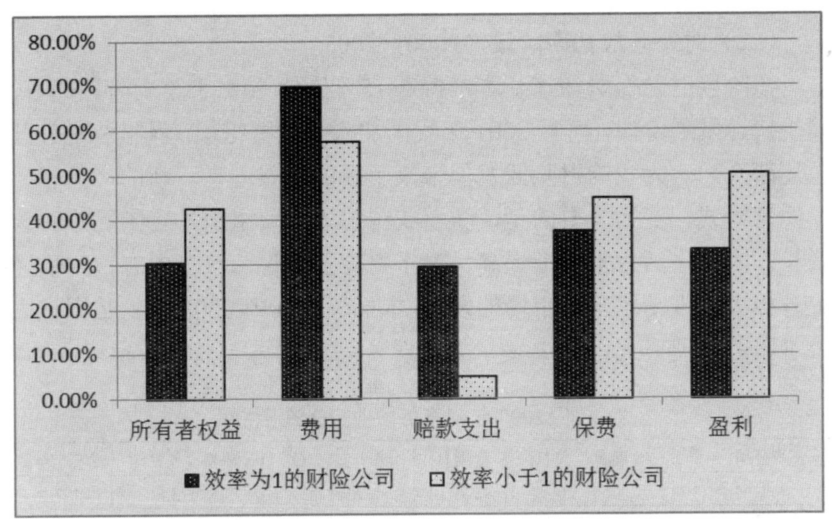

图 4-5　1999 年财险公司效率得分结构图

3. 松弛变量分析

（1）投入变量的松弛变量分析

如表 4-7 所示，投入变量的松弛变量相对较少，大多数公司基本为 0，永安和皇家太阳上海分公司由于成立时间较短，还没有正常运转，资本金作用没有充分发挥。费用控制基本可以，只有民安深圳相对较高，需要调整。

（2）产出变量的松弛变量分析

如表 4-7 所示，产出变量的松弛变量突出表现在赔款支出，表明大多数效率低于 1 的财险公司在社会作用或者社会责任承担方面存在一些有待提高的地方，或者更确切地说是相对于其他有效率的公司，承担的社会风险保障责任有限。

表 4-7　效率小于 1 公司松弛变量分析

变量	投入变量		产出变量		
	所有者权益	费用	赔款支出	保费	盈利
松弛变量公司个数	2	1	4	1	1

（二）对外开放初期阶段（2000—2003）

该阶段财险保费增速基本维持在15%左右，相对于第一阶段而言，属于快速发展阶段，而且2001年我国加入了世贸组织，保险业对外开放逐渐开始，为我国财险业发展带来了新的发展理念、新的产品和新的经营模式。更为重要的是，随着我国加入世贸组织，我国经济快速增长，人民生活水平逐渐提高，对于财险业来说，汽车保有量的快速上升极大地推动了车险市场的发展。本书选取其中2003年的数据代表该阶段的发展模式。

表4-8　2003年财产保险业投入产出指标

公司	所有者权益{I}	费用{I}	赔款支出{O}	保费收入{O}	盈利{O}
人保财险	9656.26	9501.14	27662.72	58073.6	1257.91
太平保险	429.78	244.91	182.38	523.9	-146.56
中华联合	496.75	438.17	442.36	1910.94	45.93
太平洋财险	2106.16	2944.57	5848.63	10633.68	515.27
平安财险	1724	2040	4367	8418	124
华泰财险	1613.99	233.85	476.68	817.71	100.18
天安保险	590.84	579.09	577.86	2077.53	18.94
大众保险	522.35	264.04	446.36	984.45	-128.28
华安财险	216.53	274.38	221.82	774.43	-98.23
永安财险	299.26	185.31	239.02	781.99	22.64
美亚上海	178.15	16.85	17.46	189.89	25.76
美亚广州	96.06	27.73	31.83	85.97	6.14
美亚深圳	98.12	0.9	2.66	35.2	4.44
东京海上上海	164	40	32	117	7
丰泰上海	119.97	15.82	9.01	45.74	7.37
皇家太阳上海	82.34	13.7	5.08	37.39	4.31
美国联邦	76.89	16.09	0.59	9.15	-9.8
三井住友上海	89.59	21.99	12.9	60.66	27.47
三星火灾上海	100.3	6.8	12.68	51.48	3.52
中银保险深圳	100	13.18	3.36	37.43	1.87
民安深圳	108.37	47.83	39.69	185.8	22.53
民安海口	17.2	1.53	0.76	5.98	-0.43

数据来源：2004年中国保险年鉴。

说明：2003年共有财险公司26家，但由于大地财产保险、安联保险、日本财险、利宝互助是2003年刚成立的，处于公司的筹备期，公司财务数据不完备，我们想要的指标部分没有，赔款支出项缺失，若将这些公司加入数据分析，将会影响数据分析结果。所以将这四家公司排除在外。

1. 整体效率得分分析

如表4-9所示，整体平均效率为69.71%，效率不是太高，而且效率为1的保险公司只有6家，占整个样本的27.27%。在当年的生产前沿面来分析，在本书投入产出判断标准下，整个行业表现是不好的，2003年保费增速是该阶段最低的，仅有11.7%。具体相对低效的原因下文松弛变量分析进一步说明。

表4-9　2003年财险公司技术效率得分表

DMU	SCORE	DMU	SCORE
人保财险	100.00%	华安财险	66.85%
太平洋财险	100.00%	永安财险	66.16%
美亚上海	100.00%	天安保险	61.11%
美亚深圳	100.00%	大众保险	58.15%
三井住友上海	100.00%	美亚广州	52.90%
民安海口	100.00%	丰泰上海	48.17%
平安财险	89.25%	皇家太阳上海	46.73%
民安深圳	84.70%	东京海上上海	40.51%
华泰财险	77.99%	中银保险深圳	37.60%
三星火灾上海	75.73%	太平保险	33.36%
中华联合	71.34%	美国联邦	23.05%

2. 效率得分结构分析

表4-10　2003年整体效率得分结构分析

投入变量效率贡献平均权重		产出变量效率贡献平均权重		
所有者权益	费用	赔款支出	保费	盈利
51.82%	48.18%	16.91%	53.77%	29.32%

如表4-10所示，从投入变量效率得分结构，可以看出，所有者权益效率得分贡献略高于费用控制，与1999年不一致，可见随着市场主体不断增多，市场竞争日趋激烈，渠道费用日益上升，费用控制力度逐渐下降，让位于保费规模拓展；从产出变量角度分析，保费贡献效率得分最高，验证了该阶段发展模式，即以保费规模为主要的发展目标，通过扩展渠道甚至提高渠道手续费用来获得较大的保费规模和市场份额，可以说我国车险市场当前市场结构就是当时形成的，大的保险公司控制了主要的车险销售渠道。同时盈利指标效率得分较低也反

映了随着市场竞争的激烈，保费规模的过度追求，盈利能力受到极大影响。

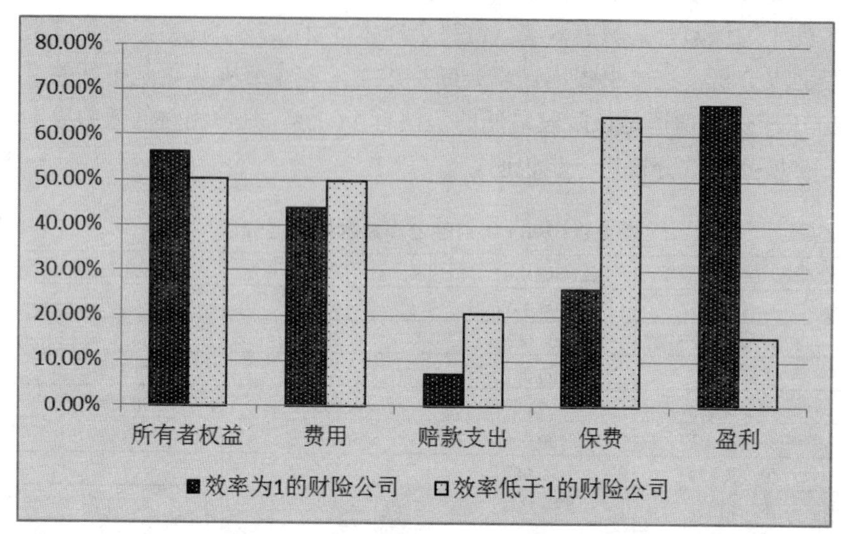

图 4-6　2003 年财险公司效率得分结构图

如图 4-6 所示，从投入变量角度分析，处于生产前沿面上的财险公司在所有者权益投入上更少，表现为效率得分贡献更高；产出变量角度分析，效率为 1 的财险公司和效率低于 1 的财险公司在效率得分结构上差距较大，效率为 1 的财险公司效率得分最大来源于盈利，而后者效率得分更多来源于保费收入。

3. 松弛变量分析

（1）投入变量的松弛变量分析

如表 4-11 所示，所有者权益基本都处于生产前沿面上，投入较多公司个数为 0，费用控制较差的公司有 4 个，从结果上可以判断，对于财险公司而言，在度过经营初期阶段后，费用控制成为左右公司绩效的主要影响因素。

（2）产出变量的松弛变量分析

表 4-11 所示，产出变量的存在不足或者说有待提高的集中在赔款支出和盈利方面，进一步表明了该阶段财险公司在公司运营过程中以保费规模为主，强调市场份额，在理赔服务质量和盈利能力提升方面

有待改进和优化。

表 4-11 效率小于 1 公司松弛变量分析

变量	投入变量		产出变量		
	所有者权益	费用	赔款支出	保费	盈利
松弛变量公司个数	0	4	10	4	10

（三）结构优化，快速发展阶段（2004—2010）

上文已经对该阶段重要政策和行业举措做了剖析，基本上增速上升的贡献是交强险、责任保险、农险、直销渠道（电销和网销）建设带动的，实现了产品结构向均衡发展，注重规模险种发展的同时也注重盈利险种的开发和深化。渠道结构进一步均衡化，直销比重上升，有效地降低了成本。2008 年增速下滑和世界金融危机直接相关，经济形势下滑，必然会导致财险增速的下降。本书选取 2009 年为代表年份，如表 4-12 所示。

表 4-12 2009 年财产保险业投入产出指标

	所有者权益{I}	费用{I}	赔款支出{O}	保费收入{O}	盈利{O}
人保财险	19744.15	27526	71810.67	119771.34	1783.29
太平财险	622.76	1666	2435.86	4501.04	-262.63
太平洋财险	8205	9748	17753	34289	1422
平安财险	6579.73	11241	16354.86	38612.34	648.15
华泰财险	4072.13	1152	1203.68	2983.57	444.11
大众保险	465.56	545	755.86	1445.86	-23.58
华安财险	1831.87	1284	515.77	2813.88	374.68
永安财险	694.69	1769	3476.9	5340.21	97.24
美亚保险	727.74	405	381.68	890.02	18.48
东京海上日动火灾保险	374.55	101.4	240.13	393.44	57.41
丰泰上海	182.61	51.16	36.92	180.64	-15.91
太阳联合保险	400.04	89.54	57.78	165.36	15.45
丘博保险	206.9	105.3	17.36	129.26	-46.99
三井住友海上火灾保险	453.86	104.8	152.43	506.06	35.69
三星火灾海上保险	409.37	38.26	68.42	314.62	61.81
中银保险	1343.76	733	1018.83	2023.76	-261.3
民安保险	710.02	623	517.61	1280.09	-102.42
国寿财险	2285.56	2625	3651.3	7924.03	79.82
大地财险	1269.5	3147.9	5841.3	10278.4	1060.86
阳光财险	1589	2236	3011.57	6600.21	170.8

续表

	所有者权益{I}	费用{I}	赔款支出{O}	保费收入{O}	盈利{O}
永城财险	1016.31	1322	1547.39	4125.09	30.65
安邦财险	3882.02	1262	3464.91	5311.53	807.85
渤海财险	842.21	513	697.93	1038.95	56.91
都邦财险	215.92	1661	2075.56	3977.93	-176.25
华农财险	139.45	94	94.63	147.19	-35.4
安城	333.61	499	538.07	1371.68	-96.18
日本财产	552.25	110.28	93.72	271.33	-30.02
利宝互助	172.18	146.5	83.99	222.06	-91.71
安盟	95.83	37.62	10.98	43.21	-21.13
苏黎世	129.83	49.17	4.05	127.39	-27.4
现代财产	179.75	36.86	35.94	107.55	-34.74
中意财险	445.56	57.58	11.57	131.18	-2.68
安联保险广州	224.74	51.5	135.35	291.78	1.56

数据来源：2010 年中国保险年鉴。

说明：中华联合受自身操作风险影响，被保险保障基金接管，所有者权益为负值，公司没有处于正常经营阶段，故将其排除在外。天安保险所有者权益为负，将其排除。英大泰和财险、鼎和财险、国泰财险成立于 2008 年，紫金财险、浙商财险、信达财险、爱和谊财险、日本兴亚、乐爱金财险成立于 2009 年，均经营不满 3 年，将其排除。

1. 整体效率得分分析

如表 4-13 所示，2009 年财险行业整体效率 78.34%，效率为 1 的财险公司有 10 家，占比为 30.3%。较 2003 年所代表的对外开放初期发展模式的整体行业效率有所提高，表明在经历了一段时间的激烈市场份额和渠道竞争之后，市场主体逐渐回归理性，重视结构的调整和优化，整体运行效率逐渐上升。

表 4-13　2009 年财险公司技术效率得分表

DMU	Score	DMU	Score
人保财险	100.00%	安城	80.81%
永安财险	100.00%	永城财险	74.56%
东京海上日动火灾保险	100.00%	阳光财险	71.87%
三星火灾海上保险	100.00%	国寿财险	68.46%
大地财险	100.00%	大众保险	68.17%
安邦财险	100.00%	利宝互助	65.43%
都邦财险	100.00%	中意财险	64.82%
安盟	100.00%	华安财险	62.88%

续表

DMU	Score	DMU	Score
现代财产	100.00%	中银保险	57.71%
安联保险广州	100.00%	太阳联合保险	55.89%
苏黎世北京	98.12%	渤海财险	54.35%
丰泰上海	90.43%	华泰财险	54.14%
平安财险	87.91%	丘博保险	53.83%
太平财险	87.11%	民安保险	48.20%
太平洋财险	85.03%	美亚保险	46.65%
三井住友海上火灾保险	84.21%	日本财产	43.62%
华农财险	81.07%		

2. 效率得分结构分析

如表 4-14 所示，投入变量角度分析，费用控制的效率贡献得分高于所有者权益，费用控制又称为财险公司重点关注的领域。产出变量角度分析，基本上和 2003 年结构类似，保费贡献依然占最高的比重。

表 4-14　2009 年整体效率得分结构分析

投入变量效率贡献平均权重		产出变量效率贡献平均权重		
所有者权益	费用	赔款支出	保费	盈利
41.15%	58.85%	20.97%	57.85%	21.15%

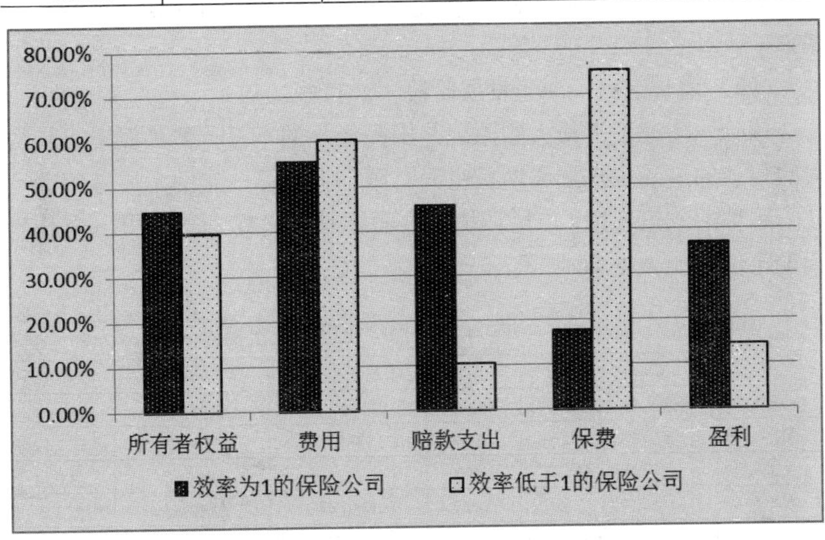

图 4-7　2009 年财险公司效率得分结构图

如图 4-7 所示，两类财险公司在投入变量效率得分结构上类似，只是效率小于 1 的公司在费用控制上略好于效率为 1 的公司；产出变量效率得分明显不一致，前者高效的原因是在向社会提供风险保障和盈利能力方面表现较好，后者还是集中在追求保费规模和市场份额。

3. 松弛变量分析

表 4-15 效率小于 1 公司松弛变量分析

变量	投入变量		产出变量		
	所有者权益	费用	赔款支出	保费	盈利
松弛变量公司个数	1	0	19	5	14

（1）投入变量的松弛变量分析

如表 4-15 所示，投入变量基本没有松弛变量，仅仅是中意财险存在所有者权益较高的情况。表明各家财险公司的投入变量基本上都在生产前沿面上。

（2）产出变量的松弛变量分析

如表 4-15 所示，产出变量的松弛变量主要集中在赔款支出和盈利，进一步证实了上文的分析，效率低于 1 的财险公司以保费规模为主要经营目标，在赔款和盈利方面做得相对较差，可能存在一些惜赔现象。

（四）增长乏力，中速发展阶段（2011—2014）

该阶段增速下滑最大的原因是国民经济的下行，另外保费贡献较大的险种的进一步挖掘和增长空间有限，遇到了一定的发展瓶颈，有潜力险种的政策环境、市场环境等方面还有待提高。选取 2013 年作为代表年份，如表 4-16 所示。

表 4-16 2013 年财产保险业投入产出指标

	所有者权益{I}	费用{I}	赔款支出{O}	保费收入{O}	盈利{O}
人保财险	45450.28	56294	133197.13	223524.9	10558.41
国寿财险	7379.31	9124	15383.06	31853.54	535.47
大地财险	6804.61	6092	10918.29	19909.2	238.34
太平财险	1733.17	3875	4750.41	10857.64	273.2
太平洋财险	24107	22773	48021	81744	2622
平安财险	26838.03	32573	57640.91	115411.77	5841.2

续表

	所有者权益{I}	费用{I}	赔款支出{O}	保费收入{O}	盈利{O}
中华联合	6989.53	8645	17347.47	29744.57	1138.7
阳光财险	4539.74	5433	9104	16606.34	292.89
华泰财险	2370.93	2158	3441.85	6491.79	300.51
天安财险	3257.18	3445	5510.12	9957.35	374.51
大众保险	949.14	580	1064.25	1497.94	-160.33
华安财险	4134.89	2511	3293.9	6690.27	206.73
永安财险	2737.04	2661	4415.18	7490.74	79.57
永城财险	2656.01	2224	3322.43	5531.48	-213.06
安邦财险	10091.77	1188	2193.65	4885.06	3440.34
渤海财险	1116.74	740	977.33	1805.66	-95.48
都邦财险	1156.76	1409	1759.62	3374.95	182.63
华农财险	288.16	193	217.24	456.17	4.46
民安财险	1308.36	992	1375.68	2620.96	2.86
安城财险	3212.82	764	1028.38	2037.24	58.16
中银保险	2450.85	1664	1704.35	5146	382.26
英大泰和	2474.95	2181	2651.37	6745.68	235.76
鼎和财险	1516.2	562	1009.27	1999.59	69.21
中煤财产	376.35	231	101.49	484.38	-74.31
紫金财险	2325.08	1157	1418.28	3033.8	35
信达财险	2792.37	1301	1300.45	3046.12	3.05
泰山财险	1973.45	377	270.83	861.46	-108.27
锦泰财险	957.58	337	305.39	847.12	-47.86
中意财险	165.15	97	86.43	232.9	12.46
国泰财险	128.49	248	207.56	524.92	-185.69
美亚保险	764.03	635	651.91	1297.9	2.32
东京海上	537.66	152	242.72	603.22	69.79
安盛保险	161.39	99.8	103.26	384.34	-25.28
太阳联合保险	428.46	88	81.62	218.59	4.99
丘博保险	84.53	89	94.68	163.26	-13.09
三井住友	623.64	153	524.7	1141.64	17.32
三星火灾	649.7	193	217.11	672.71	20.04
安联财险	220.77	153	218.73	751.86	-23.06
日本财产	493.32	169	336.81	647.52	-163.27
利宝互助	528.73	437	472.38	847.01	-244.5
中航安盟	483.65	515	443.5	1505.42	45.17
苏黎世财险	287.96	90	104.85	495.82	-25.2
现代财产	225.57	38.3	130.24	272.67	-2.18
爱和谊	240.26	47	49.53	100.99	-60.71

续表

	所有者权益{I}	费用{I}	赔款支出{O}	保费收入{O}	盈利{O}
日本兴亚	272.45	31.4	34.48	71.96	-13.19
乐爱金	223.43	20.5	122.34	110.85	2.24
富邦财险	252.09	204	129.64	384.73	-121.66

数据来源：2014 年中国保险年鉴。

1. 整体效率得分分析

如表 4-17 所示，2013 年效率为 1 的财险公司个数为 6，占整个样本的 12.5%，整体平均效率为 65.37%，相比较而言有所下降，基本反映了财险业面临的大的经济环境带来的绩效下降，同时也反映了我国财产保险行业新的增长点匮乏所导致的增长乏力现状。

表 4-17　2013 年财产保险公司技术效率得分

DMU	SCORE	DMU	SCORE
人保财险	100.00%	日本财产	65.03%
太平财险	100.00%	都邦财险	65.01%
安邦财险	100.00%	浙商财险	62.57%
三井住友	100.00%	鼎和财险	61.41%
安联财险	100.00%	永城财险	59.77%
乐爱金	100.00%	民安财险	58.06%
现代财产	96.43%	华安财险	54.58%
平安财险	91.56%	三星火灾	53.44%
国寿财险	87.88%	渤海财险	51.61%
中华联合	86.62%	中意财险	51.17%
太平洋财险	86.06%	华农财险	49.49%
苏黎世财险	83.30%	紫金财险	49.31%
阳光财险	76.18%	美亚保险	45.90%
安盛保险	75.77%	丘博保险	44.45%
大地财险	75.59%	利宝互助	43.96%
东京海上	72.59%	信达财险	42.53%
中银保险	72.34%	中煤财产	41.16%
英大泰和	71.21%	富邦财险	40.94%
华泰财险	70.97%	锦泰财险	40.11%
中航安盟	70.26%	安城财险	39.40%
国泰财险	69.81%	太阳联合	33.59%
天安财险	69.79%	日本兴亚	31.07%
大众保险	68.93%	泰山财险	30.62%
永安财险	67.99%	爱和谊	29.32%

2. 效率得分结构分析

表 4-18　2013 年整体效率得分结构分析

投入变量效率贡献平均权重		产出变量效率贡献平均权重		
所有者权益	费用	赔款支出	保费	盈利
32.48%	67.52%	21.02%	71.29%	7.69%

如表 4-18 所示，从投入变量角度分析，费用的效率得分贡献高于所有者权益，在一定程度上表明了随着外部经济环境的恶化，公司更加关注费用控制，以保证公司运营的稳定性。从产出变量的角度分析，保费贡献的效率依然很高，盈利的效率得分贡献下降较多，表现为在维持保费规模的情况下，盈利水平下降较多。

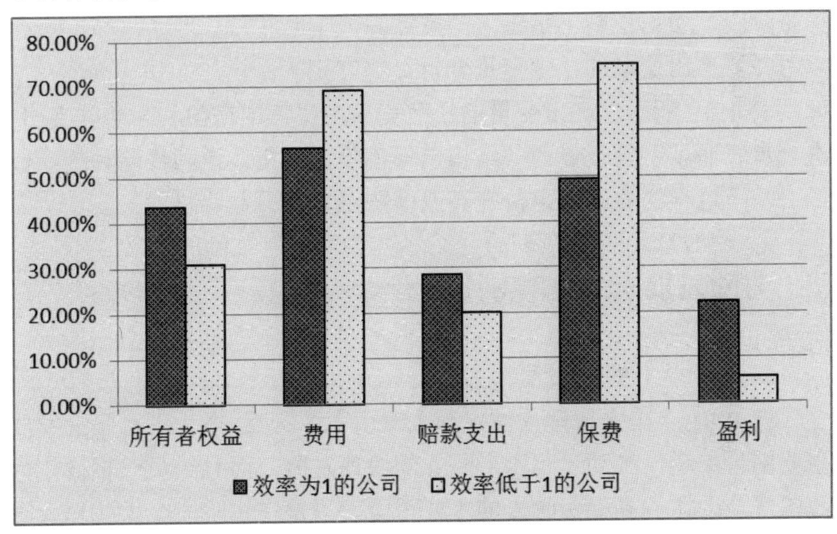

图 4-8　2013 年财险公司效率得分结构图

如图 4-8 所示，对比分析效率为 1 的财险公司和效率低于 1 的财险公司，在产出变量层面，各项指标结构上基本类似，前者整体表现上更为均衡，特别是在盈利方面的效率更高一些。

3. 松弛变量分析

表 4-19 效率小于 1 公司松弛变量分析

变量	投入变量		产出变量		
	所有者权益	费用	赔款支出	保费	盈利
松弛变量公司个数	5	2	22	1	28

（1）投入变量的松弛变量分析

表 4-19 所示，投入变量的松弛变量个数较少，成立时间较短的财险公司存在一些资本没有充分发挥作用的问题，费用控制方面，仅仅是平安财险和安邦财险出现松弛变量，其中平安财险正在积极扩张市场份额，对人保财险的行业地位进行冲击和挑战。安邦财险处于快速扩张阶段，费用控制不是工作的重点。

（2）产出变量的松弛变量分析

表 4-19 所示，产出变量的松弛变量主要集中在盈利和赔款支出，进一步表明了财险行业业务结构以规模险种为主，盈利性险种规模较低，基于这样的原因，定价提高或惜赔现象会日益明显。

三、寿险发展模式效率对比分析

（一）个人代理人发展模式（1996—2000）

自 1991 年个人代理人被友邦人寿引入中国后，成为了寿险业发展主要销售渠道，推动了我国寿险业的快速发展，而且增员一直被作为我国寿险公司提高保费收入的主要手段。只是在本阶段个人代理人对于寿险业发展的作用表现得更为突出一些。选取 2000 年作为本阶段发展模式的代表年份。

表 4-20 2000 年寿险公司投入产出指标

	所有者权益{I}	费用{I}	准备金年初额{I}	投资收益{O}	保费收入{O}	净利润{O}	准备金提转差{O}
中国人寿	5261	13704	111795	1473	65164	923	143893
新华人寿	660	273	1997	238	1506	4	3041
泰康人寿	676.51	233	893	147	719	10.33	1393
友邦上海	75	356	1731	121	1218	-56	2203

续表

	所有者权益{I}	费用{I}	准备金年初额{I}	投资收益{O}	保费收入{O}	净利润{O}	准备金提转差{O}
友邦广州	14	169	303	15	463	-32	588
友邦深圳	99	30	12	3	24	-17	12
中宏人寿	142	105	86	8	151	-36	173
太平洋安泰人寿	167	79	21	10	81	-43	48
安联大众人寿	194	34	3.51	9.4	27.3	-19.78	128
金盛人寿	174	67	1	9	30	-41	9

数据来源：2001 年中国保险年鉴。

说明：太平洋保险和平安保险寿险和财险数据在保险年鉴中没有分开处理，将其排除。

如表 4-20 所示，2000 年寿险公司一共 12 家，而且太保和平安还没有成立独立的寿险子公司，统计数据没有分开，所有样本只有 10 家，而且投入产出变量有 7 个，不符合生产前沿面构建的样本要求，计算结果没有参考价值，所以该阶段不再做实证分析。

（二）产品创新＋资金运用发展模式（2001—2007）

该阶段的主要标志性政策就是加入世贸组织，保险业逐步开放，外资寿险公司虽然在市场份额上的冲击并不大，但是带来了更多的是产品上的创新：以新型寿险产品为代表，以及资金运用上的理念和方式。许多公司承保利润为负，通过投资收益弥补承保利润的亏损。选取 2006 年作为该阶段发展模式的代表年份，如表 4-21 所示。

表 4-21　2006 年寿险公司投入产出指标

	所有者权益{I}	费用{I}	准备金年初额{I}	投资收益{O}	保费{O}	净利润{O}	准备金提转差{O}
人保寿	962.9	174.47	1.23	63.92	849.28	-95.73	814
国寿股份	62951	27069	436775	31552	183843	9601	114237
太平人寿	1012.68	2227.71	16649.54	1486.32	11210.26	-262.65	8505.34
民生人寿	505.58	653.38	1462.77	210.21	1143	-205.98	584.13
太平洋人寿	2068.55	6153.2	115421.32	8163.81	37837.61	1070.39	24427.53
平安人寿	10465.11	11980.77	211980.64	19978.39	68988.86	4785.27	51988.01
泰康人寿	1715.34	3368.29	43324.33	3971.54	20632.06	421.68	14149.59
生命人寿	1629.96	872.76	3972.61	317.65	3451.67	-345.89	2494.29
合众人寿	139.71	448.84	550.7	57.46	1618.68	-251.04	1233.75
中宏人寿	155.3	413.01	1574.61	185.1	894.31	-24.13	507.9
太平洋安泰	73.28	229.57	1600.56	118.79	629.5	-24	350.55

续表

	所有者权益{I}	费用{I}	准备金年初额{I}	投资收益{O}	保费{O}	净利润{O}	准备金提转差{O}
中德安联	58.09	272.32	610.72	66.94	1203.74	-123.64	1039.46
金盛人寿	143.89	171.02	399.78	47.88	483.34	-69.61	360.86
中保康联	137.55	43.28	254.73	34.64	286.47	-1	243.42
信诚人寿	228.22	802.01	1143.19	182.16	1613.72	-255.04	939.67
恒康天安	84.63	55.28	201.6	13.39	196.41	-24.25	120.87
中意人寿	1066.67	341.23	19214.9	879.18	5383.05	-55.66	4425.56
光大永明人寿	195	246.29	411.04	55.97	531.34	-164.46	453
首创安泰	363.78	153.94	323.64	77.32	411.26	-37.59	337.91
海尔纽约	111.8	194.31	324.97	20.18	271.59	-105.3	169.97
中英人寿	258.37	390.95	890.67	93.19	1106.15	-119.86	893.04
海康人寿	351.29	243.8	275.24	28.7	497.7	-145.55	400.86
招商信诺	219.98	110.41	20.02	7.05	629.75	-14.71	508.35
广电日生	225.73	57.3	21.29	7.32	73.72	-46.79	62.95
恒安标准	1293.48	200.01	497.12	76.69	511.67	-103.79	441.24
中美大都会	323.03	293.1	64.64	14.43	392.93	-142.3	232.92

数据来源：2007 年中国保险年鉴。

说明：华泰人寿、长城人寿、中航三星、中新大东方、嘉禾人寿、正德人寿瑞泰人寿、国泰人寿完整经营期不满 3 年；2006 年新华人寿因高管违规操作，被保监会审查，当年的保险年鉴中没有披露资产负债表和损益表；友邦保险均以分公司形式披露财务报表。故将以上公司排除在样本之外。

1. 整体效率得分分析

表 4-22　2006 年寿险公司技术效率得分

DMU	SCORE	DMU	SCORE
人保寿	100.00%	太平人寿	98.00%
国寿股份	100.00%	民生人寿	91.96%
太平洋人寿	100.00%	光大永明人寿	82.64%
平安人寿	100.00%	金盛人寿	81.90%
泰康人寿	100.00%	太平洋安泰	78.68%
合众人寿	100.00%	中英人寿	76.43%
中宏人寿	100.00%	恒安标准	69.80%
中德安联	100.00%	生命人寿	67.67%
中保康联	100.00%	恒康天安	62.39%
信诚人寿	100.00%	中美大都会	60.89%
中意人寿	100.00%	海康人寿	53.46%
首创安泰	100.00%	海尔纽约	42.84%
招商信诺	100.00%	广电日生	39.70%

如表 4-22 所示，2006 年寿险行业整体表现较好，处于生产前沿面上的寿险公司有 13 个，占整个样本的 50%，简单平均效率为 84.86%，这些都反映了在该阶段产品创新和资金运用带来的行业快速发展。

2. 效率得分结构分析

表 4-23　2006 年整体效率得分结构分析

投入变量效率贡献平均权重			产出变量效率贡献平均权重			
所有者权益	费用	准备金期初额	投资收益	保费	净利润	准备金提转差
27.85%	18.04%	54.08%	56.85%	27.92%	1.58%	13.65%

如表 4-23 所示，投入变量角度分析，准备金期初额的效率得分贡献最大，该指标所代表的是寿险公司资金运用的主要资金来源，效率得分表明了投资收益对于寿险公司的重要性。产出变量角度分析，投资收益效率得分贡献最大，进一步验证了资金运用对于寿险公司的重要性。对比净利润指标，反映出寿险业普遍存在的承保利润低下的现象。

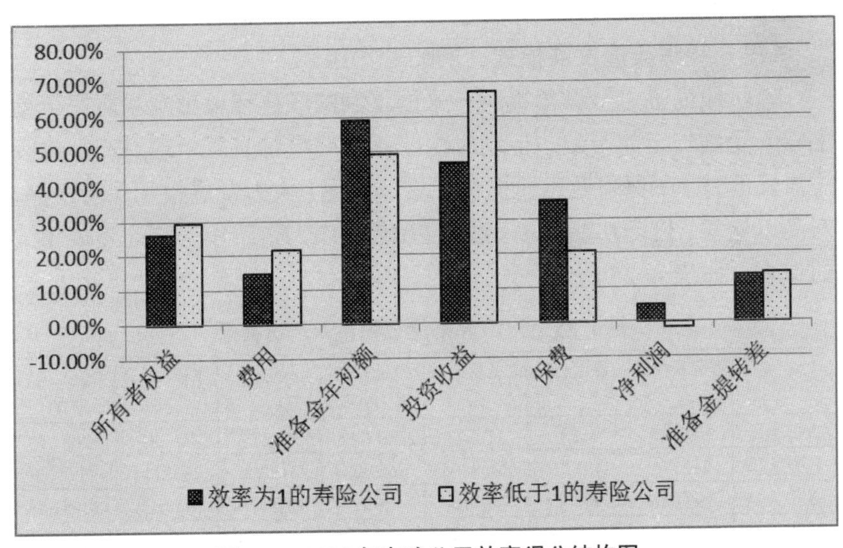

图 4-9　2006 年寿险公司效率得分结构图

如图 4-9 所示，二者对比而言，投入和产出两个层面在效率得分结构上是一致的。投入层面，效率为 1 的寿险公司整体资金运用效果较好，在费用控制上稍微欠缺一些。产出层面，效率小于1的寿险公司净利润更差一些，效率得分贡献为负值。

3. 松弛变量分析

表4-24 2006年效率低于1的寿险公司松弛变量分析

松弛变量	投入变量			产出变量			
	所有者权益	费用	准备金期初额	投资收益	保费	净利润	准备金提转差
公司个数	1	4	0	1	6	12	10

（1）投入变量的松弛变量分析

表4-24所示，投入变量欠缺主要集中在费用控制上，这四家公司在费用控制上有待进一步强化。准备金期初额的松弛变量公司个数为0，进一步验证了上文的判断，资金运用对于寿险业的重要性。

（2）产出变量的松弛变量分析

表4-24所示，产出变量欠缺集中在净利润和准备金提转差，表明寿险公司承保利润较差，可能和产品设计、渠道和费用控制有着直接的关系。同时这些公司在向社会提供风险保障方面有待进一步提升。

（三）银保渠道发展模式（2008—2010）

该阶段面临着金融危机所带来的不利的经济环境影响，居民可支配收入受到一定的影响。但同时由于我国股市的衰落，理财产品成为了居民的首选。保险业迅速抓住了这一机遇，大力发展银行保险产品，产品以储蓄、投资功能为主。选择2010年作为该阶段寿险业发展模式的代表，如表4-25所示。

表4-25 2010年寿险公司投入产出指标

	所有者权益{I}	费用{I}	准备金余额{I}	投资收益{O}	保费{O}	净利润{O}	准备金提转差{O}
人保寿险	7744.25	6521	116579	7677.42	72127.3	737.05	67087.69
国寿股份	212776	48173	1008896	68280	318229	33811	200033
太平人寿	7971.86	6878	49710	3961	32290.79	949.68	22981.28
民生人寿	2113.56	1983	15184	706.01	7933.48	17.18	5365.8
阳光人寿	861.23	2617	14633	809.72	14075.88	-323.3	9904.31
太平洋人寿	24680	14755	267953	17468	87873	4611	60434
平安人寿	26752.5	19947	394474	27079.04	92645.01	8726.54	59925.82
华泰人寿	811.65	915	6827	401.89	5133.22	-146.66	4505.88

续表

	所有者权益{I}	费用{I}	准备金余额{I}	投资收益{O}	保费{O}	净利润{O}	准备金提转差{O}
新华人寿	4199.85	15565	233820	10677.07	91679.06	2230.26	70509.69
泰康人寿	12638.41	12969	127473	11944.48	65459.7	2095.2	48832.56
天安人寿	529.78	59.8	1034	48.01	347.78	-13.47	252.13
合众人寿	844.72	1773	12324	851.66	7026.33	237.5	4680.35
长城人寿	928.47	569	2550	269.88	2262.79	-163.05	1886.84
嘉禾人寿	583.77	810	8126	711.41	3171.55	14.3	2667.51
正德人寿	620.99	307	748	458.68	424.6	0.72	498.8
华夏人寿	486.71	1258	4435	189.41	2904.22	-315.05	2136.16
信泰人寿	117.12	606	2070	105.53	2090.78	-160.58	1633.6
英大人寿	767.97	480	1120	271.9	767.99	-345.33	585.64
国华人寿	714.49	407	7010	573.9	3919.21	65.34	2641.33
幸福人寿	857.47	1242	7271	661.82	4491.44	-450.38	3847.92
中宏人寿	1049.88	785	4936	262.94	1986.56	123.19	1063.8
太平洋安泰	854.37	171	1854	163.1	708.03	37.49	341.6
中德安联	697.17	659	2436	151.28	945.97	-293.68	471.81
金盛人寿	627.5	533	1077	66.46	757.98	-76.89	155.46
交银康联	145.9	74	1377	68.87	712.87	-23.79	602.59
信诚人寿	1314.91	1065	6168	358.27	3702.54	184.02	2673.36
中意人寿	2，461.04	748	28228	1526.25	5712.35	68.39	3292.29
光大永明	763.54	607	4731	262.69	3941.85	-208.56	3505.95
中荷人寿	513	331	2043	265.32	1175.71	-14.73	881.84
海尔纽约	396.99	217	653	49.47	404.32	-38.03	108.82
中英人寿	1840.01	1066	5222	502.24	3749.31	217.53	2294.47
海康人寿	513.87	504	1581	135.74	1155.64	-89.74	634.2
招商信诺	589.55	703	1727	36.71	2647.63	171	1666.59
长生人寿	1043.47	102	171	41.43	181.27	-50.19	130.14
恒安标准	498.99	564	790	170.29	680.31	-164.39	246.04
瑞泰人寿	228.1	136	3.9	8.11	7.24	-88.94	-0.74
中美大都会	543.07	611	2921	142.43	2048.5	233.17	1147.15
国泰人寿	457.87	319	548	127.49	401.22	-182.29	178.13
中航三星	329.53	123	76	36.32	105.92	-61.1	47.7
联泰大都会	258.18	421	942	46.03	718.04	-76.37	422.75
中法人寿	206.23	31	625.76	35.39	222.38	-16.43	199.96
中新大东方	861.09	127	531	30.19	458.29	-48.5	391.13

数据来源：2011 年中国保险年鉴。

说明：生命人寿准备金调整，2010 年初准备金为负值，安邦人寿、中融人寿、百年人寿、中邮人寿、君龙人寿、汇丰人寿、新光海航人寿开业不满 3 年，将以上寿险公司排除在样本之外。

1. 整体效率得分分析

表 4-26　2010 年寿险公司效率得分

DMU	SCORE	DMU	SCORE
人保寿险	100.00%	中新大东方	89.91%
国寿股份	100.00%	中英人寿	89.35%
阳光人寿	100.00%	幸福人寿	87.71%
平安人寿	100.00%	交银康联	87.09%
新华人寿	100.00%	太平人寿	85.53%
泰康人寿	100.00%	中法人寿	81.38%
合众人寿	100.00%	太平洋安泰	80.43%
嘉禾人寿	100.00%	中荷人寿	79.52%
正德人寿	100.00%	恒安标准	76.73%
信泰人寿	100.00%	信诚人寿	74.22%
国华人寿	100.00%	国泰人寿	69.18%
中意人寿	100.00%	英大人寿	68.56%
光大永明	100.00%	民生人寿	65.30%
招商信诺	100.00%	海康人寿	63.71%
瑞泰人寿	100.00%	华夏人寿	63.24%
中美大都会	100.00%	联泰大都会	60.60%
中航三星	100.00%	天安人寿	58.86%
华泰人寿	95.91%	中宏人寿	58.67%
长城人寿	94.54%	海尔纽约	53.15%
长生人寿	90.85%	金盛人寿	50.46%
太平洋人寿	89.96%	中德安联	38.93%

如表 4-26 所示，2010 年在生产前沿面上的寿险公司个数为 17 个，占整个样本的 40.5%，简单平均效率得分为 84.61%，基本上和 2006 年的行业表现持平，在一定程度上表明银保渠道对于寿险公司业绩支撑的重要性，结合 2006 年发展模式的判断，可见产品、资金运用、渠道对于寿险业的发展至关重要。

2. 效率得分结构分析

表 4-27　2010 年整体效率得分结构分析

投入变量效率贡献平均权重			产出变量效率贡献平均权重			
所有者权益	费用	准备金期余额	投资收益	保费	净利润	准备金提转差
17.21%	29.17%	53.67%	32.29%	38.38%	10.88%	18.45%

表 4-27 所示，投入变量角度，对比 2006 年，依然是准备金余额效率等分占比最高，也就是说资金运用的重要性。变化点在于 2010 年在费用控制方面有所提高，主要原因在于银保渠道费用比例低于个人代理人渠道。产出变量角度，相比较 2006 年而言，保费贡献增大，进一步表明在该阶段银保渠道对于行业发展的影响。

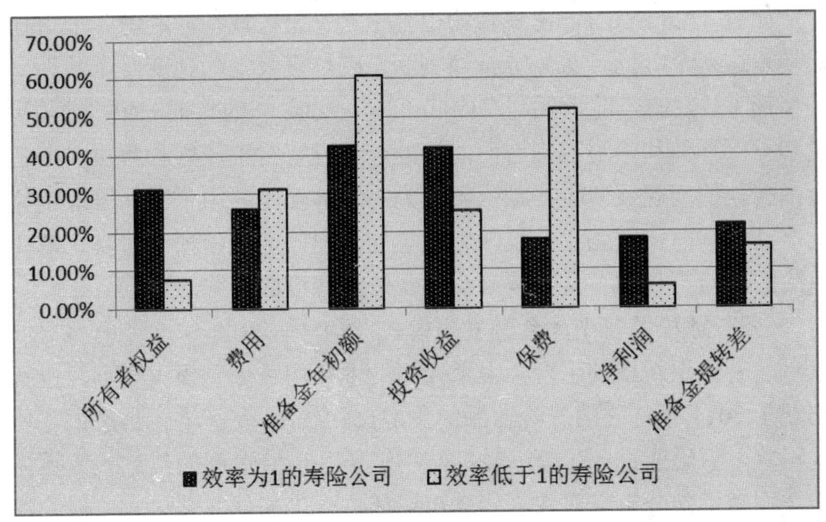

图 4-10　2010 年寿险公司效率得分结构图

如图 4-10 所示，二者进行对比分析，投入变量角度，效率为 1 的寿险公司在三个变量方面表现得更为均衡，关注和控制的方面更多更有效一些。产出变量角度分析，效率高的寿险公司在资金运用方面表现得更好一些，也直接导致了净利润方面的优异表现。

3. 松弛变量分析

表 4-28　2010 年效率低于 1 的寿险公司松弛变量分析

松弛变量	投入变量			产出变量			
	所有者权益	费用	准备金期初额	投资收益	保费	净利润	准备金提转差
公司个数	16	4	1	1	4	16	17

（1）投入变量的松弛变量分析

如表 4-28 所示，投入变量中的松弛变量突出表现在所有者权益这一方面，表明许多公司存在资本投入过剩的问题，对比处于生产前沿面上的寿险公司，资本没有充分发挥其作用。

（2）产出变量的松弛变量分析

如表 4-28 所示，产出变量的松弛变量突出表现在净利润和准备金提转差这两个方面，首先分析净利润，在投资收益松弛变量个数为 1 的情形下，表明当前承保利润的低下，与 2006 年的特征一致，进一步说明承保环节和渠道控制方面的问题一直没有得到较好的解决。准备金提转差的问题反映了在银保渠道为主的情形下，由于银保渠道销售的产品以理财特征为主，反映为大量的保户储金负债项，而真正解决风险的保险责任准备金项势必会出现较大幅度的下降。

（四）放松监管＋大金融发展模式（2011—2014）

随着银保新规的出台，渠道支撑的保费增长受到极大影响，也就出现了 2011 年首次的寿险业保费负增长。此后，受经济新常态大环境的影响，保险业进入了新一轮的结构调整：监管以新的偿二代体系为主、取消了部分审批事宜、费率市场化进一步深化、强化商业保险在养老和医疗领域的作用、资金运用渠道和方式进一步放开、金融机构相互参股和设立日益增多，这些概括为放松监管和大金融的行业发展模式。选取 2013 年[①]为该阶段发展模式的代表年份，如表 4-29 所示。

表 4-29　2013 年寿险公司投入产出指标

	所有者权益{I}	费用{I}	准备金余额{I}	投资收益{O}	保费{O}	净利润{O}	准备金提转差{O}
人保寿险	17610.01	6356	223866	18163.42	75273.44	825.53	49701.29
国寿股份	223101	51292	1375504	95911	326290	25008	109016
太平人寿	10100.42	11032	96132	7370.4	51852.75	1033.56	34415.75
民生人寿	7160.5	2318	26998	2020.85	7677.66	87.12	2119.93
阳光人寿	7832.81	4208	35117	3539.88	15856.04	212.37	7834.29
太平洋人寿	40821	18600	385283	27783	95101	6219	55917

① 2015 年保险年鉴目前还没有出版，不能获得各公司 2014 年的财务报表，因此，选择 2013 年作为代表。

续表

	所有者权益{I}	费用{I}	准备金余额{I}	投资收益{O}	保费{O}	净利润{O}	准备金提转差{O}
平安人寿	49675.57	32029	530998	46224.37	146090.93	12907.85	89017.15
华泰人寿	1459.01	1047	10746	842.15	2891.87	-72.27	1334.4
新华人寿	35814	16205	36107	26177	103640	4578	65913
泰康人寿	21886.34	14256	217895	21491.4	62287.75	3723.37	35890.2
天安人寿	1564.97	891	2183	327.91	2030.58	-711.01	1180.37
生命人寿	10690.27	7023	50975	6620.83	22242.84	657.35	11960.77
安邦人寿	3838.46	275	1273	656.25	1368.17	248.92	1245.54
合众人寿	2705.86	2387	22841	1298.11	6925.74	935.65	1243.04
长城人寿	466.87	731	7150	622.77	2672.87	54.64	1719.38
农银人寿	1989.99	1259	12800	1122.68	7230.82	-319.85	4036.37
正德人寿	1519.07	502	979	901.7	116.64	55.66	940.58
华夏人寿	1949.27	2098	13115	2171.61	4288.13	-1676.84	1738.28
信泰人寿	389.03	1185	4860	686.79	2862.13	-483.68	1852.1
英大人寿	1429.15	627	2277	603.34	1123.5	-152.29	522.12
国华人寿	1758.81	857	7918	707.32	2324.26	-199.78	395.07
幸福人寿	1212.19	11272	15772	1072.89	4115.25	-753.13	2643.02
百年人寿	1256.28	1225	4917	534.81	4681.01	-368.03	2867.9
中邮人寿	3087.02	1198	23679.52	1998.97	23037.17	-167.1	22323.76
中融人寿	755.79	342	774.23	626.14	3821.65	128.6	3581.94
中宏人寿	1901.51	989	7550	460.85	2987.44	182.64	1605.33
建信人寿	7052.67	1283	7486	976.1	7011.57	101.49	5475.22
中德安联	289.87	633	3663	268.24	1793.87	-112.87	623.5
工银安盛	2690.54	1615	5074	527.83	10287.19	20.31	7708.14
交银康联	1300.8	381	1803	176.84	1344.03	-43.47	788.76
信诚人寿	2275.46	1395	10759	863.29	4133.29	203.66	2652.44
中意人寿	3，155.32	980	29645	1864.51	4788.94	219.42	1646.42
光大永明	2466.69	1361	8923	1353.36	3019.25	10.91	868.36
中荷人寿	1193.9	574	4204	412.99	2121.6	18.59	1469.17
北大方正	797.73	309	1145	122.98	617.39	-65.49	345.21
中英人寿	3281.31	1146	9101	991.95	3530.6	173.48	1785.02
海康人寿	761.99	475	2762	305.62	1448.66	-92.52	657.03
招商信诺	1015.04	1351	3112	182.99	4240.27	191.97	2230.54
长生人寿	839.44	173	470	76.01	271.18	-89.85	112.39
恒安标准	855.94	504	2524	335.1	1179.9	-129.97	589.15
瑞泰人寿	371.95	276	60	276.8	142.54	-118.28	47.02
中美联泰大都会	1796.69	1751	8902	635.27	5670.06	405.82	3431.16

续表

	所有者权益{I}	费用{I}	准备金余额{I}	投资收益{O}	保费{O}	净利润{O}	准备金提转差{O}
国泰人寿	342.35	244	623	132.69	476.01	-33.02	139.27
中航三星	402.4	235	485	96.82	336.48	-67.43	162.28
中新大东方	684.9	218	927	111.25	259.66	-60.54	19.4

数据来源：2014 年中国保险年鉴。

说明：利安人寿、华汇人寿、前海人寿、东吴人寿、弘康人寿、珠江人寿、吉祥人寿、复星保德信人寿、中韩人寿、德华安顾人寿开业不满 3 年，故排除在样本之外。

1. 整体效率得分分析

表 4-30　2013 年寿险公司技术效率得分

DMU	SCORE	DMU	SCORE
人保寿险	100.00%	百年人寿	61.06%
国寿股份	100.00%	光大永明	60.51%
平安人寿	100.00%	华泰人寿	56.30%
安邦人寿	100.00%	英大人寿	51.31%
合众人寿	100.00%	幸福人寿	50.18%
长城人寿	100.00%	阳光人寿	49.16%
正德人寿	100.00%	中宏人寿	46.28%
华夏人寿	100.00%	国华人寿	44.38%
信泰人寿	100.00%	信诚人寿	43.75%
中邮人寿	100.00%	国泰人寿	43.38%
中融人寿	100.00%	恒安标准	43.30%
瑞泰人寿	100.00%	海康人寿	43.28%
泰康人寿	99.47%	建信人寿	42.64%
招商信诺	91.85%	中英人寿	42.63%
太平人寿	89.86%	民生人寿	40.50%
新华人寿	88.86%	中荷人寿	39.08%
中美联泰大都会	85.81%	交银康联	28.66%
太平洋人寿	85.78%	中航三星	28.53%
中德安联	84.81%	中新大东方	26.45%
中意人寿	79.48%	天安人寿	25.11%
工银安盛	71.22%	长生人寿	22.60%
生命人寿	65.27%	北大方正	21.06%
农银人寿	62.82%		

如表 4-30 所示，在生产前沿面上的寿险公司有 12 家，占整个样本的 26.67%，相对于 2006 年、2010 年的行业表现有所下降，分析其

效率得分结构，这些公司高效的原因基本上都是投资收益的效率得分贡献，可见该阶段资金运用的重要性。简单平均效率得分为 67.01%，相对于前两个代表年份也是有所下降的，在一定程度上表明了现阶段寿险经营所面临的困难和压力：经济下行，行业转型调整等。

2. 效率得分结构分析

表 4-31　2013 年整体效率得分结构分析

投入变量效率贡献平均权重			产出变量效率贡献平均权重			
所有者权益	费用	准备金期余额	投资收益	保费	净利润	准备金提转差
49.71%	36.24%	14.11%	62.78%	17.76%	15.02%	4.44%

如表 4-31 所示，投入变量角度分析，对比 2010 年，在费用控制和资本金控制方面的表现更好一些，和该阶段渠道结构调整、互联网技术应用、偿付能力监管调整有着直接的关系。产出变量角度分析，投资收益的提升是最大的变化，表明在放松监管和大金融发展的双重背景下，寿险公司在资金运用方面得到了更大的发挥空间。

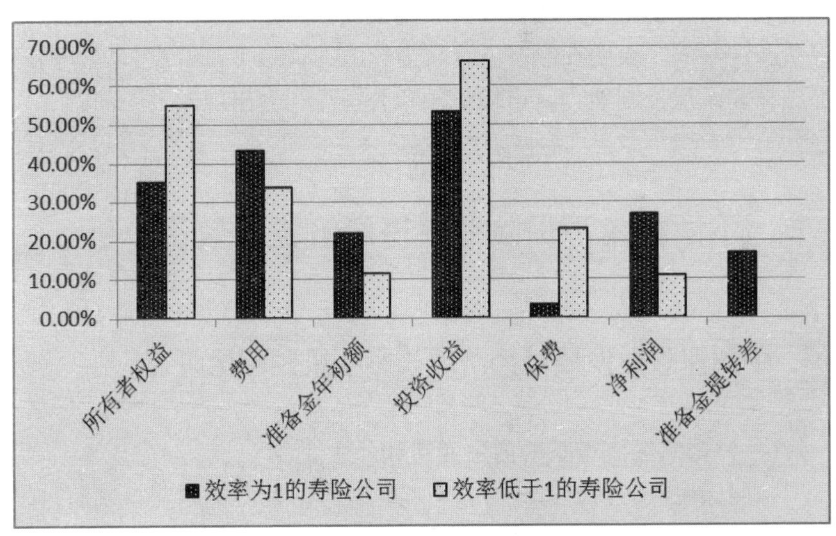

图 4-11　2013 年寿险公司效率得分结构图

如图 4-11 所示，对比两类公司的效率得分结构，投入变量层面，效率为 1 的公司在费用控制方面表现得更好一些。产出变量层面，最大的差距在于效率低于 1 的公司在该项效率得分为 0，表明从社会作用或者社会责任的角度考虑，这些公司有待大幅度的提升。

3. 松弛变量分析

表 4-32　2013 年效率低于 1 的寿险公司松弛变量分析

松弛变量	投入变量			产出变量			
	所有者权益	费用	准备金期初额	投资收益	保费	净利润	准备金提转差
公司个数	2	11	6	8	22	19	33

（1）投入变量的松弛变量分析

如表 4-32 所示，投入变量松弛变量主要表现在费用控制上，表明这些公司在渠道费用控制以及公司业务经营费用控制上的缺陷，最大的原因可能是没有跟上行业变革调整的步伐，在公司治理结构和互联网应用方面应加强。

（2）产出变量的松弛变量分析

如表 4-32 所示，产出变量方面，最大的问题是准备金提取方面，每家公司都存在这个问题，表明向社会提供风险保障的欠缺。其次是保费和净利润，表明在经济下行压力较大的情形下，若没有更好的产品结构和承保控制能力，市场份额和公司盈利会出现较大的问题。

第三节　不同视角下保险业促进经济发展效用分析

一、中国保险业发展对经济增长影响机制理论研究

（一）影响经济增长的内生变量和外生变量

按照国民收入决定理论分析可得，就经济运行的内在机制而言，驱动经济增长主要有三个内生变量：消费、出口和投资。经济发达国家，居民消费占 GDP 比重一般高达 70%～80%左右，英国甚至达到 85%以上，而且由于消费的刚性和平稳性，可以是经济增长速度长期保持一个稳定的水平，对于保证国民经济的稳定性至关重要；虽然不

同的经济学派关于出口与经济增长之间的关系观点不尽相同，但各学派普遍认为，出口对经济增长是具有促进作用的；投资对经济增长的贡献可分为供给效应和需求效应。供给效应主要是指投资能够增加有效供给，促进经济增长。需求效应主要是指投资带来了对相关投资物品的需求，提高了社会总需求，从而推动经济增长。罗默和卢卡斯的内生增长理论利用包括人力资本投资、研究与开发费用等在内的投资新概念，替代了传统意义的投资概念，得出了高投资率带来高经济增长率的结论。

通过社会、经济发展的规律性认识，分析驱动经济增长的社会因素，即市场经济运行的三个外生变量：技术进步、信息完备、制度安排。技术进步对经济增长的引领效应，马克思和熊彼特等早有精辟的论述。可以说，技术是市场趋于完备的不竭动力。在国内有效需求不足的问题一时难以解决，出口和投资不断受到遏制的情况下，继续保持经济高速增长的态势，是十分困难的。由此，转变经济发展方式，不断依靠技术的先导作用，取得经济发展的技术性比较优势，才是不断保持经济增长趋势的根本驱动力；信息是当今经济理论中最重要的分析变量，1929—1933 年的经济危机、2009 年的世界金融危机都与市场信息的不完备有着密切联系，在经济全球化的今天，某个单一的信息，会引起世界的连锁反应，甚至，导致世界经济的全面衰退。只有信息的充分和完备，对于经济发展和经济增长的信心才会坚定，其经济行为才会相对可控，保证经济的稳定和可控；制度安排决定一国经济发展的方向，决定了其市场运行的外部环境。良好的制度安排，可以有效地刺激和推动市场主体的积极性，提高市场运行效率，为经济发展提供了增长的基础和空间。

从西方经济学角度出发，驱动经济增长的外生变量，是外部性因素，不具有经济学分析意义和价值。当前经济学家更关注内生变量对于经济增长的影响，而且通过一系列模型的转变和设定将更多的变量内生化和微观化，借助数学和计算机技术进行相应分析，这样处理有一定的先进性。但是应当看到，经济增长的内、外生变量，恰如一部汽车所包含的全部要素，内生变量是维系汽车运转的传动装置，而外生变量则决定汽车行使的正确方向。

（二）经济增长中的保险发展理论

当前理论研究中，经济增长促进保险业发展基本得到认可，而且由国际保险业发展经验得出了经济增长和保险业发展的“S 规律”，如图 4-12 所示。

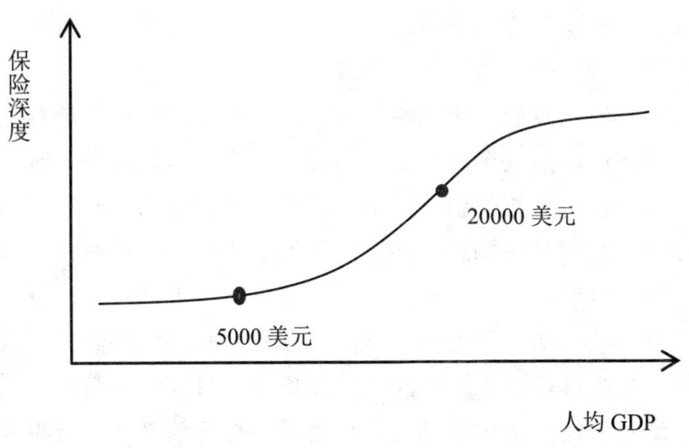

图 4-12　保险深度与人均 GDP 变化规律示意图

一国或地区的保险深度与其人均 GDP 之间存在着“S”型关系，即在一国或地区人均 GDP 处于较低水平时，保险深度增长缓慢，保险业发展处于较低水平；当一国或地区人均 GDP 达到 3000～5000 美元时，进入第一个增长阶段，该国或地区对保险业的需求将大幅增长，从而推动该国或地区保险业快速发展，按照 3000 美元的标准，我国自 2008 年（人均 GDP 约合 3443 美元）就进入了第一个增长曲线，2011 年人均 GDP 超过了 5000 美元，2014 年，我国人均 GDP 为 46652 元，约合 7485 美元；当人均 GDP 达到 20000 美元，进入第二个增长阶段，增速更大；之后随着 GDP 增长的限制以及其他因素、资源的限制，保险需求得到充分满足，保险深度的增速逐渐下降，趋于平缓。

二、经济增长模型视角保险业发展对经济增长的影响机制

（一）保险业对经济增长内生变量的影响机制

1. 对消费需求的影响

保险是关系国民经济发展、维系社会稳定、促进社会和谐的一个行业，保险业的发展能够推动经济增长，刺激人们消费，提高人们生活水平，主要表现在以下两个方面：

一是保险可以通过改变人们的心理预期①来促进消费支出。在一个充满不确定性的市场经济体系中，保险有助于稳定消费者的心理预期，提高居民消费意愿。比如保险可以通过发挥其平滑跨期风险，经济补偿的功能，消除人们在医疗、养老、财务安全等方面的顾虑，最终达到扩大内需，促进经济增长的目的。

二是保险有利于促进储蓄向消费转化。在收入水平一定的情况下，消费和储蓄是此消彼长的关系。如果社会保障制度不健全，商业保险发展水平较低，居民应对未来风险和不可预见支出的最好方式只能是压缩消费，增加储蓄。而通过养老、医疗、教育、财产等保险制度安排，可以减少全社会用于预防意外和风险事件的财富总量，用现有预防性储蓄的较小比重，达到应对未来风险的同样效果，从而释放居民消费能力。因此，保险有利于稳定人们的预期支出，减少社会用于预防意外和风险事件的储蓄，促进消费。

2. 对投资需求的影响

经济增长来源于有效的投资，为投资筹集一切可能的资金资源是一国经济增长的基础，而资源在各项投资中的最优配置才是经济持续快速发展的永久动力。通过发挥保险的资金融通功能，保险业可以为国民经济建设积累巨额长期资金，优化投资环境，从而推动经济增长。主要表现在以下两个方面：

一是壮大资本市场规模，稳定经济发展。一国的金融资产与机构

---

① 所谓心理预期是指消费者根据一定的经济信息对于那些与消费决策相关的不确定的经济变量做的估计和预测，是个人对未来经济发展形式所做的一种主观判断。

资产总体上呈现正相关的关系，机构投资者资产所占 GDP 的比例越高的国家，资本市场的规模也越大。而保险公司的资金具有的长期性、稳定性和规模性特点，为资本市场提供了规模巨大的资金的同时也起到了稳定市场的作用，从而能保障经济的平稳运行。

二是优化投资环境[①]，带动投资需求。在保险业比较发达的国家，保险功能和作用的发挥比较充分，覆盖到社会生产和生活中的方方面面，可以看作是与通信、交通、能源等硬件设施不相上下的软件基础设施。比如，保险的经济补偿功能有利于企业生产链条自动修复，保障经济平稳运行；保险的长期资金融通功能可以为国家基础设施建设提供充足的资金支持；保险的社会管理功能的充分发挥可以化解社会矛盾，维护社会和谐稳定。所以，保险业的发展有利于优化投资环境、带动投资、促进经济增长。

3. 对出口需求的影响

出口型企业在国际市场竞争中会面临较高的风险，比如进口国政策调整风险、产品的运输风险、信用风险等，会给企业带来不同程度的经济损失甚至会导致企业的破产，减少出口规模，不利于经济增长。而保险能够在一定程度上降低出口企业的风险，促进一个国家出口总额的增长，主要表现在以下三个方面。

一是提升出口企业信心。出口企业在经营过程中，一方面会面临海外市场上的信用风险，同时还会遭遇出口收汇风险，导致有订单不敢接，影响出口贸易规模。而保险的经济补偿功能可以帮助企业建立风险转移机制，解除出口收汇的后顾之忧，化解有单不敢接的困境，扩大出口规模。

二是增强出口企业竞争力。由于会受到一些国家货币的大幅贬值导致出口产品价格的不断下降，相应也减弱了出口商品的竞争力，降低出口企业市场份额。而出口信用保险的市场拓展和信用管理功能，可以帮助出口企业采用更具竞争力的支付方式，抢占市场份额，提升

① 经合组织（OECD）等许多国际组织和著名中介机构，都把良好的国内保险市场和再保险市场作为衡量一个国家和地区投资环境的重要标志。

出口企业的国际竞争力[①]，保障出口贸易规模的稳定。

三是缓解出口企业贸易融资压力。保险通过其资金融通功能，可以增强融资银行信心，有效缓解因国外进口商或融资银行流动性不足而导致出口企业国际贸易融资压力，稳定出口贸易规模。

（二）保险业对经济增长外生变量的影响机制

1. 对技术进步的影响

一是通过直接渠道大大促进了科技进步。针对科技发展的保险产品不断丰富和发展，包括研发、销售、后期服务等各类保险层出不穷，以及针对科技人员的组合保险产品日益增多，有利于降低创新者面临的风险，推动企业技术创新，从而对经济增长起到助推作用。比如在美国，没有产品责任保险，许多医疗、生物方面的创新就根本不可能实现或被运用到实践中。

二是通过间接渠道增加企业研发投资，增强自主创新能力。近年来，包括我国在内的世界各国，越来越清醒地认识到，要保持经济长期稳定增长，自主创新具有不可替代的重要性。但在创新过程中，会不可避免地伴随风险。保险资金是资本市场中风险投资基金的主要来源，各种创新企业的主要资金往往来自保险业，特别是寿险业资金。从发达国家的经验来看，保险在推动自主创新方面能够发挥积极的作用。如在美国和英国，创业投资公司的资金中，保险资金份额排在前三位。从整个欧洲来看，约9%的创业投资基金来自保险公司。

2. 对信息完备的影响

一是降低信息不完备带来的影响。保险业的信息不完备，主要包括道德风险和逆选择，其中：道德风险范畴包括“隐藏知识”和“隐藏行动”[②]两类问题；逆选择范畴包括“信息甄别”和“信号传递”[③]两类问题。基于上述的信息状态，促使保险供需双方在产品研发、销售、后期服务方面将主要的关注点转移到风险中性控制层面，而不是简单的保费标准博弈，以最大程度地实现经济增长所要求的风险管理

① 比如在通信领域，已为中兴通讯公司、华为技术有限公司在23个国家的55个项目提供了保险支持，增强了企业的国际竞争力。

② 科斯、斯蒂格利茨等. 契约经济学[M]. 北京：经济科学出版社，1999：25.

③ 科斯、斯蒂格利茨等. 契约经济学[M]. 北京：经济科学出版社，1999：26.

指标。这在客观上，夯实了经济增长的信息条件供给基础。

二是降低契约不完备带来的影响。契约的不完备，导致契约行为的有限性，①由于社会变迁预期，消费者对条款所界定的内容不清楚，进而认为不可信；②供给者对契约的约束机制不清晰，进而认为不合理。对应的方法有两个，要么补充契约使契约趋于完备，要么在承认契约不完备的情况下再次寻求次优的最优。基于上述的契约及行为状态，促使保险业变单一性项目计划，向组合型、复合型项目计划转变，有效保证了经济增长所要求的系统化风险规避目标的实现，这在客观上，夯实了经济增长的契约行为的保障基础。

3. 对制度安排的影响

从某种意义上讲，保险的经营过程，就是进行社会管理的过程。如果保险参与到社会生产生活中各个环节，保险的社会管理功能得到充分发挥，就可以有效地协调各种利益关系，化解社会矛盾和纠纷，推进公共服务创新，提高政府行政效能，促进社会安定、有序、和谐发展。这主要表现在两个方面：

一是完善的社会保障体系建设。社会保障制度通过国民收入的分配和再分配，调节社会不同阶层之间的收入差距和利益关系，保证社会成员基本生活要求得到满足，起到了“安全网”和“减震器”的作用。保险是社会保障体系的重要组成部分，在完善社会保障体系方面发挥着重要作用。如城镇和农村商业养老和健康保险产品，为社会公众提供了多层次、个性化的养老健康保障，并覆盖到那些未享受到社会保险的人群，从而提高了社会的养老保障水平，为促进社会稳定和谐提供了有力支持。

二是辅助社会管理。保险是一种市场化的风险转移和社会互助机制，是通过经济杠杆管理和化解社会矛盾的有效途径。通过发挥保险的辅助社会管理功能，有助于促进传统的以政府为中心的社会管理模式向现代的不同组织机构分工合作的社会管理模式转变，降低社会管理成本，提高社会管理效率，促进社会稳定和谐。比如，通过发展第三者责任保险、环境与污染责任保险等，用商业手段解决责任赔偿等方面的法律纠纷，有利于降低社会诉讼成本，提高解决纠纷的效率；

通过高危行业建立保险制度，可以提高安全生产管理水平，分担政府责任，减轻财政压力等；农业、养殖、畜牧业以及森林防护保险制度的完善，不仅具有生产领域的保障职能，而且是国家扶植政策的具体体现；巨灾风险债券以及各类衍生工具的发展不仅体现出金融创新的价值，也是国家经济制度不断谋求通过市场机制加强社会管理的有益尝试。

三、功能视角的保险业发展对经济增长的影响机制

（一）经济补偿功能与经济增长

国民经济的平稳运行是经济增长的基础。而灾害损失的发生会影响社会生产的持续性，导致经济发展的成本上升，影响经济的增长。由于财产保险和人身保险的不同，从两个方面来阐述保险业对于经济平稳的保障作用：

财产保险由于其属于对有形财富的补偿，在风险发生后，可以通过保险金的赔付使生产快速恢复，实现经济的平稳发展。我国是一个自然灾害相对严重的国家，灾害种类多，频率高，当前我国灾害救济的主要渠道是政府财政支出、社会捐赠、商业保险、自我承担。如图4-13 所示：政府财政支出受财政压力的限制，基本维持在一个较低的水平[①]；社会捐赠和灾害损失基本呈现同一个趋势，占比基本在 5%以下，稳定性不够，而且存在管理上的困难，其运行效率有待提高；财产保险赔付[②]一直保持一个持续增长的态势，在一定程度上表明了保险业在应对自然灾害中的作用逐渐增强。自 2007 年开始农业保险财政补贴以来，农业保险 2008 年成为仅次于美国的第二大农业保险市场，其在产品创新、高科技技术应用、巨灾制度建设、三农服务方面取得了长足的进步，在应对农业日常灾害和巨灾中发挥着重要作用。

① 说明：图中仅仅是中央政府下拨救灾财政支出，没有获得各地方政府的救灾支出数据。

② 说明：由于无法得到专门针对巨灾的赔付统计数据，这里用整个财产保险业的赔付数据来表明变化的趋势。

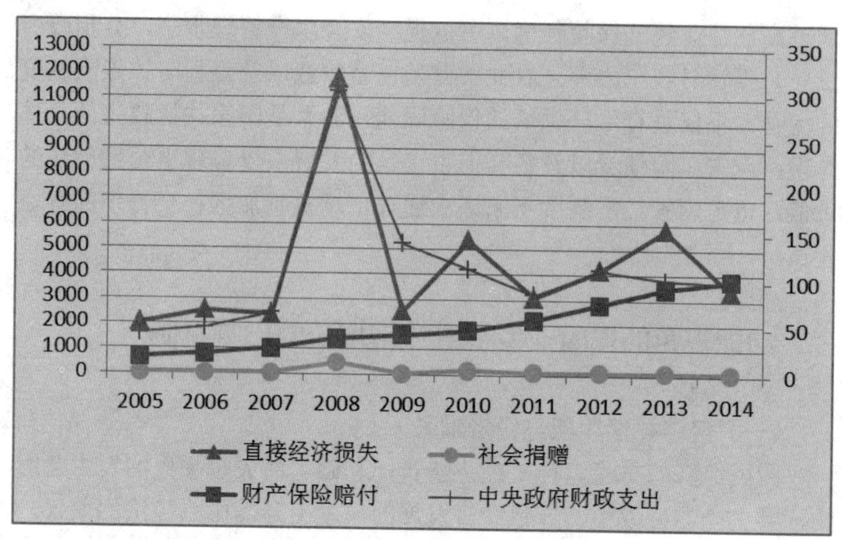

图 4-13　中国自然灾害损失及其损失承担渠道数额变化趋势图

而且随着保险行业未来风险预防和控制能力的提高以及介入风险管理程度的增加，可以有效地降低风险发生的概率和损失程度，这将对于经济的平稳发展提供了更为有利的支撑和保障。

人身保险是针对人的身体和生命提供相应的保障，其经济补偿作用主要体现在其通过寿险、健康保险、意外保险以及养老保险产品保证个人及其家庭的基本生活的稳定和生产能力的恢复与维持。从经济增长的角度来看，人力资本的总量和质量在经济增长中的作用日趋重要，人身保险通过保证了人力资本的稳定性来促进经济增长，同时其保证了家庭的日常支出的稳定，在一定程度上保证了总需求的稳定性，总需求的稳定保证了经济的持续平稳发展。

（二）资金融通功能与经济增长

1. 保险业发展促进金融体系的完善

所谓资金融通是指保险资金的积聚、流通和分配过程，主要表现在保险资金的积聚和运用两方面。就整个金融体系来看，有无保险资金融通职能的充分体现，已经成为传统单一性金融体系与现代复合型金融体系的分水岭。而且金融体系中，保险业所占据的位置，已经成为金融体系创新与否的重要评判标准之一。一个高度发达的金融体系应该拥有多元化的金融机构和多样化的金融工具，其种类越多，整个金融体系的效率越高，对经济增长的贡献越大。保险业的自身快速发展就是对金融体系的一种完善，而且它可以通过自身的投资活动，在银行、证券和保险之间实现金融资本的合理流动和有效配置。保险作为金融中介之一，在资金融通方面有两大优势，能有效地提高金融中介的运行效率：一是延长投资期限，与银行业相比，保险资金尤其是寿险资金因为具有长期性、稳定性和规模性的特点，可以为资本市场提供大量长期的资本流入，推动资本市场规模增长和结构改善。二是扩大投资量。保险公司作为机构投资者直接或间接地为金融市场提供大量资金，增加了市场上各种金融产品的需求，从而提高了市场整体绩效，增进了金融深化程度。

2. 保险业发展促进金融市场的发展

随着我国保险资金运用渠道不断拓宽，保险融资也对我国金融的发展发挥了积极作用。一是国民经济发展对保险融资的依赖程度逐步增大。如下图 4-14 所示，保险业资金运用余额和社会投资额[①]基本是一个上升的趋势，其占社会投资总规模的比重基本呈现一个上升的态势，仅仅是由于 2008 年金融危机的影响，略微有所下降。这表明保险业资金运用在整个社会投资中的地位和作用越来越大，在通过社会投资影响国民经济发展。二是对稳定资本市场做出了积极贡献。在市场经济发展成熟的国家，保险基金、养老基金和证券投资基金是资本市场最主要的机构投资者。以美国为例，2002 年美国的保险和保障类养老金公司在金融体系中的比重就已经达到 30%左右，由此可以看出保险资金对资本市场的重要程度。我国保险业自 1999 年被允许投资于证券投资基金以来，各保险公司持有的证券基金的比重在逐年加大，到 2015 年上半年，股票和证券投资基金 15386.11 亿元，占比 14.84%，逐渐成为资本市场主要机构的投资者。保险资金所具有的持续性和稳定性的特性，有助于减少资本市场的不稳定，促进资本市场的发展。

① 社会投资额用的是国家统计数据中按照支出法计算的国内生产总值中的资本形成总额，由固定资产形成额和存货增加两部分组成。

资本市场的稳定与发展有利于刺激消费增长，提高金融资源配置效率，减少经济的周期波动，从而有利于经济的增长。

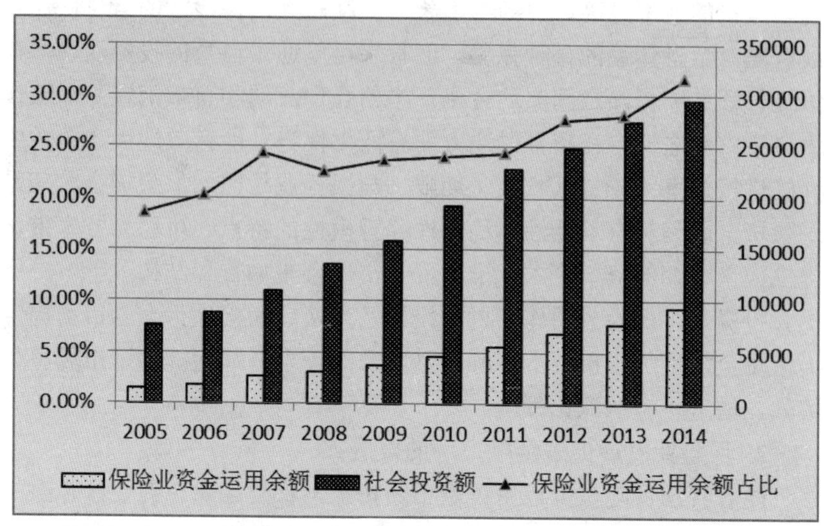

图 4-14 社会投资总额、保险业资金运用余额及其占比图

（三）社会管理功能与经济增长

社会管理功能是具有我国特色的保险业功能，我国对保险业赋予了更多的社会责任方面的要求。从本质上讲，保险的社会管理功能主要是通过促进社会资源的配置效率——投入到边际生产率最高的项目——来推动经济的发展。主要表现在以下四个方面：

一是社会保障管理方面。在我国的国情下，现阶段社会保障坚持扩大覆盖面，满足人们基本生活需求的原则，商业保险一方面可以有效地满足人们日益增长的多样化保障需求，为社会保障提供了有力的补充，目前正在全面推行的大病保险就是例证；另一方面，商业保险机构借助自己在过程管理、渠道建设、资金运用方面的优势，广泛参与到社会保障运行领域，提高社会保障的运行效率。商业保险机构广泛参与到新农合运行中，极大提高了新农合的运行效率。社会保障体系的完善，会扩大内需，促进消费，保证社会的稳定，促进经济增长。

二是社会风险管理方面。保险是经营风险的特殊行业，已渗透到社会的各个部门、各个行业，是风险的集散地。保险不仅能够在风险识别、风险度量、风险处理等风险管理各个环节发挥作用，而且在长期的风险管理中积累了大量的损失资料，为社会风险管理提供了有力的数据支持。同时，保险公司积极宣传普及保险基础知识，帮助广大消费者提高风险管理意识，减少了因人为因素而发生的非系统风险，实现了对风险的控制和管理，从而为经济的稳定增长创造了一个良好的环境。

三是社会关系管理方面。经济结构的调整和转型容易产生社会失序、经济失调、心理失衡等不稳定风险因素，而保险被誉为社会的“稳定器”，有利于消除各要素之间的摩擦，减少冲突，维护良好的社会秩序。比如被保险人一旦出现责任事故，可以很快地通过保险公司解决，不必纠缠于旷日持久的官司，减少了社会的摩擦和冲突，整个社会运转效率高，促进了经济增长。

四是社会信用管理方面。保险产品实际上是一种以信用为基础、以法律为保障的承诺，消费者购买的是当保险事故发生时保险人履行的支付赔款的承诺。比如，可以通过大力发展出口信用保险，推动对外贸易的发展，促进经济增长。再如，还可以利用商业信用保险来减少企业拖欠账现象发生，维护市场的稳定。因此，保险有助于提高社会信用，社会信用的提高也规范了市场经济秩序，降低了交易成本，提高了社会经济效率，促进了经济增长。

第五章

中国保险业未来发展模式转变的重要举措

第一节　保险市场化改革

中国保监会主导的对于保险重点领域与关键环节的市场化改革，是对保险业发展需求的适应，是中国保险业发展的内生动力。保险市场化改革主要包括三个方面：费率市场化、保险资金运用与市场准入退出机制。

一、费率市场化改革

世界上保险发达的国家和地区，保险费率大多经过了严格的费率管理到放松费率管理，最终实现费率自由化的过程。我国政府对保险费率的管理过程基本也是沿着这种趋势发展的。严格的费率管制政策在特定时期对维护投保人和保险公司的利益，促进保险市场健康良性发展有着不可磨灭的积极作用。然而，随着国民保险意识的不断加强，保险市场需求不断释放，“大一统”的保险费率已无法满足消费者多样化、个性化的保险需求。严格的费率管制也抑制了保险公司的经营灵活性，保险公司自主定价能力得不到提升，难以适应激烈的市场竞争的要求。实施费率市场化改革，最终实现费率自由化，是我国保险业繁荣发展的必经之路。目前我国保险费率市场化改革的主要焦点集中于机动车辆保险与人身保险的费率改革。

（一）商业车险费率市场化改革

2015 年 2 月至 3 月，中国保监会相继出台了《关于深化商业车险条款费率管理制度改革的意见》《深化商业车险条款费率管理制度改革试点工作方案》，明确了商业车险市场化改革的方向、方案、步骤及时间表。

1. 商业车险费率市场化改革主要内容

（1）职责分明的条款费率管理体制

明确了中保协、财险主体、监管机关在商业车险条款费率管理体制中的职责分工和工作任务。中保协负责拟定商业车险示范条款和保费行业基准，建立商业车险新型条款评估和保护机制。财险主体负责自主确定商业车险条款，科学厘定商业车险费率，依法报批商业车险条款费率，建立商业车险条款费率监测调整机制。监管机关负责对商业车险条款、费率进行审批和动态监控，完善费率回溯分析机制和偿付能力监管体系，确保财险主体自主制定商业车险产品费率厘定合理、不侵犯消费者合法权益。

（2）以行业示范和自主创新共存的产品体系

在商业车险产品体系上，一方面，要求中保协在综合型示范条款基础上，进一步完善商业车险示范条款体系，增加不同保障范围的商业车险示范条款；另一方面，鼓励财险主体积极开发商业车险创新型条款，引导财险主体为保险消费者提供多样化、个性化、差异化的商业车险保障和服务，并给商业车险创新型产品给予一定期间的保护，确保创新产品的先发优势。同一财产保险公司可以同时使用示范条款和创新型条款，车险市场逐渐形成以行业示范和自主创新商业车险产品共存的产品体系。

（3）逐步放开的费率形成机制

根据非寿险精算原理，明确商业车险费率厘定公式为：

保费=基准保费×费率调整系数。

基准保费=基准纯风险保费/（1－附加费用率）。

其中商业车险基准纯风险保费和主要费率调整系数，由中保协组织行业力量在建立车型标准数据库的基础上进行测算、发布和调整。附加费用率、自主费率调整系数及其调整标准财险主体根据相关规定自主测算确定并上报监管机关审批通过。同时监管机关将根据保险市场发展水平，不断扩大财产保险公司费率调整自主权，最终形成高度市场化的商业车险费率形成机制。

2. 商业车险费率市场化改革的影响

从 20 世纪末到 21 世纪初，国际保险市场相继完成了车险费率市场化改革，从各国车险市场化改革经验来看，一般都经历了两个阶段：一是分阶段逐步实行费率市场化阶段，监管当局逐步扩大费率市场化的市场范围和费率浮动范围；二是条款和费率完全市场化阶段，此阶段将条款制定和费率厘定的自主权交还给保险公司，由此来促进保险市场的产品和服务创新，激发市场活力，提升市场效率。从第一阶段发展到第二阶段一般经历了 3～5 年时间。车险费率市场化的过程是一个动态的发展过程，车险市场也会因此而发生复杂的变化。我国商业车险市场实施费率市场化后产生的结果做出了一个预判。

（1）第一阶段引致的市场变化（3～5 年左右）

①商车费率整体平稳略有下降，赔付率略有提升。

第一阶段逐步放开和扩大自主费率调整系数的使用，将导致优质业务的费率将下行，同时因保障范围扩大，市场化改革后初期商业车险费率水平将下降，赔付率上升。但由于整体费率受管制影响，同时大型保险公司规模优势未得到完全释放，因此整体费率及赔付率水平仍将保持平稳。

②创新产品逐步蚕食示范条款市场份额。

从消费者特定需求或营销角度设计的创新产品在特定领域内毫无疑问竞争力将优于行业示范条款，而部分创新产品的高门槛及对创新产品的保护期，将有利于优质创新产品的发展。创新产品将逐步蚕食示范条款市场份额，在产品创新落后的财险主体在竞争中处于不利地位。

③新兴渠道逐步蚕食传统渠道市场份额。

互联网、电子商务渠道的发展以及与渠道营销高度契合的创新产品不断涌现，将成为打破目前传统渠道格局利器，传统渠道将出现萎缩，而以互联网、电子商务、社区门店、创新模式管理的个人代理、保险比价平台、股东资源平台将成为新兴渠道蚕食传统的代理、直销渠道市场份额。

④公司的管理效率、运营模式、风险定价能力成为企业盈利的关键。

随着商车费率市场化的推进，导致在一定维度下保费与风险匹配将趋向平衡，财险主体能否盈利将从业务选择能力转移到成本管理能力上。风险定价是否精确、是否能实现低成本营运、是否能实现较高的管理效率将成为企业盈利能力的关键。

⑤产品营销和客户服务能力在市场竞争中作用得到加强。

在价格、渠道、品牌之外，产品营销和客户服务能力在市场竞争中的作用将不断得到加强和凸显，保险销售将逐渐和现代营销理念接轨，尤其在部分新兴渠道中。

（2）全市场化阶段进一步引致的市场变化（3～5 年以后）

①商车费率大幅下降，赔付率上升显著。

随着费率市场化推进和放开，大、中型保险公司的规模优势将全面转化为价格优势，中、小公司被迫进行价格跟随，市场整体商车费率将大幅下降，赔付率将显著上升，中、小公司经营困难加大。

②中介市场重构。

随着产品的市场化，低成本渠道的创新产品将对现行格局中高中间费用的中介市场产生革命性冲击，中介市场的中间费用将大幅下降，以高额中间费用支持运营的中介机构将被市场淘汰，具备专业营销能力或掌握特定资源的中介机构将成为中介市场主体。

③大、中型财险主体规模优势逐步呈现，市场集中程度提高。

随着费率市场化推进和放开，大、中型财险主体的规模效益、管理效能全面转化为价格优势，大、中型财险主体拥有品牌、价格、产品、服务的全面优势，相反，未完成转型小型保险公司在竞争中缺乏优势，市场集中程度将提高。

④未完成转型中、小财险主体市场竞争力进一步下降，将面临退出市场风险。

在完全的市场化阶段，如不能在产品、区域市场、经营模式、分销渠道上实现创新，形成成本或某一领域的相对竞争优势，中、小财险主体势必会在市场竞争、成本管理上面临双重困难，部分主体将由于市场份额萎缩、丧失中长期的盈利预期转而寻求兼并重组，甚至面临退出市场风险。

⑤拥有低成本分销渠道、客户管理能力较强且拥有大量准客户信息的市场主体将成为新的市场进入者和挑战者。

（二）人身保险费率市场化改革

我国寿险业经过 20 多年的快速发展，已经基本具备推进费率改革的基础和条件。2013 年 8 月 5 日，《中国保监会关于普通人身保险费率政策改革有关事项的通知》实施，普通型人身保险费率改革正式启动。按照普通型、万能型、分红型人身险，人身保险费率改革分三步走的基本路径，目前我国人身险费率形成机制已完全建立。

1. 人身保险费率市场化改革的主要内容

在这场改革中，整体思路是“放开前端、管住后端”，其实质就是将前端产品定价权交还保险公司，产品预定利率（或最低保证利率）由保险公司根据市场供求关系自主确定；后端的准备金评估利率由监管部门根据“一揽子资产”的收益率和长期国债到期收益率等因素综合确定，通过后端影响和调控前端合理定价，从而管住风险。具体而言，改革的主要内容包括：

（1）费率形成机制的市场化

此次费率政策改革不同于以往简单地调整寿险预定利率，而是将定价权完全交给保险公司。普通人身保险与分红险的预定利率、万能险的最低保证利率由保险公司按照审慎原则，根据市场环境和自身经营管理水平自主确定，接受保监会监管。

（2）差别化的准备金评估利率

改革方案中，普通型人身保险保单实施3.5%的法定评估利率，万能型人身保险的评估利率上限为年复利3.5%，分红型人身保险未到期责任准备金评估利率为定价利率与3% 的较小者。为服务国家民生、支持商业保险参与完善多层次养老保障体系建设，此次改革还提出了对国家政策鼓励发展的普通养老年金或者保险期间为10年及10年以上的其他普通型年金保单，允许法定责任准备金评估利率上浮，上浮上限为评估利率的1.15倍和预定利率小者。该举措有利于支持行业大力发展长期养老业务，为保险业筹集更多长期稳定的资金，进一步提升保险行业在金融业中的竞争力和影响力。

（3）降低保障类产品资本要求

为鼓励保险公司发展风险保障业务，实现经济补偿功能回归，服务经济社会发展，此次改革对风险保障类业务的资本要求做出了重大调整。在计算长期人身保险业务中与风险保额相关的最低资本时，将原先简单按照保险期间确定计算系数的方法调整为按照保险责任类别确定计算系数，并对系数总体上进行了下调。这项改革举措，使得我国人身保险业的资本标准更符合国情，有利于提高人身保险的资本效率，进而调动保险公司积极性，优先发展保障性业务。

（4）放开附加费用率内部比例限制

个险渠道作为寿险行业的传统销售渠道，目前存在增员困难，营销员脱落率高、留存率低等突出问题，核心原因在于营销员佣金收入偏低。针对该问题，此次改革在控制总体费用水平、确保消费者利益不受损害的前提下，放开了附加费用率内部比例的限制，允许保险公司自主确定佣金水平，佣金比例可达到附加费用率的上限。放开附加费用率的内部比例限制，有利于提高营销员的收入水平，缓解营销员留存难、增员难的问题，从而推动个险渠道营销业务更好的发展。

（5）改革的配套措施

为了配合此次费率改革，保监会陆续推出了一系列相配套的改革措施：一是保险条款和保险费率备案、审批管理制度。二是加强总精算师管理。该配套措施明确了总精算师的任职要求，指出总精算师对履职行为负有终身责任，并要求保险公司保障总精算师能够独立履行职责，切实发挥精算专业力量在实施费率市场化改革中的积极作用。三是提高分红保险的透明度，要求保险公司强化分红保险信息披露，在增强红利演示水平合理性的同时加强外部审计。

2. 人身保险费率市场化改革的影响

从已经实施一段时间的前两步费率改革情况来看，备案、审批的普通险与万能险费率改革产品明显增加，产品差异化逐步显现。在改革后普通型人身险主流产品价格平均下降幅度达到 20%，万能型产品价格在保障程度提高的前提下保持平稳。在消费者保险需求得到更好满足的情况下，保险业同时实现了业务的快速增长。据统计，2014 年我国普通型人身险保费收入同比增长 265%，增速较改革前翻了近三番；目前我国普通型人身险已占人身险保费收入的 34%，超过改革前近 26 个百分点；2015 年 3 月至 6 月万能型人身险同比增长 66%，占人身险保费收入的 22%，较改革前提升了 5 个百分点。这些数据显示，费率市场化改革是对提高我国保险密度与深度的有利促进。

2015 年 10 月 1 日起开始实施的分红型人身保险费率改革将继续释放人身保险费率市场化政策的红利，是对寿险费率形成机制的进一步完善。改革将彻底打破过去严格管制条件下的价格保护，激励寿险公司创新产品和改进服务，实现产品的多样化、服务的定制化和企业的差异化，从而更充分地挖掘和满足客户需求。改革还会凸显保险市场上不同经营主体能力的差距，具有优秀的经营管理水平与技术能力的寿险公司将会在市场胜出，落后公司被倒逼改进经营体制、提升管理水平，从而提高保险行业的整体竞争能力。

二、资金运用市场化改革

1. 资金运用市场化改革的思路

党的十八届三中全会《中共中央关于全面深化改革若干重大问题

的决定》（以下称《决定》）指出，应使市场在资源配置中起决定性作用和更好地发挥政府作用。为此，中国保监会提出“放开前端、管住后端”的监管思路，全面推进保险资金运用领域市场化改革。

“放开前端，管住后端”这一监管思路源于对政府与市场关系的正确认识。“放开前端”是指尽可能减少行政审批、核准等前置性管制手段的运用，让市场主体享有更大的经营和投资自主权，增强发展的内生动力。“管住后端”是指强化事中事后监管，加强对保险资金运用风险的持续性监测和监管，守住不发生系统性、区域性风险的底线。金融监管工作从而退出越位，补上缺位，提高监管效率的同时也优化资源配置，激发市场活力与创新动力。

2. 资金运用市场化改革的主要内容

（1）逐步放宽险资运用渠道与比例限制

从 1980 年恢复国内保险业务以来，保险资金运用经历了“放任—收紧—有限制的放宽”的螺旋式发展历程。2009 年颁布的新《保险法》，大幅放宽保险资金投资渠道，可以视为保险资金运用及监管进入开放期。2010 年《保险资金运用管理暂行办法》颁布实施，作为保险资金运用领域的纲领性文件，其对保险行业及相关投资市场产生重大而深远的影响。此后保监会逐步放开保险投资运用范围限制。2010 年中国保监会出台了保险资金投资股权和不动产的暂行办法；2012 年先后出台了保险资金投资债券、有关金融产品、基础设施债权、境外投资以及参与金融衍生品与股指期货交易的规范性文件；2014 年，保险资金运用领域进一步拓展创业板上市公司股票、集合资金信托计划、优先股、创业投资基金；2015 年 7 月，保险资产管理公司获允参与融资融券债权收益权业务。另一方面，整合简化监管比例，建立以大类资产分类为基础，多层次的比例监管新体系，将原先 50 余项监管比例减少至 10 余项，大幅度减少了比例限制，提升了资产配置自由度。

（2）简政放权，推进保险资产产品注册制改革

从 2013 年开始，保监会将基础设施投资计划等资管产品发行方式由备案制改为注册制，改变过去逐单备案核准的方式。减少行政审批，

程序化、规范化注册标准与流程，并授权中国保险资产管理业协会负责具体注册工作，提高保险资产管理产品发行效率。

（3）加强资金运用风险监管

强化非现场风险监测和现场检查，不断丰富信息披露、内部控制、分类监管、资产托管、偿付能力等事中事后监管工具；成立中国保险资产管理业协会，实施行业自律，搭建监管与市场的纽带和桥梁；提升监管信息化水平，建设资管产品集中登记系统，积极推进资金运用属地监管，构建多层次、现代化的监管体系，守住不发生区域性系统性风险底线。

3. 保险资金运用改革的成效

（1）多元化的保险资产配置格局基本形成

市场化改革拓宽了保险资金的投资渠道，给予其更丰富与更加弹性化的配置选择，保险资金配置空间不断得到优化。投资范围目前已从传统投资领域扩展私募股权投资等现代金融领域，从股票、债券等虚拟经济扩展到基础设施建设等实体经济领域，从国内市场扩展到国外市场，多元化的保险资产配置格局已经基本形成，资产配置的主动性与灵活性得到增强。

改革启动以来，债券和银行存款下降态势明显，2013 年两者占比总计 72.87%，2014 年为 65.27%，2015 年 8 月底为 59.71%；股票与证券投资基金以及其他投资增长较快。股票与证券投资基金 2013 年占比为 10.23%，2014 年为 11.06%，2015 年 8 月底为 13.07%。信用债、基础设施投资、不动产等另类投资 2013 年占比为 16.9%，2014 年为 23.67%，2015 年 8 月底为 27.22%。此外，根据保监会主席陈文辉在“第五届财新峰会把握海外投资的战略机会”论坛上讲话，截至 2014 年 11 月底，通过出口信用保险、投资境外企业股权、设立境外机构、投资不动产等方式，中国保险业海外投资总额达到 159.9 亿美元（折合人民币约 1000 亿元），占保险业总资产的 1.26%。

（2）保险资金运用效率显著提高

2014 年，保险资金运用财务收益率 6.30%，综合收益率 9.17%，均创近五年来最好水平，投资收益 227 亿元，同比增长 106%，行业利润总额 2046.59 亿元，同比增长 106.43%；截至 2015 年 8 月，保险资金运用实现收益 5586 亿元，同比增长 105.3%，投资收益超过 2014 年全年 227 亿元，预计利润总额 2391 亿元，同比增长 117.6%，两者均已超过 2014 年全年水平。值得注意的是，另类投资资产受会计分类和估值影响，短期内收益释放较缓慢，而从长期看还将带来较高的收益。保险资金运用投资收益长期向好。

（3）保险资金服务实体经济的方式和路径多样化

2014 年 8 月公布的《国务院关于加快发展现代保险服务业的若干意见》指出要建设能够促进经济提质增效升级的现代保险服务业。2014 年 12 月，保监会许可并规范保险资金投资创业投资基金，支持科技型企业、小微企业、战略性新兴产业发展。2015 年 9 月，保监会发布通知，指出要进一步发挥保险资金长期投资的独特优势，允许通过设立成长基金、并购基金、不动产基金等一系列基金等方式支持实体经济发展。包括基础设施投资计划、不动产投资计划、股权投资计划、项目资产支持计划、资产组合投资计划等系列产品的保险资产管理产品已成为保险行业支持实体经济发展的重要途径。2014 年末保险资金基础设施投资计划等产品规模突破 1 万亿元，有力地支持了国家重大基础设施建设、棚户区改造等民生工程，具体项目包括投资 360 亿元参与中石油管道项目、投资 121 亿元建立振兴粤东西北城市发展产业投资基金等。

（4）保险行业创新动力显著增强

资金运用市场化改革放开了“前端”，意味着市场主体拥有更多的风险判断权、投资自主权与选择权，增强了企业创新意识，激发了市场活力和创新动力。保险资金投资方式、产品形式、交易结构等更加灵活多样，保险另类产品发行效率显著提高，保险基础设施投资计划、项目资产支持计划与股权投资计划等保险资产管理产品规模发展迅速。

4. 提高险资运用效率，加强风险防控的建议

我国的保险资金运用市场化改革目前已取得了一定成果，然而只有不断深化改革，提高市场主体保险资金运用能力，提升保险资金监

管现代化水平，才能够巩固目前行业整体向好的成果，持续激发市场活力，防范和化解市场风险。为此，我们需要在以下几个方面着力：

（1）深刻理解保险资金运用的内在规律

保险资金主要源于保险产品的各类准备金，结构复杂，具有长期性、负债性等特性。保险资金具有追求长期、安全、稳定回报的内在要求，决定了资金运用必须坚持以固定收益、类固定收益为主的投资方向，并应当实施多元化投资策略，实现资产和负债的长期匹配与动态管理。针对某些高风险、高收益投资品种，可以加大产品创新力度，通过层层分散、合理设计交易结构等技术手段，把收益和风险分布属性回归成为类固定收益产品，以达到熨平风险的效果。

（2）重视保险资产负债匹配管理

实现保险资产与负债的长期匹配和动态管理，是保险公司风险管理的一项核心内容。目前，多元化的保险资产配置格局已经基本形成，这为保险资产负债管理提供了良好的基础条件。此外，在利率逐步实现市场化的背景下，投连险、分红险和万能险等利率敏感性保险产品的发展，也为保险资产负债管理提出了更高的要求。保险公司应当牢固树立保险资产负债匹配理念，严格落实资产负债管理机制，积极协调产品开发与投资运作。

（3）积极推动保险资金运用创新

不断推进的市场化改革步伐，为资金运用的创新开拓了新的空间。特别是在金融行业混业经营、创新不断与市场竞争加剧的背景下，险资运用的创新有利于保险公司获取与强化竞争优势。为此，监管部门应当进一步深化改革，推动市场创新，释放政策红利。一方面，以宽容和开放的态度来看待行业创新与创新带来的问题；另一方面，跟上行业创新步伐，加快法律及各项规章制度建设，在论证创新合理性的基础上强化事中事后监管，防范市场风险。

（4）进一步提高保险资金运用监管的水平

保险资金运用市场化改革的重点与难点在于如何更好地把强化监管与推进市场化改革创新相结合。目前，我国保险资金运用监管仍存在制度与规章建设、监管人员的数量和素质均无法满足市场快速发展的要求，监管手段落后于整个金融业监管的水平等问题。为此，应当持续加强和改进保险资金运用监管工作，坚持依法监管，提升信息化监管水平，加强监管基础设施建设，优化保险监管的现代化水平。

三、深化保险市场准入退出机制改革

保险企业进入或退出保险市场，是对保险市场经营主体数量变化，市场竞争积累程度及市场竞争格局变化的直观反映，是对保险资源优化配置的客观过程。健全的保险市场准入与退出机制，是构建公平、公正、有序、效率的市场环境的客观要求，是对保险消费者合法权益的充分保护，是反映保险市场成熟程度的重要标志之一。建立完善的市场准入退出机制，进一步提高保险市场运行的效率，既是保险行业自身发展的需要，也是提升行业竞争力的需求。

在 2014 年 10 月北京“金融街论坛”上，周延礼指出：“保险市场进入和退出机制改革要突出专业性、区域性的方向，遵循市场化、法制化的原则，坚持对内开放和对外开放并重，统筹规划市场准入和市场体系的培育。同时，要推进和规范并购重组为重点，建立法律和市场手段为主，形成手段为辅的多层次市场退出体系。完善保险保障基金的风险救助体系，有效地化解单个机构风险，确保不出系统性的风险。在具体改革措施上，包括实施保险公司业务范围分级分类管理，适度放开单一股东持股比例，建立中资机构准入审核委员会。制定保险公司并购管理办法，完善市场退出与风险处置制度，妥善处理外资股权变更事宜，继续推进保险营销体制改革等”。

保险业作为现代金融服务业，具有强的外部性，对经济与社会发展具有重要作用。保险市场机制在资源配置中发挥积极作用的前提是保险市场已经具有高度成熟度，具体表现在市场主体的独立性、价格形成的竞争性、市场体系的完备性与市场规则的健全性。制度的不健全，保险市场准入与退出机制的不合理性，会导致市场进入或退出过程中产生的负面效应被放大。保险行业关系国家经济金融主权和安全，进入与退出往往会涉及和引致众多经济与社会问题。仅仅依靠市场机制自发调节，会给保险行业乃至国民经济整体带来巨大风险甚至灾难。为此，应加强保险市场进入与退出过程中的政策引导与监管。

第二节　“互联网＋”模式下的保险体制机制

“互联网＋”是创新2.0下的互联网发展新形态、新业态。其作为先进的生产要素代表，为经济实体的改革、发展与创新等活动提供了网络平台，从而推动经济形态不断发生演变，提高全社会的生产力。在2015年3月举办的十二届全国人大三次会议上，李克强总理在政府工作报告中首次提出“制定‘互联网＋’行动计划，推动移动互联网、云计算、大数据、物联网等与现代制造业结合，促进电子商务、工业互联网和互联网金融健康发展，引导互联网企业拓展国际市场”。基于此，“互联网＋”模式下的保险体制机制，即“互联网＋保险业”，并不是简单的两者相加，而是以互联网作为基础设施与实施工具，促进其与保险业进行深度融合，实现保险社会资源配置的集成与优化，从而推动行业的创新与发展。本节将重点阐述在信息化浪潮席卷全球的背景下，“互联网＋”技术将如何深度改变我国保险行业，激发市场活力，促进行业繁荣与发展。

一、保险公司商业模式变革

在“互联网＋”时代，移动互联网、云计算、大数据等技术革新，改变了人们的生活方式与思维模式。互联网自身虽不能创造出金融产品与服务，但其“开放、共享、平等”的特性可以协助解决传统金融由于市场隔离、信息封闭、资源流动性差、数据非标准化、时间与地点限制等原因造成的诸多问题，为资金供求方提供了新的媒介。保险行业作为金融业的一个细分行业，利用互联网技术，改造与优化保险公司的需求挖掘、产品开发、销售、理赔以及高附加值服务提供等各个业务流程；按照互联网的思维重构与客户的接触界面、服务体验和产品，进而解决保险的更多需求；通过内部运营、组织和流程的扁平化管理提高保险公司的快速反应能力，商业模式得以重塑。

（一）保险客户需求深度挖掘

保险公司以往对于客户需求的预期与判断，多通过市场调研，目标标的产品销售情况、同类保险产品销售状况、客户反馈等方式获取，具有滞后性与粗糙性的特点，无法及时察觉市场需求的变化，也无法识别目标客户的有效信息，提供碎片化与定制化的保险产品及服务。而在“互联网＋”时代集聚的信息数据，类型繁多，规模庞大。更为关键的是，自媒体时代的社交媒介，没有任何的组织目标与指导方针碎片化的信息数据传播迎合了社会信息化的进程，具有即时性、时效性和反馈性的特征。通过互联网技术，可以挖掘这些数据蕴含的内在信息，建设符合企业类型的标准化数据库系统，保险公司从而可以实现深度的个性化的需求挖掘，识别潜在客户，掌握市场需求的全面信息与细微变化，并主动实现需求匹配。这项具有开创性质的工作也为保险公司的产品开发与营销奠定了良好基础。

（二）产品设计与定价精准化

在传统保险模式运作下，保险公司评估消费者的风险水平、消费能力与意愿的能力不强，在保险产品的设计与定价上，精算部门单一依靠以往经验的损失率表。这导致保险产品定价“一刀切”，部分领域保险产品定价过高。在大数据环境下，保险公司可以根据标准化数据系统，掌握到客户的社交媒体的行为、日常活动的主要轨迹、金融消费、健康记录、驾驶习惯等多方面的全量、实时、潜在的信息并据此进行详细分析，对产品精算模型做出个性化的调整，实现保险产品开发、成本管理与风险控制等方面的精确管理与控制，从而实现保险产品的精确定价与成本最小化，提高资源利用效率。另一方面，保险公司的风险管理与成本管控的精细化，也为保险产品创新带来了广阔空间，保险业长久以来的产品与服务同质化的问题有机会从根本上得到解决。譬如，在汽车保险定价时，可以根据驾驶员的健康状况，驾龄、驾驶习惯、违法记录、理赔历史，汽车的车型、车龄，行驶里程，使用频率，驾驶主要区域与线路，维修记录等充分识别风险，细化产品条款与费率考量，实现车险产品的个性化定制。又譬如，健康险产品设计领域保险公司可以通过大数据系统掌握到丰富的个体化的健康数据资源，从而进行一些开创性的尝试，针对客户自身的健康情况，为其量体裁衣，设计专属个体的健康险产品。不仅如此，大数据技术的发展解决了保险公司与消费者之间的信息不对称问题，精准化的保险产品定价截然不同于以往的粗化保险客户风险类别，风险暴露水平与保险价格不一致，从根本上避免了保险市场的逆选择，优质客户得到保留。

（三）线上线下销售整合

1. 运用大数据系统与平台进行线上销售

互联网保险已成为保险公司营销的重要渠道。相比较于保险公司常见的个人营销、银邮代理、电话营销以及专业与兼业代理等传统销售模式，互联网技术在销售领域主要的创新在于强调线上线下整合销售。通过对大数据进行深度挖掘以识别保险需求，从而掌握目标客户详实的个体资料，通过嵌入式消费场景，帮助消费者发现潜在需求，轻松实现针对目标客户的精准营销。以健康保险为例，利用标准化医疗数据系统提供的几乎每一位目标客户的医疗信息，保险公司可以针对由此反映出的目标客户的身体与健康状况，向其精准营销最为适合目标客户的保险产品，改善营销效果并提高营销成功率。又譬如支付宝账户安全险会在用户使用支付宝后主动跳出购买推送，淘宝运费险在消费者购买确定下单时自动出现可勾选购买运费险的选项。

互联网营销与传统销售渠道相比优势明显。线上销售有利于充分发挥互联网在保险产品销售中的优化和集成作用，将互联网的创新成果深度融合于保险产品营销的各领域之中，从而实现降低保险企业的展业成本，提高拓展分散型业务和客户的能力，有助于实现以客户为中心的模式的转变，提高产品开发和服务能力。常见的通过互联网营销保险产品的主要方式包括：搜索引擎，网站推广、电子邮件、视频植入、博客、微信，个人客户端，网络事件等。

在具体措施方面，由于保险产品具有专业且复杂的特性，因此在销售策略上，线上推广的保险产品条款内容往往比较简单且可以标准化处理，比较复杂、专业性更强的保险产品在适当条件下，可以通过线上销售。通过互联网线上销售条款相对简单、保费低廉、交易便利的保险产品，消费者可以享受到具有便捷性、权威性以及分散性的高品质保险服务。在现阶段“互联网＋”成为一种趋势的环境下，保险公司还可以与具有互联网属性的公司展开合作，后者通常拥有数量巨大的用户群与基于大数据所掌握的丰富的客户资料，从而为保险公司利用互联网平台进行线上保险营销提供得天独厚的优势。保险公司既能够通过会员的互联网业务领域自建线上营销渠道，也可以通过与知名电商建立不同形式的合作方式进行网络销售，从而获取保险市场的竞争优势。

2. 积极做好线上销售相关准备工作

由于保险产品属于复杂的非标准化产品，而要实现线上平台的标准化、高流动性与安全性，保险公司应当具备先进的专业技术能力与风险控制水平。要进行高效率线上保险产品销售，最大程度地响应网络消费者的保险需求，需要在线下做好相关领域的准备工作，譬如营销规划、流程设计、推广方式等方面开展针对性的工作。这也有助于构建适应目标客户真实准确保险需求的，线上线下高度配合的营销体系。

3. 开展线上线下整合销售

整合线上线下营销对于保险公司提高销售效率，在激烈的市场竞争中立足具有积极影响与作用。对线下营销与线上营销进行资源整合，实现两者的完美结合，是比较符合现阶段的经济与社会文化发展要求的商业模式，其可以强化与消费者的相互了解与沟通，增强保险公司的影响力与品牌竞争力。

在具体整合措施方面，包括以下内容：线上营销作为保险公司线下营销在网络空间的一种延伸，实现两者的相互融合。一方面微信服务号、手机客户端等多个线上平台或端口都能为客户或准客户提供查阅、咨询保险产品条款、价格、保障程度等服务以及购买入口，另一方面客户或准客户也能在线下享受相应的服务和权益；借助移动互联网技术，突破时间与空间的客观限制，实现保险公司与客户及潜在客户的即时、有效互动，提高展业效果；保险公司的互联网化，可以充分发挥虚拟空间可无限拓展的技术优势，即时向通过对大数据系统发掘的目标客户推送其所关注的保险产品相关信息；通过后台管理系统长期追踪保险公司网络销售平台的客户数据，利用大数据系统进行分析，对于消费者的真实保险需求、购买预期和心理因素进行更加深入与更加全面的掌控。

（四）注重发展线上结算理赔服务

保险公司将积极探索通过互联网实现如财务结算、理赔等服务，直接通过在线操作完成，从而简化业务流程，降低运营成本，实现利润增长。通过建立客户关系管理系统，保险公司记录客户的信息浏览与搜集、交易行为、身份信息等重要信息，以便进行数据挖掘与分析，发现客户的有效需求，提升保险欺诈识别，为客户提供个性化的解决方案。又譬如在医疗保险理赔领域，保险公司可以通过与即时的标准化医疗数据系统对接，在获取保险客户许可的情况下直接调用其医疗记录，免除通常理赔时需要提供的复杂单据与支持材料，进行线上的即时处理与结算，实现快捷、合理的理赔。不仅如此，线上结算理赔服务的发展与应用还将优化客户保险服务体验，有利于塑造行业良好形象，推动行业的快速发展。

（五）保险消费流程简单化

在保险业务的传统经营过程中，保险公司与客户之间信息不对称的情况较为突出。保险公司要求客户履行及时告知义务，投保时需要填写询问项目详多的投保单，在保险期间内出现危险程度增加的状况要主动告知，出现后需要及时提交理赔申请及各类繁琐的证明材料。而在“互联网＋是非”，保险公司可以通过各类渠道及时、主动获取包含丰富个人风险信息的描述数据，通过对这些数据的处理与分析从而获取到投保客户核保理赔的相关信息，掌握客户的风险状况变化，在主动控制风险的前提下进一步减少了投保人的告知责任，有效简化了承保理赔手续，保险消费流程变得更加简单。

在另一方面，简化的保险消费流程促进了“碎片化”保险业务的发展。碎片化风险需求的产生是互联网的典型特征，越来越多的碎片化产生的风险需要大量、高频、小额的碎片化、场景化保险产品与之对应。以往这类产品因为保费低廉、手续繁琐、成本相对过高而被保险公司舍弃，而如今大数据、云计算、移动互联网等技术的发展，使得保险公司能够降低此类产品营运成本，让专门开发成为可能，用户的需求得到释放。

以众安保险推出的航班延误险为例，用户通过其微信公众账号，可以在半个小时内购买一份航空延误险。飞机一旦延误两小时，用户根据缴纳保费不同，即可通过网络账户获得200～800元的理赔。延误时间越长，赔付数额越高。而在这个过程中，投保客户无须提供任何航班延误证明材料，众安保险的后台会直接与第三方系统对接，获取航班信息。在确认延误后，系统会自动打款，实现对航班延误造成的经济损失的赔偿。又例如，众安保险推出的“途虎轮胎险”，客户同样在短时间内即可通过官网和微信号实现成功购买。当购买的轮胎发生鼓包或爆胎时，用户可以通过客服电话和微信号报案，并将事故证明照片通过微信号在线提交。经过众安保险审核后，即可获得途虎轮胎抵用券作为补偿。如果受条件限制，无法即时提供事故照片，也可以在途虎先行购买轮胎。保险公司在审核通过后，会以现金方式返还赔偿。显然，在以往此类保险产品的投保与理赔手续极为繁琐，保险公司为了防范道德风险，对于索赔还有时间要求，而赔付额一般只有几百元，因为成本因素导致的保费相对于保额偏高。因此，用户的此类需求被压抑。

二、保险中介机构商业模式变革

保险中介是保险交易活动的重要桥梁和纽带，是保险市场的重要组成部分。目前，我国保险中介市场仍处于发展的初级阶段，与加快发展现代保险服务业的要求和满足保险消费者个性化、多样化的保险需要相比，存在一定的差距。为此，中国保监会出台了关于深化保险中介市场改革的相关方案，以促进保险中介市场健康规范发展，促使其在销售保险产品、改进保险服务、提高市场效率、普及保险知识等方面继续发挥重要作用，推动保险行业的健康快速发展。方案中明确提出，鼓励保险公司有序发展互联网销售这一保险销售新渠道新模式，鼓励专业中介机构探索“互联网＋保险中介”的有效形式，借助互联网开发形成新的业务平台。

（一）互联网渠道与保险中介优势互补

通过互联网渠道，保险公司直接销售保险产品与服务对于代理渠道存在一定冲击，但是从总体而言，互联网渠道与保险中介是优势互补的关系。

保险产品种类众多，有一些较为复杂，而且对于非专业相关的企业与民众，专业术语、产品条款以及价值计算难以充分准确的理解。需要保险代理或经纪机构对其进行详细解释。对于很多难以标准化的产品，如长期人寿险、企业财产险等，个性化情况复杂，条款纷繁，由专业人员跟进服务。此外，保险经纪还可以根据客户的实际情况与真实需求对不同公司的产品进行甄选与比较，代为与保险公司进行协商。保险中介的这种优势是保险公司的互联网渠道无法替代的。

核保是保险产品销售的重要环节，是保险公司风险控制的第一道程序。不同的险种对于核保的要求不同，有的险种对于客户信息的完善性与真实性要求较高。在目前，我国个人信息与信用基础并不完善的社会环境下，通过互联网渠道进行全部保险产品的销售是不现实的。保险中介与客户直接接触，可以及时了解和掌握客户的相关个人信息，有助于消除信息不对称问题带来的隐患。

受消费习惯的影响，部分客户可能会更愿意通过与保险中介面对面的沟通再购买保险产品与服务。通常年轻人更习惯通过互联网搜索公司与产品信息，购买金融产品。而且，目前我国保险市场上，客户并没有充分形成互联网保险的消费习惯，保险公司通过互联网销售的主体险种是理财型保险、短期意外险、赠险与车辆保险。

（二）“互联网＋”时代保险中介机构的变革

保险中介机构应积极探索“互联网＋保险中介”的有效形式，借助互联网开发形成新的业务平台。目前，市场上已有诸多中介机构推出O2O的保险直购运营模式，打造线上交易、线下服务的综合性保险产品网络电子商务平台。通过建立移动销售终端，实现保险产品线上整合销售，不仅体现了保险专业中介机构“移动保险超市”的功能，还可以实现“一人一门店”的销售模式。通过互联网或移动互联网平台为保险客户或准客户提供一对一的个性化风险管理、有价值的服务，销售过程也更加公开透明，保证了业务的真实性，“移动展业、风险管控”可同步完成，保险线下服务和线上服务实现无缝对接。

三、保险监管的新变化与新挑战

互联网 2.0 时代保险行业的创新与发展，也为保险监管工作提出了新的挑战。我们将从以下两方面进行重点阐述：

（一）加强互联网保险监管

如上文所述，随着互联网的普及与技术发展以及国家“互联网＋”战略的实施，保险公司与保险中介机构越来越多地通过设立自营网络平台或借助第三方网络平台进行保险产品的销售。根据中国保险行业协会披露的数据，2014 年互联网保险业务收入为 858.9 亿元，比 2011 年提升了 26 倍，是拉动行业保费增长的重要因素之一。2015 年上半年，互联网保险业务实现保费收入 816 亿元，同比增长 157%，已超越 2014 年全年保费。虽然与传统销售渠道相比，通过互联网进行直销或者实施中介行为具有许多新的特征，包括突破地域限制，运行程序化，无须面对面交流，场景碎片化等，但是具体运作方式的变化并不影响到此类销售与中介行为的本质特征，应与传统销售方式从事销售与中介行为一样纳入监管，甚至由于其特性而接受更为严格的监管要求。

2015 年 10 月，我国将开始实施保险监管部门颁布的《互联网保险业务监管暂行办法》，对互联网保险业务经营行为进行规范，以期保护消费者合法权益，促进互联网保险业务健康发展。《办法》对保险机构通过自营网络平台和第三方网络平台签订保险合同、提供保险服务的经营条件、经营区域、信息披露、经营规则以及违法违规行为的处理办法均做出了严格的规定。《办法》重点关注了适合互联网经营的保险产品及其销售范围、保险公司信息披露的具体内容与准则、信息安全、保险机构与第三方网络平台的责任与义务区分等热点问题，要求保险服务质量和风险管控可控，从而促进互联网保险业务健康发展，保护消费者利益。

（二）监管的信息化建设

党的十八届三中全会提出要让市场在资源配置中发挥主导作用，明确了政府机构改革与职能转变的方向，这要求政府在监管理念、监管机制、监管方式、监管手段方面改革创新。做好监管的信息化建设，以信息化推进监管工作的现代化，提高监管水平，是顺应“互联网＋”时代发展的必然要求。保险监管部门运用大数据、云计算等技术手段，开发、改造和升级新型监管信息平台，推进应用系统整合，形成监管部门、保险公司、中介机构、从业人员的有效对接，在平台上实现交易实时清晰、监管及时有效、服务公开透明；加强对监管人员的信息技术培训，提高监管人员运用信息技术手段的能力；推动保险公司加强信息系统建设，将保险公司信息安全评估指标纳入偿付能力风险防范体系，防范化解信息安全风险。

第三节　政府购买保险服务

2014 年 8 月《国务院关于加快发展现代保险服务业的若干意见》指出，应当将发展现代保险服务业放在经济社会工作整体布局中统筹考虑，使其成为完善金融体系的支柱力量、改善民生保障的有力支撑、创新社会管理的有效机制、促进经济提质增效升级的高效引擎和转变政府职能的重要抓手。《意见》提出鼓励政府采用多种方式向商业保险公司购买服务，在公共服务领域实现市场化改革，创新公共服务提供方式。《意见》的颁发是我国保险行业发展的重要历史机遇。政府向商业保险公司购买服务扩展了保险公司的业务空间，有利于增强普通民众的保险意识，树立行业的良好形象，从而促进保险业的长期发展。

目前，政府购买保险服务业务主要集中于两类：一是商业保险公司开展的各类养老、医疗保险经办服务，譬如城乡居民大病保险的受托承办工作；二是各地在财政支持下形成的，以商业保险为平台的多层次风险分散的巨灾保险制度。

一、城乡居民大病保险制度

2012 年 8 月，国家发改委等六部委联合发布了《关于开展城乡居民大病保险工作的指导意见》（以下称《指导意见》）。城乡居民大病保险制度是在城镇居民医疗保险（以下简称城镇居民医保）和新型农村合作医疗（以下简称新农合）保障水平较低的背景下，政府相关部门提出并推动实施的一项公共政策，是在基本医疗保障的基础上，对于大病患者产生的高额医疗费用提供进一步保障的制度安排，是对基本医疗保障制度的拓展和延伸，是对基本医疗保障的有益且必要的补充。《指导意见》中指出城乡居民大病保险应当坚持政府主导，专业运作的原则，由商业保险机构利用其专业优势，在政府的主导下承办大病保险，以提高大病保险的运行效率、服务水平和质量。显然，政府部门希望运用保险机制来解决或缓解城乡居民因遭遇重特大疾病，家庭支出增加而引致的灾难性经济困难，避免出现“因病致贫”“因病返贫”的现象。2015 年《国务院办公厅关于全面实施城乡居民大病保险的意义》（以下称《意见》）肯定了大病保险制度试点以来取得的成绩，大病保险工作将在 2015 年底在全国范围内全面推开。

（一）运行模式

《意见》对于城乡居民大病保险制度做出了总体设计，确定了政府主导，商业保险机构承办的基本原则。由政府为主导，体现了城乡居民大病保险是城镇居民医保和新农合（以下合称城乡居民医保）的拓展与延伸，具有公益性与福利性的特征，有利于保障民生，实现社会稳定。而保险公司按照市场化运作方式承办居民大病医疗保险，将有利于发挥市场在资源配置中的决定性作用，提高大病保险制度的运行效率、服务水平与质量。

在另一方面，《意见》也指出要因地制宜，机制创新。各地政府应当在国家确定的原则下，根据当地实际，制定开展大病保险的具体方案。大病保险保障水平要与当地的经济社会发展、医疗消费水平及承受能力相适应。《意见》鼓励各地方应不断探索创新，完善大病保险相关制度，建立大病保险长期稳健运行的长效机制。

（二）筹资模式

1. 筹资标准

由各地结合当地经济社会发展水平、医疗保险筹资能力、患大病发生高额医疗费用的情况、基本医疗保险补偿水平，以及大病保险保障水平等因素，科学合理地确定大病保险的筹资标准。

2. 资金来源

从城乡居民医保基金中划出一定比例或额度作为大病保险资金。城乡居民医保基金有结余的地区，利用结余筹集大病保险资金；结余不足或没有结余的地区，在城乡居民医保基金年度筹资时统筹解决资金来源。逐步完善大病医疗保险多渠道筹资机制。

3. 统筹层次和范围

开展大病保险原则上市（地）级统筹，鼓励全省（区、市）统筹。有条件的地方可以探索建立覆盖职工、城镇居民、农村居民的统一的大病保险制度。

（三）保障内容

1. 保障对象

大病保险保障对象为城镇居民医保、新农合或城乡居民医保的参保（合）人。值得注意的是，目前，浙江、江苏和新疆部分地区以及青海省建立覆盖职工、城乡居民的大病保险，但实际上一方面城镇职工医疗保险已有类似于大病保险的制度安排，另一方面，城镇职工医疗保险在缴费水平与保障水平方面普遍高于城乡居民医保。因此，想要建立“大一统”的大病保险制度安排并非易事。

2. 保障范围

大病保险的保障范围要与城镇居民医保、新农合或城乡居民医保相衔接。即大病保险的报销范围根据基本医疗保险目录确定。这意味着，大病保险主要解决基本医保报销比率过低、或起付线过高、或封顶线过低等问题，而对基本医疗保险目录之外、无法在基本医保基金中列支的医疗费用不予考虑。

3. 保障水平

政策要求城乡居民大病保险的实际支付比例不低于 50%；按医疗费用高低分段制定支付比例，医疗费用越高支付比例越高。目前，城乡居民基本医保对居民住院医疗费用的实际报销比例大体能达到50%以上。大病保险实施后，城乡居民大病患者医疗费用实际报销比例在基本医保报销的基础上分别提高了 10～15 个百分点。

从城乡居民大病保险的保障范围与保障水平可以看出，大病保险制度的实施虽然在一定程度上可以缓解部分大病患者及其家庭的经济压力，但仍无法解决部分患者的困难。特别是需要接受目录外医疗服务或服用大量目录外药品的参保病人。例如，器官移植患者与罕见病患者，其医疗费用只能主要依靠家庭自己负担。

（四）商业保险公司经办大病保险的优势

1. 利于提高统筹层次，增强抗风险能力

我国社会医疗保险统筹层次较低，大多是以县域或地级市域为统筹单位。分散式的经办管理，一方面导致风险分散局限在一定范围内，基金抗风险能力不足；另一方面，地区间保障水平的差异性也将影响着制度运行的公平性，也影响着重特大疾病保障经办管理的效率。更为重要的是，与统筹区域过窄紧密相关的异地就医与异地结算问题关乎参保患者的实际利益与参保体验，可能会为参保患者造成不必要的经济支出、耗费其时间成本，造成其经济困难。依靠政府医保机构实现异地就医费用实时结算成本巨大，而通过分支机构较多的全国性商业保险公司的垂直化的管理模式和跨区域的服务网络，有助于便利参保患者的异地就医和异地结算，间接提升医疗保障的统筹层级，增强了抗风险能力，有助于大病保险制度的公平性和长期稳健运行。

2. 简化异地报销程序，强化医疗费用监督

异地报销程序复杂，不合理医疗支出严重，难以监管的情况。目前，大多数地区要求商业保险机构提供“一站式”的医疗费用即时结算服务，方便患者报销。此外，保险公司可以依托其统一的信息系统与跨区域的服务网络，建立异地就医服务监督机制，控制和审核虚假

及过度医疗消费。保险公司可以通过建立自己的大病保险业务数据库，与医院的医疗信息系统与社保部门的基本医保信息系统实现有效对接，实现信息交换与数据共享，通过开发医疗费用自动审核系统，并在定点医疗机构驻点和巡查，结合专家团队及当地政策规定，强化医疗服务监督，区分不合规、正常及疑似案例，有效减少医疗费用的欺诈、浪费和不合理支出。

3. 解决政府人力不足问题，改进服务质量与效率

我国医疗保险政府部门的经办管理资源不足，特别是人力资源不足。根据相关数据，我国社保经办机构工作人员与服务对象比例长期以来一直处于持续增长状态。2004 年，社保经办机构工作人员与服务对象比例为 2887 人次，但到 2013 年，该比例已经增长到 9887 人次，9 年时间里增长了 2.42 倍。由于医疗保险报销手续的办理与疾病发生次数及诊疗次数相关，因此医保经办机构的工作人员与服务对象比例应当高于 9887 人次的社保经办机构的平均服务对象比例，日常工作负担必然繁重。

此外，受我国国家机关和事业单位人员招聘体制的约束，加之不同层级的经办机构，尤其是县级机构普遍存在经费不足问题，因此医保经办机构人力投入增长缓慢。如果由其承担大病保险保障制度的运行实施，加上医疗救助制度的整合，基层工作人员任务繁重，人力短缺等问题将更加突出。

相比之下，商业保险公司具有灵活的人员流动机制和弹性化的薪酬体系，可以根据服务人口规模的变化灵活调整就业人员的数量，保持合理的工作人员服务对象比例。商业保险机构组建的专业经办团队，充实了大病保险的经办力量，提升了大病医疗保险的服务质量与运行效率。

4. 专业化市场运作，提高风险管控能力

尽管经办基本医疗保险多年的社保部门拥有丰富的业务管理经验，但是这种具有政府包办性质的，带有强烈行政化色彩的管理只适用在实施初期进行快速高效的制度推行。随着医疗保险经办管理进入专业化与精细化的阶段，对于风险管控能力提出了更高的要求。商业

保险公司在其业务领域积累了丰富的经验，风险评估、保费测算、客户服务等方面均具有较强的专业能力，且拥有大量精算技术人才、具有医学背景的人才、投资人才、管理人才，其专业化的运营可以有效提高基本医保基金使用效率，提升保障水平，因而能更好地满足大病保险制度可持续发展的要求。

5. 有助于形成有序竞争、分工衔接的多层次医疗保障体系

商业保险公司利用专业化管理优势和市场化运行机制，有利于提高大病保险经营效率，也有利于提高基本医保的经办效率。不仅如此，商业保险机构开展大病保险可以形成医疗救助、基本医疗和商业保险之间的有效衔接，有利于完善多层次、多样化的医疗保障体系。

（五）商业保险参与大病保险的成效

2012 年 8 月，国家正式启动大病保险工作。保险监管部门对此相当重视。2013 年 3 月，中国保监会制定实施了《保险公司城乡居民大病医疗保险业务管理暂行办法》，对经办大病保险业务的保险公司的经营资质、投标管理、业务管理、服务管理、财务管理、风险管理以及保险监管部门的监督管理与市场退出机制均做出了详细规定，以期促进城乡居民大病保险业务健康发展，保护参保城乡居民的合法权益。2015 年，保监会将“推动大病保险全面铺开”作为年度重点工作之一，持续发力推进。目前，作为经办服务商参与到大病保险制度中的保险公司已有 16 家。商业保险公司参与大病保险经办这三年来，成效显著。

第一，大病保险覆盖进度快。截至 2014 年底，共有 16 家保险公司在全国 27 个省（区、市），265 个地市（含新疆兵团 14 个师）的 2128 个县区（含新疆兵团 175 个团场）展开大病保险，覆盖人口总数达 7 亿。

第二，业务经办规范。保险监管部门主动对接、参与到各地大病保险政策制定、方案设计和招投标等工作中去，制定出台一系列的指导意见和管理制度，强化大病保险监管力度。监管部门积极组织行业学习贯彻六部委《关于开展城乡居民大病保险工作的指导意见》，鼓励要求保险公司按照相关规定，规范业务流程，提供高效便捷的经办服务，平稳有序开展大病保险业务。

第三，政策效果好。参保群众的保障水平普遍提高了10～15个百分点，部分能达到20个点以上。“因大病致贫”“因大病返贫”的现象得到有效缓解，参保群众医疗保障待遇得以提高，社会各界均给予了积极的正面的评价。

第四，商业保险得以发展。大病保险业务开展以来，越来越多的保险公司，由初期的谨慎观望，转为积极参与、全面竞争经办大病保险。商业保险公司通过参与经办大病医疗保险，业务空间得以增长，企业形象得以优化，专业能力得以提升，从而有利于保险行业的繁荣与发展。

（六）商业保险参与大病保险的深层次思考

大病保险制度对于减轻城乡居民参保患者因大病导致的高额医疗费用负担，缓解群众“因大病致贫”“因大病返贫”发挥了重要作用。但大病保险制度在运行过程中也逐步暴露出一些亟待解决的新情况、新问题。为了完善大病保险制度，实现大病保险的可持续发展，我们有必要对商业保险参与大病保险的制度安排进行更深层次的思考。

1. 大病保险的本质属性

大病保险的本质属性这一问题关系到大病保险的制度设计和政策制定。商业保险机构是以追逐盈利作为日常经营活动的首要目的。如果认为大病保险由商业保险机构承办，就按照一般商业健康保险来对待的话，那么大病保险制度安排的公益性与福利性就无法得到保障。《关于开展城乡居民大病保险工作的指导意见》中明确了大病保险是基本医保制度的拓展和延伸，大病保险所筹资金全部来源于新农合、城镇居民或城乡居民基本医保基金。显然，将其作为一项准公共产品来看待更为合适。为此，开展大病保险必须始终坚持政府主导的原则，明确政府相关部门在大病保险制度中的主导和监督作用，具体而言，即包括负责制定基本政策、组织协调、资金筹集、监督管理等职责；商业保险机构则应积极响应政府要求，通过招投标方式承办大病保险，注重大病保险的社会正外部性，将机构盈利率控制在合理水平内。

2. 保险公司经办大病保险的“利”

保险公司经办大病保险业务，客观上有利于保险意识的传播，树立良好的企业形象，增强公司的核心竞争力。大病保险业务的公益性与福利性，决定了经办机构不能以盈利为首要目的，但这并不代表保险公司不能够或者无法获取实际利益。适当的物质刺激有利于形成合理的激励与约束机制，吸引更多的商业保险公司参与大病保险业务的招投标中来。《意见》中提出“要遵循收支平衡、保本微利的原则，合理控制商业保险机构盈利率……可以在合同中对超额结余及政策性亏损建立相应动态调整机制”。其中“保本微利”的“本”，可以裂解为保险公司经办大病保险业务产生的经营管理支出需要被完全覆盖，而对“利”的正确理解，则首先要明确“政策型”赔付盈亏。所谓“政策型”盈余或亏损是指由政府医保政策变化和完善，譬如医保目录调整、筹资水平调整等引发的。这种因城乡居民基本医保政策调整等政策性原因给商业保险机构带来亏损时，应由城乡居民基本医保基金和商业保险机构分摊，具体分摊比例应在保险合同中载明。而由保险公司经营管理活动所产生的盈利或亏损为“管理型”赔付盈亏，即保险公司承办的大病保险实际赔付率与预期赔付率（政策盈亏点）之差。其中预期赔付率可由社保部门通过对基本医保历史数据进行测算得出。保险公司的预期利润不应包含在管理成本中作为固定费用核算，而是通过建立风险共担模型，形成有效的利益激励机制，从而鼓励保险公司投入优质资源，提高大病保险基金运行效率。对于商业保险机构因承办大病保险出现超过合同约定的结余，需向城乡居民基本医保基金返还资金。

3. 保险公司深度介入医疗行为管控

部分地区与部门对于大病保险的制度设计和经办方式理解有误，保险公司被直接功能定位为财务报销，而对大病保险赔案的审核过程和结果缺乏话语权，违背了保险公司参与大病保险管理、发挥风险管控优势的初衷。《意见》中明确提出支持商业健康保险信息系统与基本医保、医疗机构信息系统进行必要的信息共享。大病保险经办机构通过与基本医保及医疗机构数据系统的对接，可以及时掌握大病患者诊疗行为，医疗费用和基本医保支付情况。如若承办保险公司无法与医保数据系统及医疗机构医疗信息数据系统精确衔接，无法及时掌握医疗明细数据，保险公司将无法对大病保险诊疗行为做到事前预警、事中巡查，仅能对大病保险的赔付数据做到事后审核，从而无法准确、真实地分析评估大病保险的诊疗合规性与医疗费用的合理性。此外，数据系统的对接也将有利于商业保险公司实施“一站式结算服务”，简化理赔手续。保险公司通过建立大病信息通报系统，深度介入医疗行为管控，有利于促进医疗行为的规范，控制医疗费用不合理的过快增长，解决基本医保基金收支平衡压力，促进大病医疗保险系统持续健康发展。

4. 进一步加强政府管理与监督作用

大病保险制度应在政府主导下积极发挥商业保险市场化运作机制的积极作用。为此，政府通过以合同购买大病保险方式与商业保险机构合作，严格规定商业保险机构准入条件，规范大病保险的招投标与合同管理制度，强化日常监督与管理，设计商业保险经办机构的退出机制，切实保障大病保险基金的安全与城乡居民的合法权益。随着大病保险制度推行的深入，保险监管部门银行应会同社保主管部门、卫生主管部门，财政与审计部门、信息安全等建立大病保险联合监管协调机制，对大病保险在实施过程中出现的新问题及时发现、及时解决，总结经验、探索规律，加强大病保险制度与规范性建设，实现大病保险制度的精细化管理。

二、巨灾保险制度

（一）我国巨灾保险发展历程

我国幅员辽阔，自然灾害频发。长期以来一直沿用计划经济体制下的救援救灾机制，即财政拨款、对口支援、社会募捐等方式。这种机制下财政支持成为整个风险承担体系中的主导力量。虽然可以迅速调动各种资源，举一国之力进行灾后重建，但巨额的意外的财政支出受到财政收入的总量以及用于救灾的预算数量限制，并会影响政府原有的支出安排，造成财政执行预算的不稳定性，引发财政收支不平衡，也不利于实现社会风险防震减灾的激励目标，降低了社会资源配置效率。频频发生的特大自然灾害对经济社会发展的影响巨大、涉及面广。为此，有必要建立国家整体的风险防御体系，进一步增强对巨灾的抵御能力。

2008 年年初雪灾，造成经济损失 1111 亿元，受灾人数超过 300 万，几乎用完了当年中央财政预算的救灾救济款。同年“5·12”汶川地震，直接经济损失达 8481 亿，逾 8 万人死亡或失踪，直接受灾人口超出 4600 万，中央政府不得已动用了总理特别基金，还发动了发达省份对口支援县市建设。而在这两场特大自然灾害中保险赔付额占经济损失比例微乎其微，均不足 1%，而国际平均水平达到 36%。

这两场重大灾难令国家开始高度重视巨灾保险制度的建设。其实早在 1998 年，我国颁布的《防震减灾法》就规定了“国家鼓励单位和个人参加巨灾保险”，这就是我国法律第一次提到的“巨灾保险”制度。2006 年，国务院《关于保险业改革发展的若干意见》明确表示，要建立国家财政支持的巨灾风险保险体系。2007 年，《突发事件应对法》第 35 条规定“国家发展保险事业，建立国家财政支持的巨灾风险保险体系，并鼓励单位和公民参加保险”。但这些均属于原则性的规定，涉及保险性质、营运方式、监督管理等实质性内容的立法缺失。在实践中也由于种种原因，巨灾保险业务始终没有开展。2008 年 10 月，中国保监会主办了国际巨灾保险基金管理研讨会，对我国如何建立完善的巨灾风险管理体系进行了深入探讨。2013 年 11 月，十八届三中全会通过的《中共中央关于全面深化改革若干重大问题的决定》指出“完善保险补偿机制，建立巨灾保险制度”。2013 年 12 月，深圳市政府常务会议审议并原则通过《深圳市巨灾保险方案》，深圳市巨灾保险制度正式实施。2014 年 7 月，国务院审议通过《国务院关于加快发展现代保险服务业的若干意见》，明确将保险纳入灾害事故防范救助体系，确立“逐步建立财政支持下以商业保险为平台、多层次风险分担为保障的巨灾保险制度”。2014 年经深圳市政府批准，深圳市民政局与中国人民财产保险股份有限公司深圳市分公司正式签订协议，从 2014 年 6 月 1 日起，深圳市巨灾保险正式实施。同年 7 月 31 日宁波市制定出台《宁波市巨灾保险试点工作方案》，10 月 30 日审议通过《关于开展巨灾保险试点工作的实施意见》，11 月 6 日正式签订巨灾保险合同。

（二）政府参与巨灾风险管理的必要性

巨灾保险市场失灵是政府参与巨灾风险管理的重要原因。巨灾保险市场失灵是指由于巨灾风险的系统性、信息不对称性等特点导致市场机制不能有效运转，商业保险公司选择退出巨灾市场，从而出现有效供给不足，无法实现风险最优分配的现象。巨灾保险市场失灵的原因包括以下几个方面：

第一，巨灾风险具有公共性。巨灾风险的需求与供给具有非排他性与非竞争性，并且只能带来负效用，产生的影响巨大、覆盖面广。因此，与之对应的巨灾风险管理与巨灾保险也具有公共性的特点。从公共产品的特征角度开看，巨灾保险作为普适性强的公共产品，具有成本高、规模大、周期长、收益低的特点，以追逐盈利为经营目标的商业保险机构没有激励，也没有能力来提供这项公共产品的市场供给。

第二，保险经营的数理基础是“大数法则”，即随着样本数量的增加，平均损失频率与额度会逐渐趋于稳定，方差趋近于零。基于此，保险公司才能实现对保险损失的预测，设计保险产品。对于一般风险而言，保险公司通过汇聚大量的彼此独立的同质风险个体，使风险能够在集合内部分散并相互抵消，实现有效转移。但巨灾风险并不符合“大数法则”的基本假定。由于巨灾保险的直接承保公司地域承保的集中性，当某一区域灾害集中爆发时，保险公司很难独立承担损失赔偿责任。一方面，巨灾风险个体之间并不独立，反而呈现高度的正相关性；另一方面，巨灾风险属于小概率、高损失事件，几乎无法实现风险在投保客户之间相互抵消与内部分散。

第三，巨灾风险显然更适合在时间跨度上实现纵向分散，即用非巨灾业务年度的保费收入和盈余弥补巨灾业务年度的赔付和亏损。巨灾风险的时间分散在理论上能够成立，但实际当中却很难被商业保险公司采纳。这是因为要实现巨灾风险的时间分散，保险公司必须建立巨灾准备金，而这将会影响保险公司的流动性与投资决策，降低公司的盈利水平，年度保费收入和潜在巨灾损失难以实现相匹配。如若巨灾发生时，保险公司由于经营年限短，尚未建立足够的巨灾准备金，其将会因此而丧失偿付能力，面临破产风险。此外，由于巨灾的特殊性，历史数据缺乏，保险公司难以实现对风险精确定价，因而往往选择避免经营此类业务。

第四，由于巨灾保险产品的免赔额设置较高，保费价格也并不低廉，并且对个人而言，巨灾风险发生频率极低，且发生后政府通常会采取多种救助措施。因此，在人们保险意识并不极为强烈的情况下（这通常只发生在巨灾发生后相当短的一段时间内），往往会造成投保率低的情况。如若政府不参与巨灾保险的制度建设，可能导致保险参与国家风险保障体系的根本性失败。

第五，巨灾作为特大型自然灾害，会对人民群众的生命及生产生活产生极大的威胁，造成极恶劣的后果。而保障公民的基本生存权是政府的责任与义务。生存权最基本、最核心的内容即是人们的生命与财产安全与基本生活得到保障。因此，政府参与巨灾风险管理是其基本职能的客观要求。

（三）我国巨灾保险发展缓慢的原因

从我国巨灾保险的发展历程可以看出，虽然政府很早就意识到巨灾保险在抵御严重灾害，构筑国家风险防御体系中的作用，但实际实施方面很长一段时间内都裹足不前，直到近一两年才始破冰。究其原因，主要有以下几点：

1. 巨灾保险制度建设缺失

政府虽然重视巨灾风险的分散，多次在规范性文件中明确推进巨灾保险制度的建设，但均仅仅是表明国家对建立巨灾保险制度的支持，没有实质性的内容，在实践中缺乏可操作性。2014 年 8 月《国务院关于加快发展现代保险服务业的若干意见》指出“逐步建立财政支持下以商业保险为平台、多层次风险分担为保障的巨灾保险制度”，制度顶层设计才有了实质性的突破。但相关的配套性规范仍处于缺失状态，作为推动巨灾保险立法突破口，由保监会与财政部共同承担条例设计的《地震巨灾保险条例（初稿）》仍未出台，对如何构建和规范巨灾保险制度没有明确的规定，对于面对巨灾时保险公司应如何运作缺乏指导性的价值，这不利于我国巨灾保险机制体系化，反映出我国巨灾保险制度在立法上的缺失。

2. 各级政府与政府相关部门权责不明晰

我国对于巨灾发生后，中央政府与地方政府在救灾中的角色定位与职能分配并不清晰，形成了风险的大锅饭。事实上，以往洪水、地震等巨灾发生后，实际上是中央财政负担了绝大部分救助和重建资金的支出。在巨灾保险制度下，由地方财政出资负担低保障的巨灾保险产品，地方政府，尤其是不发达地区的政府可能会动力不足，需要加强市场风险意识的培育。此外，巨灾保险制度的运行涉及多个政府部门，各部门间自成体系，缺乏灵活的沟通与协调机制。

3. 中央与地方政府财政压力

建立巨灾保险制度，改变长久以来单一的、灾后政府财政救济方式并不意味着政府不需要在财政上给予支持。由于巨灾发生频率极低、损失极为巨大，我国经济水平不发达且既发展不均衡以及巨灾保险市场失灵等原因，仅仅依靠向人民群众及企业收取保费来建立巨灾保险基金，覆盖全部损失几乎是不可能的。计划经济以来，地方政府在特大型自然灾害发生时的物资及人力资源基本依靠中央财政拨款，已经形成了路径依赖。巨灾保险制度建立后，地方财政面临出资压力，救灾救援责任在一定程度上从中央转移到了地方。当地区经济不发达，财政本来就紧张时，地方政府对于推行巨灾保险积极性不高。2013 年 9 月，保监会曾选定云南楚雄试点农房地震保险，而方案始终未能出台，其主要焦点就在于保费谁出。最初的方案中，保费由政府全额负担。但迫于地方财政的压力，又拟定受益农户也将承担部分保费。但是当地人民经济收入水平较低，缺乏保险意识，因而投保意愿很低。现在的方案拟定政府负担的部分由省、州、县三级财政按一定的比例分摊，其中省级财政出大头，州和县两级出小头。目前此方案仍在讨论中。而目前已经实施巨灾保险制度的深圳与宁波均是地方政府出资与商业性保险机构签订合同，两者也均位列我国目前经济最发达的地区之中。此外，纵观国际巨灾保险制度运行经验，政府还充当了最后贷款人、最后担保人或者最后再保险人的角色，为巨灾保险制度的运行提供资金上的支持与担保。因此可以说，中央与地方财政上的压力在一定程度上影响了巨灾保险制度在全国范围内的推行。

4. 国内保险行业不成熟

国内保险行业的不成熟主要体现在两个方面：一方面，我国保险业近年来有了较快速度的发展，但行业实力不强，对巨灾风险的承保能力有限。目前，我国的巨灾保险产品设计仍处于探索阶段。一是由于专业人才匮乏，精算定价能力有限；二是巨灾风险进行评估，需要预测自然灾害造成的潜在损失，但目前我国缺少相关数据或相关数据无法共享，巨灾风险的量化与建模颇有难度。另一方面，受计划经济、经济水平等因素影响，全社会的风险意识不强。而且由于中国保险业改革开放以来，在快速发展的过程中存在一些误导宣传、霸王理赔、“阴阳保单”等问题，使得保险整体行业形象不佳。因此广大人民群众保险意识不强，投保意愿不高，极端者甚至将保险等同于欺骗。此外，一些政府部门、企业对保险行业也存在类似的印象。

（四）巨灾保险的“宁波模式”

由于我国富裕辽阔，地质形貌与气候条件复杂，经济发展也不平衡，因此，巨灾保险制度的建立与推行采用先在各地开展试点的方式。考虑到各地不同巨灾风险发生的概率因素，试点城市中深圳和宁波等地主要针对台风、洪水等自然灾害，通过综合巨灾方式为当地居民的人身财产提供保障，而云南则针对地震给广大农村造成的房屋损失风险进行产品设计。我们在 2014 年 11 月对宁波实施的，极具开创精神与借鉴意义的巨灾保险运行模式进行介绍。

1. 制度定性与基本原则

宁波市巨灾保险体系是财政支持下的，以制度建设为基础，以商业保险为平台的多层次巨灾风险分散机制，以保障社会稳定运行。其基本原则包括：一是政府主导、市场运作；二是广覆盖，低水平的多层保障；三是统筹规划，循序渐进，逐步累积巨灾风险基金，不断总结完善巨灾保险制度。

2. 制度设计

（1）保障层次体系

宁波市巨灾保险体系是由公共巨灾保险、巨灾基金和商业巨灾保险三部分组成：

第一部分是作为巨灾风险分散体基础与主体的公共巨灾保险，将用于灾害发生时对所有在甬人员的人身伤亡和家庭财产损失救助。保费支出由财政统筹安排，2014 年由政府出资首期保费 3800 万向商业保险公司购买 6 亿元的巨灾风险保障，此后保险费率根据每年实际赔付及风险保障变动情况进行调整，确保费率科学合理；承保商业保险机构选择上，第一年由市政府指定人保财险宁波市分公司为首席承保人，以后年度采取公开招投标或竞争性谈判方式确定。

第二部分是巨灾基金。基金来源主要是政府财政投入、社会各方捐赠、向保险公司提供风险分担保障对应的保费转入、投资收益等，初期由政府拨付 500 万元设立。主要用于补偿超过保险公司赔偿限额范围以外的居民人员伤亡抚恤和家庭财产损失救助。

第三部分是商业巨灾保险。由商业保险公司开发提供相关巨灾保险产品，居民自愿购买，以满足居民更高层次、个性化的巨灾保险需求。

（2）政府与市场的关系

各级政府在组织推动、统筹协作、财政补贴、税收优惠、防灾减灾等方面给予政策支持，并对保险公司的巨灾业务经营给予监督管理。保险公司遵循盈亏基本平衡、保本微利、以丰补歉的经营原则，发挥经营网络遍及城乡的地缘优势和损失评估、风险管理等技术优势，提供承保、理赔以及防灾防损服务。

3. 保障范围与标准

（1）保障范围

宁波市统一购买的公共巨灾保险的保障范围涵盖宁波市因台风、强热带风暴、龙卷风、暴雨、洪水和雷击（雷击仅针对人身伤亡，下同）自然灾害及其引起的突发性滑坡、泥石流、水库溃坝、漏电和化工装置爆炸、泄漏等次生灾害造成的居民人身伤亡抚恤及家庭财产损失救助。

（2）保障对象

宁波市公共巨灾保险的保障对象为灾害发生时处于宁波市行政区

域范围内的所有人口（包括常住人口以及临时来宁波出差、旅游、务工的流动人口）的人身伤亡抚恤，以及宁波行政区域内常住居民（指拥有宁波户籍或持有居住证的人员）的家庭财产损失救助。

（3）保障水平

公共巨灾保险首年赔付标准为全市整体的保障额度是累计每次事故保额 6 亿元，其中居民家庭财产损失救助和居民人身伤亡抚恤保险额度各 3 亿元。对于家庭或个人，如果宁波市行政区内的常住居民的家庭财产因巨灾发生损失，每户家庭最高可获得 2000 元的救助；如果宁波市行政区域范围内发生人员伤亡的，每人可获得最高 10 万元的抚恤费用；如果伤亡人员被认定属于见义勇为的，每人抚恤费用的最高额度为 20 万元。具体赔付金额要根据家庭财产受损程度（如水位线高度）和人员伤残等级情况来确定。

（4）理赔服务

因公共巨灾保险保障范围内的风险导致家庭财产受损或者人员伤亡的，可以通过当地村镇、社区巨灾保险联系人或直接拨打保险公司客服电话报案，也可以向就近的保险公司服务网点报案。保险公司进行查勘定损，并将定损情况在村里或社区进行公示，在居民或者当地政府部门提供相应的证明和资料之后，保险公司会向受害方支付救助费用或抚恤费用。

4. 运行状况

从目前披露的信息来看，宁波市公共巨灾保险运行平稳，减轻了政府的灾后援建工作，获得了社会民众的良好评价。2015 年 5 月 10 日，暴雨袭击宁波市，江东区雷公巷部分居民家中给水严重。经保险公司查勘定损，有 4 户家庭进水水位线达到 20 厘米以上。而根据宁波市公共巨灾保险合同的赔偿标准，进水水位线在 20 厘米至 50 厘米之间，每户获得了赔偿 500 元。这是宁波市巨灾保险理赔的首例。7 月 11 日，台风“洪灿”经过宁波境内，因为家中进水超出 20 厘米而获得赔付超过 5 万户，大部分得到 1000 元的保险赔付。9 月 29 日，强台风“杜鹃”过境并引发强暴雨。根据宁波市保监局的数据，截至 10 月 7 日 17 时，保险业接到公共巨灾保险报案户数 10.3 万，报损金额

6374万元，涉及11个县（市、区）934个村社区，已定损9.3万户，定损率90.54%，（其中包括经查未达到救助标准的1.78万户），定损金额4285万元。

但是业界对于宁波市巨灾保险制度的运作仍存在一些不同声音。主要集中类似家中进水这类风险事故不高于2000的赔付额对受灾群众的生活并不会产生实质影响，其也不会因此而陷入生活困顿，因而作用有限。而过低的赔付要求与标准会产生保险公司极为巨大且繁重的工作量，成本过高。公共巨灾保险制度运行的效率存疑。

参考文献

[1]唐晓华. 产业经济学教程[M]. 北京：经济管理出版社，2007.

[2]杨洪焦，钱颜文，孙林岩. 产业集群理论研究述评[J]. 经济问题探索，2006（3）.

[3]原毅军. 产业发展理论及应用》[M]. 大连：大连理工大学出版社，2012.

[4]刘婷，平瑛. 产业生命周期理论研究进展[J]. 湖南农业科学，2009（8）.

[5]魏华林，李开斌. 论我国保险业发展的产业政策[J]. 保险研究，2001（7）.

[6]尚玉娇. 中国保险业市场集中度的现状和对策[J]. 中国市场，2014（42）.

[7]何佳. 我国保险市场退出的经济学分析——基于产业组织的视角[D]. 天津：南开大学，2012.

[8]程肖芬. 保险产业集聚效应及其竞争力探源[J]. 现代财经，2007（11）.

[9]迈克尔·波特. 国家竞争优势》[M]. 北京：华夏出版社，2002.

[10]温茜茜. 中国产业发展模式研究——以汽车零部件产业为例[D]. 上海：复旦大学，2013.

[11]俞晓晶. 产业发展的中国经验：理论与实证[M]. 上海：上海社会科学出版社，2014.

[12]涂东阳. 我国区域保险业关系及其发展研究[D]. 武汉：武汉大学，2014.

[13]江生忠. 中国保险产业组织优化研究[M]. 北京：中国社会科学出版社，2003.

[14]朱文胜. 中国保险业制度变迁与绩效研究[M]北京：中国金融出版社，2005.

[15]张晓宇. 保险监管有效性分析——从成本收益的视角[D]. 武汉：武汉大学，2013.

[16]王艳. 中国保险公司制度变迁与创新研究[D]. 吉林：吉林大学，2014.

[17]张锐. 中国保险监管适度性研究[D]. 成都：西南财经大学，2011.

[18]王艳玲. 中国保险业规制改革研究[D]. 沈阳：辽宁大学，2009.

[19]李琼. 互联网对我国保险营销渠道影响分析[J]. 保险研究. 2015（3）.

[20]张伟红. 我国保险销售渠道建设探析[J]. 保险研究，2008（3）.

[21]郭姿彤. 我国寿险市场产品创新问题研究[D]. 山西：山西财经大学，2015.

[22]戴成峰. 中国财产保险公司资产负债管理研究[D]. 天津：南开大学，2014.

[23]曹勇. 中国人身保险产品发展方向研究[D]. 天津：南开大学，2009.

[24]张强春. 保险公司多元化经营行为研究[D]. 山东：山东大学，2014.

[25]高志强. 保险公司资本管理研究[D]. 天津：南开大学，2010.

[26]李晓宇. 保险资金运用效率实证研究[D]. 北京：首都经贸大学，2014.

[27]林炫圻. 商业保险资金运用投资优化与风险管理研究[D]. 天津：南开大学，2013.

[28]薄滂沱. 保险集团化理论与实践研究[D]. 天津：南开大学，2008.

[29]廖朴. 保险与经济增长的关系研究[D]. 天津：南开大学，2014.

[30]胡立娜. 我国保险产业结构与市场绩效的研究[D]. 成都：西南财经大学，2013.

[31]邱七星. 我国再保险市场发展研究[D]. 厦门：厦门大学，2008.

[32]李香雨. 中国保险业促进经济增长的路径研究[D]. 长春：吉林大学，2012.

[33]张大龙. 中国商业保险深化研究[D]. 长春：吉林大学，2010.

[34]江生忠. 中国保险产业发展报告[M]. 北京：中国财政经济出版社，2007.

[35]王成辉. 保险企业经营竞争力研究[M]. 天津：南开大学出版社，2008.

[36]王成辉，江生忠. 我国保险业竞争力诊断指标体系及其应用[J]. 南开经济研究，2006（5）.

[37]江生忠，薄滂沱. 论保险控股（集团）公司效益与风险管理[J]. 保险研究，2008（4）.

[38]江生忠，邵全权. 保险企业组织形式的制度变迁研究[J]. 保险职业学院学报，2006（3）.

[39]蒲成毅，潘小军. 保险消费促进经济增长的行为金融机理研究[J]. 经济研究，2012 增（1）.

[40]胡宏兵，郭金龙. 中国保险发展与经济增长关系检验[J]. 宏观经济研究，2010（2）.

[41]黄英君，陈晔婷. 中国保险业发展与经济增长关系研究[J]. 保险研究，2012（1）.

[42]吴洪，赵桂芹. 保险发展、金融协同和经济增长[J]. 经济科学，2010（3）.

[43]徐为山，吴坚隽. 经济增长对保险需求的引致效应[J]. 财经研究，2006（2）.

[44]杨晓荣. 保险业发展与经济增长关系的实证研究[J]. 统计与决策，2012（1）.

[45]张风科. 中国保险业发展与消费增长的关系研究[J]. 保险研

究，2011（12）.

[46]赵进文，邢天才，熊磊. 我国保险消费的经济增长效应[J]. 经济研究，2010（1）.

[47]郑伟，刘永东. 中国保险业中长期增长潜力分析[J]. 北京大学学报（社会科学版），2007（5）.

[48]项俊波. 对当前我国保险改革与发展问题的思考[J]. 保险研究，2013（8）.

[49]项俊波. 经济新常态下我国现代保险业的发展[J]. 保险研究，2015（2）.

[50]王稳、王东. 公司治理风险、保险创新与保险业可持续发展——后危机时代中国保险业的创新与发展论坛综述[J]. 保险研究，2010（1）.

[51]周灿. 基于外部性视角的中国保险业可持续发展研究[J]. 财经问题研究，2013（6）.

[52]孙武军. 我国保险业包容性增长与保险消费者权益保护关系研究[J]. 南京师大学报（社会科学版），2013. 7（4）.

[53]吕宙. 中国保险业可持续发展的路径选择[J]. 保险研究，2009（6）.

[54]李世银，李璐彤. 金融业混业经营模式比较研究[J]. 江西财经大学学报，2009.5（65）.

[55]曹乾，何建敏. 保险增长与经济增长的互动关系：理论假说与实证研究[J]. 上海金融，2006（3）：14-16.

[56]何小伟. 保险发展对经济增长的影响：一个文献综述[J]. 经济学研究，2014（05）：57-62.

[57]李香雨，程鹏. 保险资金运用对投资和经济增长的贡献研究[J]. 保险研究，2012（9）：56-63.

[58]蒲成毅，潘小军. 保险消费促进经济增长的行为金融机理研究[J]. 经济研究，2012（1）：139-147.

[59]饶晓辉，钟正生. 保险能否促进经济增长——基于中国的实证分析[J]. 上海经济研究，2005（12）：14-20.

[60]吴定富. 发挥保险业在促进和谐发展中的作用[N]. 人民日报，2006-1-13.

[61]谢利人. 保险发展与经济增长关系的实证分析[J]. 求索，2006（08）：45-47.

[62]姚海明. 论保险在经济发展中的作用与贡献[J]. 江西财税与会计，2002（1）：48-49.

[63]张静，李星敏，解鹏. 保险发展促进我国经济增长的路径探讨——基于VAR模型和岭回归的实证分析[J]. 商业时代，2014（21）：84-85.

[64]曾智，姚鹏，杨光. 我国保险市场非线性经济增长效应分析——基于ACE算法的实证研究[J]. 保险研究，2014（12）：14-23.

[65]张晶. 经济增长对保险发展影响的实证分析[J]. 统计与决策，2013（14）：133-135.

[66]中国保险监督管理委员会.《关于加强机动车辆商业保险条款费率管理的通知》. 保监发〔2012〕16号，2012年3月8日.

[67]中国保险监督管理委员会.《中国保监会关于深化商业车险条款费率管理制度改革的意见》. 保监发〔2015〕）18号，2015年2月3日

[68]中国保险监督管理委员会.《中国保监会印发〈深化商业车险条款费率管理制度改革试点工作方案〉的通知》. 保监产险〔2015〕24号，2015年3月20日.

[69]中国保险监督管理委员会.《中国保监会关于普通人身保险费率政策改革有关事项的通知》. 保监寿险〔2013〕62号，2013年8月2日.

[70]中国保险监督管理委员会.《中国保监会关于万能型人身保险费率政策改革有关事项的通知》. 保监寿险〔2015〕19号，2015年2月23日.

[71]中国保险监督管理委员会.《中国保监会关于加强人身保险费率政策改革产品管理有关事项的通知》. 保监寿险〔2015〕136号，2015年8月10日.

[72]中国保险监督管理委员会.《中国保监会关于分红型人身保险费率政策改革有关事项的通知》. 保监寿险〔2015〕93 号，2015 年 9 月 28 日.

[73]中国保险监督管理委员会.《中国保监会关于印发〈保险资金投资股权暂行办法〉的通知》. 保监发〔2010〕79 号，2010 年 9 月 5 日.

[74]中国保险监督管理委员会.《中国保监会关于印发〈保险资金投资不动产暂行办法〉的通知》. 保监发〔2010〕80 号，2010 年 9 月 5 日.

[75]中国保险监督管理委员会.《中国保监会关于印发〈保险资金投资债券暂行办法〉的通知》. 保监发〔2012〕58 号，2012 年 7 月 19 日.

[76]中国保险监督管理委员会.《中国保监会关于印发〈保险资金委托投资管理暂行办法〉的通知》. 保监发〔2010〕60 号，2012 年 7 月 23 日.

[77]中国保险监督管理委员会.《关于保险资金投资有关金融产品的通知》. 保监发〔2012〕91 号，2012 年 10 月 22 日.

[78]中国保险监督管理委员会.《关于印发〈基础设施债权投资计划管理暂行规定〉的通知》. 保监发〔2012〕92 号，2012 年 10 月 22 日.

[79]中国保险监督管理委员会.《关于加强和改进保险机构投资管理能力建设有关事项的通知》. 保监发〔2013〕91 号，2013 年 2 月 4 日.

[80]中国保险监督管理委员会.《关于加强和改进保险资金运用比例监管的通知》. 保监发〔2014〕13 号，2014 年 2 月 19 日.

[81]中国保险监督管理委员会.《关于保险资金投资创业投资基金的通知》. 保监发〔2014〕101 号，2014 年 12 月 15 日.

[82]陈文辉. 保险资金运用的市场化改革[J]. 中国金融，2014(4).

[83]陈文辉. 全面深化保险资金运用领域市场化改革[N]. 人民日报，2015-9-23.

[84]陈文辉. 保险资金运用的回顾与展望[J]. 保险研究，2013（9）：3-8.

[85]杨明生. 保险资金运用新规的历史跨越[J]. 保险研究，2011（6）：3-10.

[86]中国保险监督管理委员会.《中国保监会关于深化保险中介市场改革的意见》，保监发〔2015〕91号，2015年9月23日.

[87]中国保险监督管理委员会.《关于印发〈互联网保险业务监管暂行办法〉的通知》，保监发〔2015〕69号，2015年7月27日.

[88]国家发展改革委员会、卫生部、财政部、人力资源社会保障部、民政部、保监会.《关于开展城乡居民大病保险工作的指导意见》，发改社会〔2012〕2605号，2012年8月24日.

[89]魏华林，吴韧强. 天气指数保险与农业保险可持续发展[J]. 财贸经济，2010（3）.

[90]黄廷信，李伟毅. 加快制度创新推进农业保险可持续发展[J]. 农业经济问题，2013（2）.

[91]庹国柱. 我国农业保险的发展成就、障碍与前景[J]. 保险研究，2012年（12）.

[92]凤兰，李晓林. 农业保险的发展：两难困境与产品选择[J]. 上海金融，2013年（3）.

[93]美国风险管理局. http://www.rma.usda.gov/data/sob.html.

[94]张宗军. 基于公共性基础上的巨灾保险制度研究[J]. 保险研究，2008（7）：15-17.

[95]魏华林，张胜. 巨灾保险经营模式中政府干预市场的“困局”及突破途径[J]. 保险研究，2012（1）：21-29.

[96]张庆洪，葛良骥，凌春海. 巨灾保险市场失灵原因及巨灾的公共管理模式分析[J]. 保险研究，2008（5）：13-16.

[97]谢世清. 巨灾压力下的公共财政：国际经验与启示[J]. 当代财经，2009（2）：36-40.

[98]何文炯. 大病保险机制运行四大问题[J]. 中国社会保障，2014（6）：71-73.

[99]乌日图. 关于大病保险的思考[J]. 中国医疗保险，2013（4）：13-16.

[100]CATALAN M, IMPAVIDO G, MUSALEM A R. Contractual Savings or Stocks Market Development: Which Leads? [J]. Journal of Applied Social Science Studies, 2000, 120(3):445-487.

[101]Haiss P, Sumegi K. The Relationship Between Insurance and Economic Growth in Europe: A Theoretical and Empirical Analysis [J]. Empirica, 2008, 5(4): 405-431.

[102]Kugler, M., R. Ofoghi. Does Insurance Promote Economic Growth? Evidence from the UK[R]. University of Southampton: Division of Economics, 2005.

[103]Outreville, J.F. The Relationship Between Insurance and Economic Development: 85 Empirical Papers for a Review of the Literature [J]. Risk Management and Insurance Review, 2013, (1): 71-122.

[104]Ward, D., R. Zurbruegg. Does Insurance Promote Economic Growth? Evidence From OECD Countries[J]. Journal of Risk and Insurance, 2000, (4): 489-506.